I BIG NEWTON

Saggi - Storia

110

Dello stesso autore in questa collana:

Storia di Firenze
Oltre duemila anni di una città unica al mondo, che ha dettato nei secoli un suo stile di vita (BN 32)

I Medici. Una famiglia al potere
Dalla masnada del mercato vecchio al carnevale di morte dell'Elettrice Palatina: i tre secoli di una casata la cui storia ha appassionato il mondo (BN 37)

Le grandi famiglie di Firenze
Da mercanti, artigiani, umili popolani e da feudatari che hanno lasciato i loro castelli, nascono, nella miracolosa Firenze, le famiglie che entreranno nella storia (BN 55)

I Borgia
Dalla Spagna a Roma: la storia di una famiglia che del potere e della ricchezza fece il proprio Dio (BN 79)

Caterina e Maria de' Medici, regine di Francia
Tra gli splendori della vita di corte e gli intrighi per il potere, tra passioni amorose e matrimoni di Stato, rivive la vicenda di due grandi fiorentine, cui toccò in sorte di decidere i destini d'Europa (BN 83)

I Lorena, granduchi di Toscana
Dal Settecento illuminista all'unità d'Italia, avvenimenti, protagonisti e curiosità di oltre un secolo di storia, attraverso le alterne vicende dei successori dei Medici (BN 91)

Dante. L'uomo della Commedia
Vita disperata, odio e amore, passione politica di un grande protagonista (BN 96)

In copertina: Angiolo Bronzino, *Eleonora di Toledo con il figlio Francesco*, 1544, Firenze, Uffizi

Prima edizione in questa collana: gennaio 2004

Roma, Casella postale 6214

ISBN 88-8289-983-7

www.newtoncompton.com

Fotocomposizione: GI Grafica Internazionale s.r.l., Roma
Stampato nel gennaio 2004 presso la Legatoria del Sud s.r.l., Ariccia (Roma)

Marcello Vannucci

Le donne di Casa Medici

Da Contessina de'Bardi ad Anna Maria Luisa, Elettrice Palatina,
tutte le protagoniste della storia della grande famiglia italiana

Newton & Compton editori

Introduzione

Una vasta galleria al femminile che dovrebbe raccogliere i ritratti delle donne che contribuirono ad accrescere la fama di una delle famiglie italiane, che tanto peso ebbe fra i secoli XIV *e* XVII *della nostra storia. È stato affascinante per l'autore di questo libro indagare nella loro vita; cercare di scoprire i loro caratteri; applaudire alle loro virtù; cercare di preparare il lettore ad essere indulgente per i loro eventuali vizi.*

Contessina de' Bardi e Piccarda Bueri danno avvio a questo racconto, fino all'imperiosa e intelligente Anna Maria Luisa de' Medici, che ha il triste compito di segnare la fine di una dinastia che si spenge per mancanza di eredi. Fra i due poli, che segnano questa lunga storia fatta di secoli, personaggi quali Lucrezia Tornabuoni, madre del Magnifico, o Eleonora di Toledo moglie di Cosimo I*; figure imperiose qual è quella di Maria Maddalena d'Austria, o dolcemente patetiche qual è l'altra di Vittoria della Rovere, la nipote di Cosimo* II*, figlia di sua sorella Claudia, che recita nel ruolo prima di sposa bambina, che tutto subisce, e poi nell'altro di donna sdegnata nei confronti di un marito che veramente merita il suo disprezzo. Sopra tutte loro ecco le due regine: Caterina e Maria, che siedono sul trono di Francia e mettono al mondo una prole di regnanti. Dalle casalinghe mansioni della moglie di Cosimo il Vecchio a queste due Signore della politica se n'è fatta di strada in Casa Medici!*

Qualche nome; qualche indicazione, qualche segno che orienti in un viaggio che affascina per l'imprevedibilità dei personaggi e per il loro stare in scena recitando in ruoli tutti d'innegabile difficoltà. L'autore spera di avere offerto ai suoi lettori delle carte sicure per un percorso, che ad ogni angolo di panorama sa offrire scorci imprevedibili. Guidandolo in pagine che segnano anch'esse la grande avventura di una famiglia di mercanti che si fanno principi; dagli scranni delle loro botteghe giunti a sedersi su un trono. Fra i primi in Europa a far sì che il loro pur piccolo Stato sia famoso come la più grande delle nazioni.

Donne in preghiera. Disegno tratto da un affresco di Benozzo Gozzoli (XV secolo).

Le antisignane: Piccarda de' Bueri, Contessina de' Bardi, Ginevra degli Alessandri

Scarse sono le notizie – e ce ne rammarichiamo – sia della moglie di Giovanni de' Medici: Piccarda Bueri, che di sua nuora Contessina de' Bardi, che fu moglie di Cosimo, figlio di Piccarda. La loro stagione è compresa fra il 1386 – anno del matrimonio di Piccarda con Giovanni – e il 1473, morte di Contessina, che aveva sposato Cosimo nel 1416. Quasi un secolo diviso fra le due donne entrate in Casa Medici; un secolo nel quale la ricchezza, la fama e il potere politico della famiglia si accrebbero grandemente. E se la fortuna di un uomo è legata anche a quella che è la compagna della sua esistenza, possiamo essere certi che Piccarda, prima, e poi Contessina devono avere recitata una loro parte importante nelle vicende di quegli anni medicei. Erano ambedue di nobili famiglie; forse maggiori per nome e ricchezza i Bardi, ma di grande stirpe anche i Bueri.

I quali Bueri, dopo essere vissuti a Firenze si erano nella prima metà del Trecento trasferiti a Verona, ed è qui che era nata Piccarda, figlia di Edoardo Bueri.

La fanciulla è a Firenze con la madre quando – nel 1386: lo ripetiamo – sposa Giovanni de' Medici. Che egli se ne sia innamorato non stupisce: Piccarda è una ragazza bellissima. Un matrimonio più che riuscito: alla bellezza Piccarda unisce intelligenza e prontezza. Necessarie ambedue per potere stare degnamente a fianco di questo Medici intraprendente e ormai famoso in Firenze. I due abitano in una casa, che sa già di palazzo, prossima al Duomo, in una strada che corrisponde all'attuale via Ricasoli. Ormai la ricchezza in denaro dei Medici è di quelle che possono permettere a chi la possiede di offrirsi un modo di vivere da vero signore. Questi mercanti venuti dal Mugello due secoli prima e che hanno compiuto una scalata senza risparmio di pericoli nei loro scontri con gli avversari in affari, questi Medici dunque si sono meritati il grado di notabili. Il loro potere è ormai garantito dal loro denaro; sono temuti – e così hanno voluto – da chi ha cercato di frenare la loro ascesa; sono amati dal popolo conquistato attraverso aiuti economici offerti ai poveri. Si è trattato come di recitare un copione via via da loro stessi scritto e poi volta a volta interpretato così come richiedevano le circostanze. Si era trattato di un lavoro che riuniva fantasia e pazienza, un poco simile a quello compiuto dagli artigiani fiorentini dell'epoca.

Nascono due figli dall'unione di Giovanni e Piccarda: Cosimo e Lorenzo. Con loro la famiglia Medici si dividerà in due rami; con alterne fortune ed episodi di vita, finché nel Cinquecento, col matrimonio di Giovanni dalle Bande Nere, figlio di Giovanni del ramo dei Popolani, con Lucrezia Salviati nipote di Lorenzo il Magnifico, i due rami torneranno a congiungersi fino a quel 1736 che segnerà la fine del potere dei Medici con l'estinzione della loro casata.

Piccarda, così come sarà per sua nuora Contessina de' Bardi, si è interessata principalmente alla conduzione della famiglia, ma – così come è accaduto alle mogli dei grandi mercanti fiorentini – anche ad aiutare il marito nello sbrigare gli affari di quel banco che richiedeva grande impegno e occhi attenti. Giovanni era spesso in viaggio ed era allora che toccava a Piccarda, fattasi ormai esperta, controllare che tutto si svolgesse così come occorreva. Non s'interessa di cose riguardanti la politica; toccherà invece questo impegno a molte delle donne che nel domani entreranno a fare parte di Casa Medici. Anzi, sia lei che sua nuora Contessina, è come guardino con una certa diffidenza a tutto ciò che potrebbe riguardare l'impegno politico dei loro mariti. Quasi ne avvertano la pericolosità e i grandi rischi che devono essere affrontati dai loro uomini una volta che le circostanze li possano portare a rivestire cariche amministrative. E poi in uno Stato qual è quello fiorentino, dove ormai lo scontro fra le famiglie dei notabili ha raggiunto in quella stagione punte altissime di lotta.

Contessina de' Bardi, figlia di Alessandro conte di Vernio, è stata battezzata con quel suo nome in onore della contessa Matilde di Canossa. Lei sposa Cosimo de' Medici nel 1416. La famiglia della quale fa parte è notissima in Firenze, e anche in tutta Europa, nonostante quella loro sventurata perdita di denaro che li prostrò come mercanti e gente di banco. Era che avevano prestato grandi somme al re d'Inghilterra Edoardo III, denaro che doveva servire al sovrano per finanziare una guerra contro la Francia; denaro, anche, che non sarà mai reso, col rischio di vedere fallire non soltanto i Bardi, che erano però i più esposti, ma anche i Peruzzi e poi lo stesso Giovanni Villani, il cronista, che aveva investito del denaro nel banco stesso dei Bardi. Scompaiono per molti anni di scena; la loro stella non manda più luce, ma li vedremo riemergere proprio dopo lo stesso matrimonio di Contessina. Eccoli infatti nel 1487 acquistare il palazzo dei Busini in via dei Benci, e nel 1576 tornare all'antico loro palazzo nella via che oggi s'intitola in Firenze al loro nome.

Contessina interpreta anche lei il ruolo di moglie tutta presa dal *ménage* della famiglia. Collabora, anche lei come Piccarda, col marito alla gestione di quel banco mediceo fiorentino che ormai è al centro di una vera *holding*, che ha le sue diramazioni in molte città d'Europa.

Quando nel 1433 Cosimo, dopo il suo scontro politico con gli Albizi, verrà esiliato a Venezia, Contessina esce da Firenze e va a rifugiarsi nella villa di Cafaggiolo. L'esilio del Medici sarà di breve durata; pochi mesi dopo i suoi avversari sono sconfitti e lui può tornare più acclamato e famoso di prima. Ormai è pronto il suo palazzo, disegnato da Michelozzo, in via Larga, vicino anch'esso al Duomo fiorentino. Contessina ora ha compiti da moglie del primo cittadino di Firenze; la casa grandissima richiede le sue cure e anche i due figli che sono nati dal matrimonio, Giovanni e Piero. Ed è al primo che Cosimo guarda come suo successore – la morte del figlio deluderà però le sue speranze –, viste anche le non buone condizioni di salute dell'altro figlio, Piero, fin dalla prima infanzia.

Contessina vive una vita appartata; è contenta di essere illuminata dalla luce del marito; ne segue trepidante i giorni difficili; è felice con lui nei giorni fortunati. Che poi sono tanti: Cosimo si sta guadagnando quel titolo di "pater patriae" così come lo stanno indicando i fiorentini in ammirazione. Spende denari in beni destinati ad arricchire le stanze del palazzo di via Larga, ma ne profonde anche in opere di beneficenza.

Contessina nel suo posto di moglie del primo cittadino di Firenze assolve con molta abilità al suo ruolo di ospite nel palazzo di via Larga. Giorni di grande impegno, ma lei sa bene come comportarsi. Vive d'altra parte in una residenza dove gli incontri importanti non mancano mai. Grandi mercanti e plenipotenziari stranieri si alternano alla tavola di lei e di Cosimo ad artisti già celebri o nel domani celebrati: Donatello, Benozzo Gozzoli che nel 1458 dipinge nella cappella del palazzo il viaggio dei Re Magi; l'architetto dello stesso palazzo, Michelozzo; Marsilio Ficino, il Platina, i della Robbia, molti altri ancora. È l'intelligenza delle lettere, delle arti, della filosofia.

Cosimo morirà nel 1464, nove anni dopo scomparirà Contessina. Un matrimonio indovinato il loro; un'unione per molti aspetti perfetta. Si può dire accompagnata da una vita felice: la ricchezza e la gloria di rappresentare il meglio fra le famiglie fiorentine. Ma non sono mancati i momenti di dolore: la prematura morte del figlio maggiore Giovanni e del nipote Cosimino, figlio di quest'ultimo, crea un vuoto profondo nel palazzo di via Larga. È come una moneta da pagare per tanta fortuna: Cosimo e Contessina non possono non averlo pensato.

Giovanni, il primogenito di Cosimo e Contessina, muore nel 1463, lasciando vedova Ginevra degli Alessandri. Una ancora giovane donna che ha trascorso i non molti anni del suo matrimonio sempre preoccupata per la cattiva salute del marito. Che come figlio ha assai deluso Cosimo e le speranze riposte in lui. Ha infatti dimostrato ben poco interesse a quel

Abiti fiorentini della prima metà del Quattrocento. Disegno tratto da un dipinto di spalliera (Galleria dell'Accademia di Firenze).

mondo degli affari creato dal padre, preferendo godersi la vita così come gli viene offerto: lui ricco e di bell'aspetto. Ginevra degli Alessandri recita nel ruolo di moglie innamorata e paziente. Il *ménage* dei due non parrebbe inizialmente di quelli che si possono definire felici, ma poi l'aggravarsi delle condizioni di salute di lui e la minaccia di una sua scomparsa, paiono avere concesso quel buon rapporto che certe note ci trasmettono sull'unione del figlio di Cosimo e la moglie Ginevra.

Lucrezia Tornabuoni

Nell'affresco del Ghirlandaio, *La nascita di San Giovanni Battista* in Santa Maria Novella a Firenze, è probabilmente lei: Lucrezia Tornabuoni, la terza donna a destra, che precede la portatrice del canestro di frutta. Il committente dell'affresco è Giovanni Tornabuoni; l'opera ha richiesto al Ghirlandaio quattro anni: dal 1486 al 1490. In quel tempo Lucrezia è già scomparsa da alcuni anni, ma resta di lei grande traccia nella storia di Casa Medici e insieme in quel mondo fiorentino che Lucrezia seppe interpretare con grande intelligenza e straordinaria sagacia. Giovanni Tornabuoni è suo fratello. Nell'affresco di Santa Maria Novella è dipinta anche la moglie del figlio di Giovanni: la bella Giovanna degli Albizi.

Nella costellazione di donne che hanno lasciato traccia di sé è raro che appaia una figura di madre che ha fatto di tutto per non entrare in scena in modo tale da togliere al marito e ai figli – in questo caso particolarmente a quest'ultimi – uno spicchio di fama. Indiscutibilmente però Lucrezia Tornabuoni è donna di gran classe e si muove con grande intelligenza. Andare a scegliere una moglie "di fuori" per il figlio maggiore; fare l'affronto alle famiglie fiorentine di pari grado al suo, di avere preferito alle loro ragazze una Orsini romana, sa di sfida, ma lei sa di giocare una carta vincente. Collabora a quella manovra medicea di un'espansione, che non sia soltanto commerciale; quella che deve fare uscire dalle mura di Firenze la casata dei Medici e darle nuovo potere, con nuovi orizzonti.

Che Cosimo abbia conquistati i mercati d'Europa è stato positivo, ma ora è necessario che la famiglia si leghi – e i matrimoni sono lo strumento più adatto – con gente di fuori. È questo soltanto un primo passo; una prima manovra; Lucrezia conosce bene quali siano i limiti della sua operazione. Il matrimonio che prepara per Lorenzo non sarà di quelli che faranno epoca, ma già apre la strada per i Medici ad alleanze che sono necessarie quando si tenda a un domani di potere.

E i Medici già stanno pensando a questo potere. E non si tratta ora d'essere i primi fra pari grado; di essere additati come il gruppo che emerge sugli altri, bensì d'altra qualità di comando. Firenze, e la Toscana, da conquistarsi politicamente sono già nei programmi della casata. Non ancora scritto, questo, a lettere chiare; non ancora ben distinto nei particolari, ma sicuramente sentito.

L'abilità di Cosimo il Vecchio – l'abbiamo già detto – è stata quella di muoversi senza mai manifestare apertamente questi intenti, ma è stato anche difficile poterli completamente celare. E poi ad avversari, che avevano occhi attenti e che non trascuravano di studiare le mosse di questi "colleghi" nell'arte del fare affari; questi mercanti come loro, ma che – come loro – stavano assaporando il piacere dell'essere cresciuti di grado sociale. Quel matrimonio che Lucrezia combinava per suo figlio Lorenzo, a Roma, con una della famiglia Orsini aggiungeva ora sospetto al sospetto; stava segnalando che, come prima con gli Sforza a Milano, ora i Medici stavano cercando di conquistarsi uno spazio anche a Roma, che non fosse solo quello relativo ai loro banchi di affari.

Lucrezia Tornabuoni – ci affidiamo al suo presunto ritratto, nell'affresco del Ghirlandaio, in Santa Maria Novella – non dev'essere stata bella. Intendiamo dire di quella bellezza che ammiriamo in altre donne illustrate dai pittori del tempo; ma lei possiede tutta una sua maestosità. Ed è quella che le ha donato quel fascino che, chi le fu vicino, non può non aver provato.

Per quel matrimonio romano ha giocato una carta che ha studiato a lungo prima di gettarla sul tavolo. Un programma che mira al domani. Chi ha detto che i Medici, per mezzo di lei, vanno cercando altri spazi per i loro affari, ha capito solo in parte quello che è passato nella mente di Lucrezia. Roma può, infatti, attrarre chi ha interessi commerciali e di denaro; il papato può essere un cliente di quelli appetibili; il mondo della Chiesa un ottimo punto di partenza per programmi che riguardino il domani, ma la Tornabuoni deve avere avuto chiaro che ormai i Medici, che sono divenuti la sua famiglia, stanno crescendo di autorità; che in un prossimo domani, quello Stato fiorentino, che già controllano, anche se non ufficialmente, sarà da loro governato con tutti i crismi dell'ufficialità. Il destino dei Medici è questo: Lucrezia l'ha già indovinato. Ebbene: chi si prefigura un domani così non può trascurare di provvedere perché uno, almeno uno, di famiglia ottenga una carica, che sia di quelle di prestigio nell'amministrazione della Chiesa di Roma.

Lucrezia dà il via, con quel matrimonio di Clarice Orsini con il suo Lorenzo, a tutta una storia che porterà, in seguito, sul soglio pontificio prima Leone X, che è Giovanni, figlio dello stesso Lorenzo, e poi, quasi senza soluzione di continuità, Clemente VII, che è Giulio, figlio naturale di Giuliano, il fratello di Lorenzo, scomparso, colpito dal pugnale della congiura dei Pazzi.

Lucrezia Tornabuoni è veramente una regina. Senza un trono ufficiale,

Disegno di Impero Nigiani da un dipinto del Ghirlandaio nella chiesa fiorentina di Santa Maria Novella. Nella donna a destra il pittore ha probabilmente raffigurato Lucrezia Tornabuoni.

ma che ha saputo costruirsene uno tutto suo personale, che s'è fatto di giorno in giorno sempre più pubblico. La gente l'ammira; lei riscuote rispetto e devozione; fa opere di bene, ma conosce anche l'arte di combattere i suoi avversari, che poi coincidono sempre con quelli che sono i nemici di Casa Medici.

Lucrezia, pur sposando Piero il Gottoso e la causa dei Medici, ha però voluto che si pensasse ancora a lei come a una Tornabuoni. Lei sa infatti che quel suo nome da ragazza ha tutto un suo smalto di nobiltà in Firenze. Servendosi d'esso, si può ottenere che quel suo nuovo casato di Medici brilli di luce ancora più grande.

Cosimo il Vecchio l'ha scelta per suo figlio Piero e ha indovinato; Lucrezia ha voluto una Orsini per suo figlio Lorenzo, e anche lei ha visto giusto. La felicità delle scelte accomuna il suocero alla nuora.

Piero il Gottoso è stato puntualmente informato dalla moglie di come si stavano svolgendo a Roma le "trattative" relative al matrimonio. Sui particolari della dote, ma anche con attente descrizioni delle "qualità" fisiche della promessa sposa. Lucrezia infatti non ha trascurato di riferire al marito, rimasto a Firenze – sempre per quei suoi maledetti acciacchi, che gl'impediscono di vivere una vita come il suo rango gli richiederebbe – su come sia "fatta" questa Clarice, che diverrà la loro nuora.

Piuttosto alta di statura e dalla pelle bianchissima – così gli scrive in una di quelle lettere, che arrivano da parte di Lucrezia a Firenze nel marzo del 1467 – Clarice parrebbe anche una fanciulla dolce. Dote che si rivelerà in lei fin dal primo incontro. È modesta e saggia; imparerà, dunque, con facilità come si vive in Casa Medici e saprà esser parte della sua nuova famiglia seguendone le abitudini e i costumi. Ha un volto un po' tendente al rotondo, e questo pare non troppo gradito alla suocera Lucrezia, salvo poi – nella lettera – eccola mitigare il giudizio: quel "rotondo" del volto, in fondo non le dispiace! È un volto, insomma, quello di Clarice, simpatico, attraente. Ha anche un bel collo questa Orsini, e un bel collo è segno di nobiltà! Semmai Lucrezia deve lamentarsi di un particolare, ed è di quelli che non sono da poco: non ha potuto vedere come stia a seno Clarice. Le romane – scrive Lucrezia al marito – hanno l'abitudine «di nascondere tutto»! E per Lucrezia sarebbe stato invece importante capire! Una donna deve pure avere i "mezzi" per allattare i propri figli! Niente, dunque, di sicuro in fatto di seno, anche se però – "a occhio" – Lucrezia potrebbe giurare che la futura nuora sia a posto anche per quegli attributi. Di "buona qualità" le parrebbero: così come lei scrive al marito Piero.

Una bella ragazza, dunque, Clarice. Non pari, forse, a certe fanciulle fiorentine che loro conoscono, ma superiore "alla media", sicuramente. Il ritratto è completo. Piero stia ora tranquillo; Lucrezia non è donna da ingannarsi né da farsi ingannare! Una delle "prime donne" fiorentine ha scelto

Piero de' Medici il Gottoso in un disegno tratto da un dipinto del Bronzino.

Abiti fiorentini della prima metà del Quattrocento (da un dipinto di spalliera, Galleria dell'Accademia di Firenze).

quella che dovrà venire a prendere il suo posto in Casa Medici. O Dio! Forse, non proprio a recitare nella sua parte. Lucrezia Tornabuoni tiene al suo ruolo; né c'è da credere che voglia mai passare la sua parte ad altra attrice. Sia pur essa la moglie di suo figlio, e anche amata nuora. Si può sacrificarsi – lo ripetiamo – per marito e figli; quanto a una nuora la cosa cambia aspetto. La concorrenza resta, anche se il gioco ha regole più che oneste.

La moglie del Magnifico: Clarice Orsini

È la storia di una donna che è protagonista pur senza riuscire a esserlo. Per obbligo del ruolo ricoperto; per la congiura delle circostanze.

Feste trionfali; cerimonie fastose; accorrere di popolo; la sposa romana: Clarice Orsini, scelta con cura dalla madre di Lorenzo, riceve quegli onori che le sono dovuti. Ma nel nome dei Medici; con nessun personale suo successo. Nel cielo fiorentino riservato alle donne che riescono a farsi notare, la povera Clarice passerà quasi inosservata. Una stella minore; anzi una stella che è classificata tale, soltanto perché ha potuto ottenere luce da lui: dal marito "il Sole". È Lorenzo che la illumina; che la fa, anche se con ben pochi sprazzi, risplendere.

Clarice ha ereditato dal padre Jacopo Orsini un carattere autoritario; è una donna che crede fermamente nel fatto che l'essere lei di una famiglia nobile romana, nobile d'antica data poi, sia già questo sufficiente a garantirle uno spazio privilegiato. È arrivata in Firenze, senza neppure essersi chiesta chi siano effettivamente i fiorentini. Conosce di Lorenzo soltanto quello che le hanno riferito la madre di lui o qualche amico degli Orsini in Firenze; sa bene invece che il suo matrimonio con lui ha scontentato molte delle famiglie della Firenze che conta.

Lei è una "straniera", che è riuscita a sposare quel Medici cui toccherà il potere politico, assieme a un patrimonio di ricchezze – e non soltanto quelle commerciali – che gli provengono da parte del padre Piero, ma ancora di più dal nonno Cosimo. Clarice per di più neppure si è ben "preparata" alla parte da dovere recitare sul palcoscenico d'una Firenze, che è invece appassionatamente "teatrale". Vi arriva senza neppure avere aperto il copione; sbaglia una battuta dietro l'altra; si aliena le simpatie degli spettatori. I servi di scena; gli addetti al palcoscenico; quelli insomma che le obbediscono, lo fanno nel nome del marito, lo fanno perché è il loro impiego. Non pongono, nello svolgere l'ufficio, nessun entusiasmo; né lei mai si preoccupa di cercare di destarne in loro; di farsi, insomma, pian piano, una sua privata cerchia di amici o, almeno, la corte di una donna che ha il ruolo, nella Firenze del secondo Quattrocento, d'una vera "prima donna". Clarice la Sfortunata o Clarice la Sprovveduta? Quale dei due termini si potrebbe scegliere per lei, vista l'innocente mania del tempo di "etichettare" ogni cittadino che in qualche modo interessasse alla pubblica opinione? Forse: "la Sfortunata". Noi giungiamo a simile scelta, perché si pensa che, se Clarice fosse stata intelligentemente guidata, informata, insomma, di quello che l'attendeva, del carattere di Lorenzo, e di come aveva fino ad allora inteso vivere i suoi giorni, avrebbe potuto muoversi in ben altra maniera.

Si è scritto – e già l'abbiamo detto anche noi – che era donna autoritaria, altezzosa, di carattere instabile; ben poco però si è cercato nelle pagine d'una sua privata esistenza di quei giorni, di quelle ore che lei deve vivere vicino a un marito che non è personaggio di certo facile. E forse s'è scambiato per alterigia quel suo volersi tenere in disparte, come a dire che quello che le era toccato, cioè d'essere la moglie d'un protagonista com'era Lorenzo, le stava bastando.

Che poi le restasse del tempo da dedicare alle pubbliche relazioni, anche questo appare difficile, se si va a guardare il numero delle sue gravidanze e dei figli avuti da Lorenzo. Dal 1470 al 1479 ne partorisce sette: Lucrezia, Maddalena, Luisa e Contessina, le femmine; Piero – nel 1472 – Giovanni – nel 1475 – e ultimo Giuliano, nel 1479: i maschi.

Clarice, negli anni vissuti a Firenze, dal giorno del suo matrimonio fino al luglio del 1488, quando muore, malata ormai di tisi da lungo tempo, ha vissuto quasi nell'ombra. E non perché qualcuno gliel'abbia imposto, ma semplicemente per una sua scelta. O forse neppure si tratta di scelta, solo una predisposizione a sottrarsi a ogni impegno che non fosse quello del vivere come moglie, come madre. Clarice non ama le riunioni mondane; partecipa alle feste, anche quelle che vedono il marito come promotore ufficiale, soltanto se costrettavi; non sente alcuna attrattiva per le lettere o le arti; non approva Lorenzo per quel cerchio di filosofi, poeti, pittori e scultori di cui si circonda; ha anzi deciso che siano proprio loro a distrarlo dai suoi doveri d'uomo d'affari e anche dagli impegni di quella politica che ormai i Medici hanno fatta loro. Clarice non nasconde questi suoi sentimenti; non avvengono scontri diretti col marito per queste sue scelte, ma il contrasto anche se non apertamente dichiarato divide i due in modo netto. Clarice vive quasi vent'anni in Firenze, dalla data del suo arrivo fino alla sua morte; vent'anni che non riescono però a farla mai sentire partecipe della vita cittadina. L'unica prova della sua presenza è ritrovabile soltanto attraverso qualche notizia di un suo intervento, presso Lorenzo o anche rivolto a qualcuno dei funzionari che formano la sua cerchia, per favorire o un parente romano, o – raramente – qualche fiorentino, che sia riuscito a filtrare oltre quella cortina d'isolamento da lei tesa, come a garantirsi una *privacy* gelosa.

Ed è forse col nome di gelosia, che andrebbero viste anche quelle sue

Clarice degli Orsini in un disegno di Impero Nigiani.

stesse manifestazioni d'avversione per letterati e artisti di cui s'è detto. Clarice sicuramente ha pensato – e forse non a torto – che il marito trovi in loro dei compagni per condurre una vita dissipata. E con una condotta dissipata, lei può avere sospettato che Lorenzo passi da una donna a un'altra. Accusa poi ricorrente nella Firenze del tempo, questa di un Lorenzo particolarmente attratto dai piaceri della carne. Uno dei distintivi messi addosso al personaggio. E la cosa può anche possedere un suo aspetto di verità, ma non sicuramente fino al punto in cui l'ha condotta tutta una cronaca mondana, tutta una serie di sussurri e voci, che hanno attinto a notizie reali, quanto a fantasie le più immaginarie. Clarice sa certamente di Lucrezia Donati e di qualche altro nome di donne che hanno avuto un certo peso nella vita sentimentale del marito, ma accetta la cosa con quel suo stile che l'ha sempre distinta. Quello che a qualcuno può essere sembrato di distacco o, addirittura, di indifferenza, ma che potrebbe invece essere testimone della prudenza di una donna che ha ricevuta una certa educazione.

Clarice sa bene quali siano i compiti assegnatile dalla sorte. Conosce lo spazio in cui deve muoversi; lei, che ben poco capisce di cose politiche, riesce a trasformarsi in certi particolari casi in una raffinata esperta di politica. Salvaguardare il nome del marito significa anche non fare conoscere nella cerchia dei suoi avversari i dissapori che dividono lei e il marito, dissapori tali da causare contrasti. E poi, vivere con Lorenzo senza questa filosofia dell'accettare pacatamente le sue scelte avrebbe effettivamente significato guerra. Una guerra interna; combattuta fra le mura di un palazzo, ma i cui suoni non avrebbero tardato a espandersi fuori.

Quando Clarice scompare, sono in ben pochi a piangerla. Sono anche ben pochi coloro che pensano che, con la sua morte, muterà qualcosa all'interno di tutto quello che è l'insieme di Casa Medici. La scomparsa di Lucrezia Tornabuoni, e perfino quella di Piero, il padre di Lorenzo, hanno commosso Firenze, quasi quanto quella di Cosimo il Vecchio; ora, però, che Clarice non ci sia più pare lasci tutti indifferenti.

Condannata dunque all'oblio? Parrebbe di sì. Di Clarice è scomparso ogni dipinto; ogni tela che ce la raffiguri. S'è perduta la traccia di un ritratto di lei, opera del Ghirlandaio; perfino una medaglia – oggi al Museo Nazionale del Bargello a Firenze – fa sospettare che si tratti soltanto di un ritratto ricavato a memoria. Eppure per ricordarci di lei, basterebbe pensare che uno di quei suoi sette figli avuti con Lorenzo sarà papa: Leone x. Si tratta di Giovanni, il secondo maschio di Clarice e Lorenzo. Lei: una Orsini romana, che ha generato un figlio che occuperà il trono di Roma. Dovrebbe bastare questo per assicurarle un posto nella storia.

Alfonsina Orsini

Lucrezia Tornabuoni, madre di Lorenzo il Magnifico, con la scelta di Clarice Orsini come moglie del figlio, dà l'avvio a una più volte ripetuta presenza di gente della potente famiglia romana nella casata medicea. Il nome degli Orsini riapparirà infatti, e più volte, nella storia fiorentina. Che recitano in più ruoli e con diversi risultati; nel bene e nel male. E Alfonsina Orsini è una figura da sistemare sicuramente in un album del demerito.

Giovanissima l'Orsini va in moglie, è il 1488, a Piero de' Medici, il primogenito di Lorenzo il Magnifico; giovane lei, e altrettanto si può dire per Piero che ha, quando la sposa, diciassette anni. Piero "lo sfortunato": così ce lo consegna la storia. E veramente questo distintivo d'infelicità gli si adatta.

Riguardo ad Alfonsina Orsini ci si trova di fronte a uno straordinario personaggio. Tanto il marito si mostrerà debole e indeciso, posto di fronte alle difficoltà del vivere in quella sua stagione, tanto lei è sempre pronta a combatterle; a scontrarsi col mondo non risparmiando i nemici, e spesso neppure gli amici, così come è accaduto nella storia che riguarda suo figlio Lorenzo e il ducato di Urbino.

Se il suo matrimonio con Piero de' Medici aveva rappresentato un grande avvenimento mondano, visto lo sfarzo con il quale le nozze si erano svolte, la vita di Alfonsina a Firenze non deve essere poi stata quella da lei sognata. La figura di Lorenzo il Magnifico sovrastava tutto e tutti; Piero, il marito di Alfonsina, niente faceva o pensava che non provenisse come idea dal padre. Forse Alfonsina deve avere sperato che, scomparso il Magnifico, Piero sarebbe uscito da quel quasi anonimato a cui l'aveva costretto la troppo grande fama del padre, ma ne uscì delusa. Anche perché, con la morte di Lorenzo, le potenti famiglie antimedicee fiorentine, avendo indovinata la fragilità del carattere di Piero, stavano sperando, e insieme operando, per quella rivincita che covavano nell'animo fino dal tempo in cui Cosimo il Vecchio le aveva sconfitte, facendo pagare agli Albizi la colpa di essersi messi contro i Medici.

Nell'anno della morte del Magnifico – il 1492 – Alfonsina aveva dato al-

Alfonsina Orsini in un disegno di Impero Nigiani.

la luce Lorenzo, e l'anno dopo era nata Clarice, la futura moglie di Filippo Strozzi. Il vivaio dei Medici andò restringendosi soltanto a questi due nuovi arrivati a portare il nome della casata. E si potrebbe dire che sarebbe stata cosa migliore se Piero avesse lui goduto di quel carattere forte e deciso che in seguito mostrerà sua sorella Clarice. Tale virtù gli avrebbe forse garantito di non essere cacciato in esilio da Firenze.

Ma non seguì Piero, Alfonsina Orsini. Aveva fiducia nel suo nome di Orsini, più che non quello di una donna ormai della famiglia Medici. E le fu consentito di restare, fin quando non decise che ormai Firenze poteva rappresentare per lei un luogo pericoloso. Se ne andò allora a Siena, e poi a Roma nel palazzo dei suoi. Rimarrà vedova nel 1503 e a quella data il figlio undicenne Lorenzo è ormai con lei. A Roma Alfonsina, Lorenzo e Clarice; i suoi ragazzi, godono della protezione del cardinale Giovanni de'

Piero di Lorenzo de' Medici, detto lo sfortunato, marito d'Alfonsina (disegno di I. Nigiani).

Medici, quel figlio del Magnifico che nel 1513 sarà pontefice col nome di Leone X.

Alfonsina non cesserà mai di seguire gli avvenimenti fiorentini e quando, nel 1512, lei potrà rientrare nella città, è ben preparata ad affrontare quegli ambienti ostili che sono stati al centro dell'allontanamento dei Medici. Gli anni che seguono la vedono sempre attivissima e a difendere la supremazia dei Medici e a consigliare suo figlio Lorenzo in imprese che lo rendano protagonista in prima persona e gli procurino fama. Rientra fra queste – ne scriviamo in altra parte di questo libro – la conquista per lui di Urbino e del titolo di duca di quello Stato, e anche il matrimonio con Maddalena de la Tour d'Auvergne, nipote del re di Francia Francesco I. La morte di Lorenzo appena un anno dopo quelle nozze, rattrista Alfonsina e la convince a ritornare a Roma, dove vivrà fino alla sua scomparsa nel 1520.

Clarice de' Medici

Clarice de' Medici, figlia di Piero figlio del Magnifico, e di Alfonsina Orsini, è nata in Firenze nel 1493. Il che significa che ad appena un anno dovette seguire le sorti dei suoi cacciati da Firenze dopo che Carlo VIII con le armi, gli antimedicei e il Savonarola con la parola e il credo politico avevano messo in crisi i discendenti di Cosimo il Vecchio. E Clarice con Lorenzo suo fratello trovò ospitalità presso lo zio: il cardinale Giovanni de' Medici. Il futuro papa Leone X godeva in Roma di grande prestigio e nel mondo della Chiesa di grande autorità. Clarice dimostrò grande attitudine agli studi e un carattere forte e pronto all'azione. Vivere in un palazzo romano dove si scontravano ogni giorno i partigiani di una corrente politica o di un'altra, in momenti poi in cui furono papi uomini come il Borgia, Alessandro VI, che scomparve quando Clarice aveva dieci anni, o Giuliano della Rovere, papa Giulio II, alla cui morte sarebbe seguito proprio Giovanni de' Medici, papa Leone X; vivere la propria infanzia dunque mentre a Roma si vivevano giorni ricchi di avvenimenti, contribuì alla formazione di Clarice, che fu educata politicamente quasi più del fratello Lorenzo. Quando fu chiesta in moglie da Filippo Strozzi, Clarice aveva quindici anni – era il 1508 – e ancora i Medici erano banditi da Firenze, tanto che lo Strozzi fu condannato al pagamento di una multa dal governo repubblicano fiorentino per quel suo matrimonio con una di Casa Medici. Non si poteva fare di più contro un Filippo Strozzi che serviva come banchiere a ogni Stato che cercasse prestiti; né sgomentò lo Strozzi, che aveva intanto fatta avviare la costruzione di uno splendido palazzo nel centro fiorentino, vicino a dove la città aveva i suoi più antichi edifici che si erano andati via via mescolando con botteghe e case meno ricche, formando quel meraviglioso complesso che andò sotto il nome di Mercato Vecchio. Un antico centro che sarà distrutto nella seconda metà dell'Ottocento per far pulizia nel ghetto degli ebrei, ma che altro non fu che il risultato nefasto di una grande speculazione finanziaria nel nome di una sfacciata speculazione edilizia. Fu però salvo il palazzo che significava l'amore di Filippo Strozzi per Clarice de' Medici.

Esso ha poi resistito splendidamente nel tempo e si appresta a vivere una sua nuova stagione nel terzo millennio.

Clarice visse accanto al marito così come accade a una coppia di sposi bene assortita. Il potere del denaro di lui consentiva loro di vivere nel lusso, ma i due cercarono di non mai inorgoglirsi ed essere a chi li avvicinava esempio di modestia e moderazione. Molti, dieci, i figli nati dalla loro unione, avuti in un tempo di venti anni, vista la scomparsa di Clarice nel 1528, lei ancora giovane coi suoi trentacinque anni. E la sua scomparsa, completamente inaspettata, visto che godeva di ottima salute, fu un duro colpo per Filippo Strozzi, innamorato di lei come quando, lui ventenne e lei quindicenne, si erano sposati. Dieci anni dopo sarebbe morto anch'egli, in una delle celle della fortezza fiorentina di San Giovanni, dopo essere stato fatto prigioniero il primo agosto 1537 a Montemurlo dai soldati che Cosimo I de' Medici aveva mandato contro un contingente assoldato dagli esiliati nel sogno di potere tornare alle loro case e nella loro città. Quanto alla morte di Filippo Strozzi, probabilmente si trattò di un suicidio, se è sua la lettera che fu trovata nel suo carcere: «Io Filippo Strozzi mi sono deliberato in quel modo che posso, quantunque duro rispetto all'anima mia mi paia, con le mie proprie mani a finire la vita». Aveva cinquant'anni e Cosimo I, il nuovo capo dello Stato fiorentino, dopo che Lorenzaccio aveva ucciso Alessandro, non poté vantarsi di averlo suo prigioniero. «Io Filippo Strozzi mi sono deliberato...»: pareva l'avvio di uno di quei contratti d'affari che il grande banchiere aveva firmato. Questa volta l'altra parte era la morte: avrebbe avuto e mai reso.

Così morì Filippo, e fu cosa migliore che Clarice non fosse più fra i vivi. Ne avrebbe troppo sofferto. Si sarebbe ricordata di troppi giorni felici: del tempo nel loro palazzo romano, o di quando nel 1530 era stata per alcuni mesi a Lione; o di Napoli, o di Venezia. Aveva, Clarice, anche goduto di una sua tutta personale gloria, quando, fuggita col marito da Roma mentre – era il 1527 – si preparava l'assedio dei lanzichenecchi, aveva raggiunto Firenze e lì il palazzo in via Larga, dove impauriti erano rinserrati Caterina, Ippolito e Alessandro: i tre giovani Medici. Fu lei a spingerli a lasciare Firenze; ne avrebbero avuto ancora il tempo, considerato che la gente stimava lei e suo marito Filippo. Seguirono momenti drammatici; ci fu uno scambio di parole irate; poi Clarice vinse la sua partita. E fu la salvezza per Ippolito e per Alessandro. Non per Caterina, che fu trattenuta come ostaggio.

Clarice: una vera Medici, degna nipote del Magnifico Lorenzo.

Filiberta di Savoia

Bella e saggia, ma su quelle sue qualità estetiche non tutti sono d'accordo. Troppo alta e curva nella persona; un volto dai lineamenti assai poco aggraziati: così ce la descrive qualcuno; altri però affermano il contrario: Filiberta di Savoia è una bella fanciulla. E fra le sue qualità sono da mettere anche i suoi diciassette anni: questa è la sua età quando Giuliano de' Medici la sposa. Lei è nata nel 1498, figlia del duca Filippo II di Savoia, e incontra Giuliano quando nel 1515 è in Francia per l'incoronazione del re Francesco I.

Anche su Filiberta, così come accadrà più tardi a Maddalena de la Tour d'Auvergne, peserà una sfavorevole sorte. Ambedue entrano nel palazzo di via Larga da spose felici, però destinate a godere più che brevemente del capolavoro architettonico di Michelozzo. Filiberta unendosi a Giuliano si era legata a colui che più rappresentava la grande tradizione medicea.

Giuliano è infatti uno dei figli di Lorenzo il Magnifico e di Clarice Orsini; è nato nel 1479, un anno dopo che i Pazzi hanno tentato con la loro folle congiura la scalata al potere. Quando Lorenzo muore, nel 1492, Giuliano ha soltanto tredici anni e due anni più tardi sarà, assieme agli altri Medici, costretto all'esilio. Lascerà così Firenze senza avere potuto conoscere ciò che è la vita, sociale e politica, della città.

Andrà ora di corte in corte, accolto come un giovane principe proscritto dalla sua patria. A Urbino, alla corte di Francesco Maria della Rovere, s'innamorerà di una bella vedova e ne avrà un figlio: Ippolito, il futuro cardinale destinato a recitare un ruolo importante nelle vicende che riguardano non solo i Medici, ma una storia d'Italia. Ippolito nasce nel 1511, quando Giuliano ha trentadue anni.

L'anno dopo tornerà in Firenze che ha riaperto le porte alla loro casata per riprendere le fila di quel potere che era stato interrotto con la loro cacciata diciotto anni prima. Ai fiorentini piace, ma il suo mostrarsi liberale non può piacere agli altri della sua famiglia, che temono per questa sua apertura politica anche verso coloro che si possono sospettare loro avversari. Viene allora richiamato dal papa Leone X – un Medici anche lui e suo fra-

Giuliano de' Medici in un disegno di Impero Nigiani.

Leone X *in un'incisione tratta da* Liber de vita Christi ac omnium pontificum *di Bartolomeo Sacchi detto il Platina (1479).*

tello – e sostituito a Firenze da suo nipote Lorenzo, figlio di Piero il Fatuo e di Alfonsina Orsini.

Ecco che ora Giuliano viene mandato in Francia a rappresentare il papa Leone X presso il re Francesco I. È qui che incontra Filiberta. I due appaiono felici, quando si sposano, nel 1515, a Torino. Ma avranno ben poco tempo per godere della loro unione che pur si presenta come fortunata. L'anno dopo, nel 1516, Giuliano muore; ha trentasette anni. Filiberta torna in Francia; morirà anche lei giovanissima: a ventisei anni, nel castello di Virieu, un possedimento in Francia dei Savoia.

Maddalena de la Tour d'Auvergne

Maddalena, la splendida fanciulla francese, che si lega in matrimonio a Lorenzo de' Medici, duca d'Urbino, ha ben poco spazio di tempo per conoscere Firenze ed esservi conosciuta. Ciò non toglie che i fiorentini restassero incantati dalla sua bellezza e dalla sua gentilezza.

Maddalena de la Tour d'Auvergne incontra Lorenzo ad Amboise; è il 1518 e il Medici si trova lì per il battesimo del secondogenito del re Francesco: Enrico. L'incontro fra i due, preparato dagli inviati del papa Leone X, segna un improvviso innamoramento. Il re Francesco dà il suo assenso alle nozze, che avvengono. Lei è figlia di Giovanni conte di Boulogne e di Caterina Bourbon de Vendôme.

Lorenzo de' Medici era figlio di Piero, figlio primogenito del Magnifico. Scomparso suo padre, toccò alla madre, Alfonsina Orsini, provvedere perché il figlio ottenesse successo e potere. Veramente, subito dopo che i Medici erano stati cacciati da Firenze, l'Orsini s'era ben poco preoccupata di lui. Il fanciullo, affidato a dei servi, era stato portato a Bologna, per poi seguire il padre Piero che si era trasferito a Venezia. In seguito Lorenzo aveva trovato asilo a Urbino, e ricevute cure materne da Elisabetta Gonzaga, rimasta vedova di Guidobaldo da Montefeltro. Un affetto che non pare abbia poi voluto contraccambiare, quando – ormai tornati i Medici a Firenze – egli vorrà per sé Urbino, e se ne impadronirà a spese proprio di quella famiglia che gli aveva dato aiuto nella fanciullezza.

Dopo l'Urbino degli anni dell'infanzia – lui non ha neppure cinque anni – ecco che Alfonsina Orsini lo vuole a Roma. Paiono essersi risvegliati nel suo cuore i sentimenti di madre, o – forse – avere il figlio presso di sé equivaleva a una sua qualche manovra politica. Lorenzo, crescendo, mostra di vivere bene nella città dei papi; ne scopre la bellezza ma anche la corruzione; se ne sente attratto. È protetto dal cardinale Giovanni de' Medici – il futuro Leone X – e gode dell'avere sua sorella Lucrezia sposata con un ricco banchiere com'è lo Strozzi, insieme al fatto d'essere figlio d'una Orsini, la cui famiglia possiede in Roma da secoli un suo prestigio.

È così che Lorenzo trascorre degli anni lontano da Firenze, una città che neppure ha avuto il tempo di conoscere, tanto che quando – nel 1512 – i Medici vi rientrano, egli deve averla sentita estranea, preferendole quella Roma dove ha goduto di svaghi da lui prediletti: quelli di una vita di dissolutezze e di bagordi.

«Di corpo gagliardo ed agile», scrisse di lui un cronista, «cavalcava così bene quanti niun altro ai tempi suoi». Bello, anche. Cosa insolita in Casa Medici: ma questo lo dissero in Firenze, perché, quando andò in Francia a prendere moglie, ai francesi non pare sia piaciuto. Ma si sa bene che in fatto di bellezza, sia femminile che maschile, i gusti, e i relativi pareri, spesso sono contrastanti.

Quando i Medici dunque ritornano a Firenze, e dopo che Giuliano – suo fratello – ha deluso Leone X, reggendo la città con troppa debolezza, ecco ora crescere il prestigio di Lorenzo, ritenuto il più adatto per rimettere le cose a posto. Il che equivaleva a fare capire ai fiorentini che i Medici erano più che mai convinti che il potere spettasse a loro, legittimato dal fatto che erano stati loro a fare di Firenze una città potente. Lorenzo era andato ad abitare nel palazzo di via Larga – quello costruito da Cosimo il Vecchio – insieme a sua madre Alfonsina Orsini. Il suo impatto con i fiorentini non fu da dirsi felice. Lorenzo covava risentimento per l'esilio al quale era stato condannato suo padre; si sentiva un Medici offeso, e per di più un Medici ora protetto dal papa, e anche sorretto dalla Spagna, che dettava legge in Italia: «Una città come è Firenze», lui lo sosteneva nelle sue lettere a Leone X, che a volte riteneva eccessiva la sua durezza nei confronti dei fiorentini, «o la si regge con la forza e con il comando dall'alto, o la si perde».

Poi, mentre Firenze mugugnava, nacque, anzi rinacque, l'idea di ingrandire il potere, di consolidare il successo. I Medici, che già avevano Roma con Leone X e Firenze con Lorenzo, pensarono che non fosse male andarsi a cercare un altro territorio da reggere e la scelta cadde sopra Urbino.

E fu così che alla fine di maggio del 1516 Urbino fu invasa da un piccolo esercito, posto al comando dello stesso Lorenzo, fatto Capitano Generale della Chiesa, e Francesco della Rovere fu costretto a rinunciare al suo Stato. E Lorenzo de' Medici fu duca di Urbino.

Leone X puntava su di lui molte carte, e capiva che ora mancava – a completare il programma svolto a favore del suo pupillo – un matrimonio di classe. Fu per questo che da Roma si dette avvio a trattative con la Francia, col risultato che, dopo la candidatura d'una figlia del re di Navarra, la scelta cadde su una diciassettenne e bellissima fanciulla, ricca quanto nobile: Maddalena de la Tour d'Auvergne. Il matrimonio aveva anche un risvolto di sapore politico: Francesco I, re di Francia, sperava con queste nozze di vedere consolidati i suoi rapporti con Roma e il papato, a scapito dell'Austria e della Spagna.

Stretto l'accordo; stabilito il contratto matrimoniale, se ne cercò la data

Maddalena de la Tour d'Auvergne in un disegno di Impero Nigiani.

che fosse la più adatta, e niente di meglio parve che fare un'unica festa per due avvenimenti importanti. Uno sarebbe stato il matrimonio e l'altro il battesimo del Delfino dello stesso re Francesco I, che così intendeva fare capire ancora di più che, a queste nozze fra la Maddalena francese e il Lorenzo italiano – e ancora di più fiorentino, nonostante quella sua carta da visita "ufficiale" che lo presentava come duca di Urbino – che a questa unione, insomma, ci teneva molto. Il Delfino del re di Francia avrebbe dunque avuto come testimone al fonte battesimale un Medici. Ne avevano fatta di strada questi mercanti fiorentini, arrivati a Firenze, nel Trecento, a cercarvi fortuna!

Una primavera, questa del 1518, che si annunciava fedele alla tradizione. Il tepore scaldò il corteo che da Roma a Firenze si mise in moto per raggiungere Parigi. Si scelse la via del mare: un viaggio lungo strade infestate da malintenzionati, sarebbe stato troppo pericoloso per quello che i muli trasportavano. E si trattava di ricchezze inestimabili. Leone X aveva capito che questa volta i Medici stavano giocando una partita di straordinaria importanza e che occorreva mettersi in luce per lo splendore dei doni; che anche ogni atto di questa cerimonia, per quello che lo riguardava, doveva essere perfettamente predisposto. I Medici versarono alla sposa trecentomila ducati, cui era stata aggiunta una vera fortuna in beni d'arte, in gioielli, in suppellettili di grande valore. Maddalena de la Tour da parte sua portava in dote, oltre a un'alta cifra in denaro, molti possessi territoriali e le rendite che le provenivano da alcuni beni di proprietà di sua madre Jeanne de Bourbon-Vendôme.

Dei doni fiorentini che arrivarono in Francia, toccarono a Francesco I e a sua moglie Claudia due dipinti di Raffaello: *San Giorgio che abbatte il drago* e *La sacra famiglia*. Da soli essi rappresentano oggi un valore che non può neppure essere stimato. Due opere d'arte che dovevano testimoniare a Francesco I che i Medici erano da considerarsi degli estimatori d'arte; che la lezione di Lorenzo il Magnifico o quella di Cosimo il Vecchio aveva trovato nei loro discendenti degli attenti allievi.

Tutto si svolgeva così come l'aveva ben programmato Francesco Vettori, ambasciatore di Firenze presso il re Francesco I, ma anche fedelissimo relatore di ogni avvenimento che si svolgesse in Francia per lo stesso Leone X. Era il Vettori che aveva, in una lettera datata il 25 marzo 1518, informato Casa Medici di cosa stava accadendo: «Come le S. V. avranno potuto intendere», scriveva il Vettori, «il Cristianissimo [Francesco I] vuole che Nostro Signore sia suo compare e mandi il Duca [Lorenzo de' Medici] a tenere il figlio a battesimo, et ordina di fargli tutti gli onori che sono possibili, et ha deliberato gli siano date le più belle e comode stanze che siano in questo castello, et ha fatto ordinare ai principi del regno che sua Eccellenza sia onorata, e Madama la Duchessa [Maddalena de la Tour] sua moglie sarà qui otto giorni dopo Pasqua».

Lorenzo de' Medici, duca d'Urbino, nel ritratto di Cristoforo dell'Altissimo conservato agli Uffizi (Gabinetto fotografico della Soprintendenza per i beni artistici e storici di Firenze).

Amboise era un vero paradiso in terra. Più curato da Francesco I che non alcun altro dei suoi castelli. Da ricordare che proprio in quel tempo, vicinissimo ad Amboise, nel castello di Cloux viveva Leonardo. Francesco I gli era legato da grande amicizia, da un affetto che poteva essere pari a quello di un figlio per il padre. Leonardo aveva ormai quasi settant'anni e Francesco non ancora ventiquattro. Il giovane re aveva aperto ogni porta all'uomo di Vinci: «Tu puoi lavorare con ogni libertà, che io troverò bellissimo tutto quanto uscirà dal tuo cervello, siano palazzi, statue o quadri... Immagina, inventa e crea senza pensare ad altro: io apro al tuo genio un credito illimitato».

Leonardo fu presente ad Amboise nei giorni del battesimo del Delfino e poi del matrimonio di Lorenzo de' Medici? Una domanda che ci incuriosisce, ma che non ha una risposta precisa. Probabilmente sì. Chi invece mancò fu la stessa Claudia, la regina consorte di Francesco I: aveva partorito in quei giorni un secondo figlio, e non poté essere presente. Al nuovo arrivato in Casa Valois si era dato il nome di Enrico.

Nessuno – non sappiamo se uno dei prodigiosi astrologhi di corte l'abbia previsto – poté indovinare che alcuni anni più tardi, quel secondogenito di Francesco I avrebbe sposata la Caterina che sarebbe nata dalle nozze di Lorenzo duca d'Urbino e Maddalena de la Tour. E che poi avrebbero assieme governata la Francia. Ma un po' d'imprevedibile colora la storia di affascinanti effetti.

Nello splendido banchetto di nozze in onore del fiorentino Lorenzo e della francese Maddalena, non si badò al risparmio. Nel cortile di Amboise, protetto da drappi stesivi sopra come a farne un'immensa sala, ci fu una parata del *gourmet*. Fu un banchetto interminabile; quarantacinque le portate, ognuna illustrata dal suo artefice, dopo che uno squillo di trombe aveva annunciato l'arrivo in tavola della nuova delizia. La carta dei vini: degna della più sofisticata enoteca del nostro tempo. Coppieri e fanciulli mescitori, vestiti in velluto colore granata o giallo paglierino, così come sono i colori stessi dei vini rossi o bianchi, facevano la spola fra le rifornite dispense e i tavoli imbanditi. Il miglior vasellame, i vassoi lucenti, le coppe smaltate: fu così che il fior fiore della nobiltà di Francia, unito per l'occasione tutto un mondo di stranieri che erano a corte, o per incarichi di diplomazia o in viaggio, fece festa ai due giovani sposi. Centinaia di giovani: uomini e donne di più paesi, danzarono durante il banchetto su di un palco appositamente preparato. Danze "cortesi" e "popolari", come a dire che il buon re Francesco I non si scordava, lui nobile, dei gusti del suo popolo. Danze da salotto e insieme *branles* e *gaillards*: abiti di raso con pizzi al collo e costumi di stoffa comune, di quella che si trovava in ogni bottega di mercato.

Uno degli ambasciatori veneziani, riferendone al suo governo, scrisse che mai si era ritrovato «in tanto splendore e lusso». E detto da un diplomatico della Serenissima, non certo città avara nella bellezza delle sue feste e celebrazioni, guidata da una nobiltà esigentissima in fatto di lusso, detto – dunque – da un veneziano, c'è da credere si sia trattato di giorni veramente d'eccezione.

Danze, banchetti, eleganza delle vesti, s'unirono alle manovre d'una cavalleria che stava dando le sue ultime prove di valore tecnico, in quei tornei che si giostrarono uno dopo l'altro in quell'occasione. Lo stesso Lorenzo poté mostrare alla giovane sposa quanto valesse in sella a un destriero e quanto bene avesse appreso l'uso della spada. E come prova d'essere stato da lei completamente conquistato, portò stretta al collo, sopra il duro metallo dell'armatura, la sciarpa di seta coi colori della bella Maddalena. Che assisteva, orgogliosa del marito, da un palco eretto per gli invitati, dove – al centro – era seduto lo stesso re Francesco.

Lorenzo duca d'Urbino e Maddalena de la Tour d'Auvergne restarono in Francia ancora per alcuni giorni. Lorenzo accompagnò la moglie in Bretagna per visitarne i possessi. Furono accolti dovunque con feste ed entusiasmo; i due apparivano felici; Lorenzo innamoratissimo della sposa; lei del marito. Finalmente un matrimonio, combinato dalla diplomazia, che dava risultati ottimi anche nel campo dell'amore. Quando i due arrivarono a Firenze – erano i primi giorni del settembre 1518 – i fiorentini capirono che ora il duca d'Urbino sarebbe stato legato alla città anche per il fatto di viverci con una sua famiglia, e che Maddalena, che riscosse successo di consensi e si dimostrò subito di grande gentilezza verso tutti, era un buon acquisto per Firenze. E i discendenti di Dante, che avevano accolto mugugnando le spose "di fuori" dei Medici – prima Clarice Orsini, moglie del Magnifico Lorenzo, e poi ancora con più riserve l'orgogliosa Alfonsina Orsini, moglie di Piero lo Sfortunato e madre dello stesso duca d'Urbino –, fecero ora invece buon viso a questa donna "di fuori". Che poi era veramente una "straniera", questa volta sul serio! Non una che arrivasse da Roma o da un'altra città italiana, ma addirittura una francese. Una che neppure parlava la nostra lingua.

Nel palazzo di via Larga sembrò fosse tornato il clima antico; quello che si era respirato dentro le sue stanze al tempo di Cosimo il Vecchio e di Contessina de' Bardi sua moglie. Firenze non aveva amato Lorenzo; gli rimproverava l'eccesso di orgoglio; l'esibizione di quel potere che egli sapeva essere nelle sue mani; perfino l'essersi lasciato crescere la barba: all'uso straniero, come si trattasse veramente di un'offesa ai costumi d'una città che credeva nelle sue tradizioni, ma, ora, era ritornato con una moglie che dimostrava di capire come si deve vivere: una gentildonna, sotto ogni riguardo, che sapeva stare al suo posto; che non dimostrava orgoglio; e si dimenticarono i risentimenti dello ieri.

Pochi mesi dopo Leone X fu lieto quando seppe che la sposa di suo nipote Lorenzo stava attendendo un figlio. Il matrimonio di Amboise stava dando frutti. Il vivaio dei Medici, impoverito fino al punto di non offrire che dei bastardi (Ippolito, figlio naturale di Giuliano duca di Nemours, e Alessandro, figlio sicuramente del cardinale Giulio, ma che si faceva passare come figlio naturale dello stesso Lorenzo duca di Urbino) aveva bisogno di gente nuova. Benvenuto, dunque, chi ora stava per giungere in famiglia.

Che poi fu una "benvenuta"! «Madonna la Duchessa», così scrive il solito Goro Gheri al cardinale Giulio de' Medici, in data 15 aprile 1519, «mercoledì mattina partorì una bella figlia femmina, la quale la Eccellenza del Duca volle li fusse portata al letto e così la Signoria di Madonna sua madre gliela portò al letto et la Eccellenza del Duca et S. S. ne hanno parimenti preso quel piacere che se fussi stato maschio». È nata Caterina, una bambina illustre, ma anche sfortunata: orfana come fu subito, pochi giorni dopo essere venuta alla luce. Lorenzo duca d'Urbino moriva infatti, malato di tubercolosi – sono però in molti a dire che si trattasse invece di sifilide – e Maddalena de la Tour d'Auvergne di febbri puerperali. Una ben triste conclusione per una storia d'amore che era durata così poco per le avversità della sorte.

Margherita d'Austria

Margherita d'Austria vive la sua storia medicea in quel breve tempo che intercorre fra il 31 maggio 1536 e il 6 gennaio 1537. La prima data segna il giorno del suo matrimonio con Alessandro de' Medici; la seconda il giorno in cui suo marito cade sotto la spada di Lorenzino de' Medici. A questa data Margherita è una giovanissima donna di appena quindici anni.

È infatti nata nel 1522, figlia dell'uomo più potente nell'Europa di quella stagione: l'imperatore Carlo V e di una fanciulla fiamminga. Si trattò del frutto di un amore che anche se deve avere contato nella vita di Carlo non si concluse con un matrimonio. Su questo incontro e sulla sua storia i cronisti ci hanno offerto più versioni. L'importante per noi è sapere che Carlo V riconobbe la bambina, che nacque nel dicembre del 1522 ad Oudenaarde, città belga sulle rive della Schelda.

Affidata dapprima da Carlo V alla famiglia di un suo alto funzionario, André de Douvrin, Margherita fu poi accolta a Malines nella corte di Margherita di Savoia, zia di Carlo V. Si trattò di un riconoscimento ufficiale, anche se per la fanciulla furono più che rari gli incontri col padre, che si era nel frattempo sposato con Elisabetta, figlia del re del Portogallo.

Dopo il 1527, l'anno in cui i lanzichenecchi saccheggiarono Roma, Carlo V volle riallacciare buoni rapporti col papa Clemente VII, un Medici salito al soglio pontificio il 19 novembre 1523. Negli accordi di Barcellona del 1529 veniva stabilito che Margherita – allora di appena sette anni – sarebbe andata in moglie al duca di Penne: quell'Alessandro de' Medici, figlio dello stesso papa, nato da un incontro del pontefice – era allora cardinale – con una serva di colore. Veniva con l'accordo di Barcellona assicurato ai Medici il governo dello Stato fiorentino e allo stesso Alessandro di essere il primo a esercitare quel comando. Il suo matrimonio con Margherita doveva avvenire quando lei avesse raggiunto l'età di dodici anni.

Il primo incontro fra Alessandro e Margherita fu a Bruxelles nel gennaio del 1531; il matrimonio fu a Firenze ai primi giorni del giugno 1536. Grandi furono i festeggiamenti: si sposava una figlia dell'imperatore con un Medici che ormai aveva saldamente in pugno il potere sullo Stato di Fi-

Ritratto giovanile di Margherita d'Austria (anonimo fiammingo, Museo del Prado).

renze. Ci furono concerti musicali, cene e balli nella villa medicea di Poggio a Caiano dove Margherita sostò per tre giorni prima di entrare, accompagnata da uno sfarzoso corteo, in Firenze. Le nozze furono celebrate nel Duomo e i fiorentini affollarono le strade per applaudire il loro Signore e la sua giovane moglie. Le ferite del recente assedio e i patimenti dei giorni in cui le truppe imperiali cannoneggiavano le mura e le strade della città, andavano in qualche modo leniti: e questa festa di matrimonio servì anch'essa a questo.

L'unione fra Alessandro e Margherita fu veramente di quelle infelici. Lui seguitò nella sua solita vita di bagordi e di prepotenze, ormai convinto nel ruolo di capo di uno Stato, un Signore al quale tutto deve essere concesso; lei, completamente delusa e gravemente offesa, scrive, lamentandosi, a suo padre, ma Carlo V non può turbare quell'equilibrio che gli consente di controllare politicamente lo Stato fiorentino retto da uno che sa come essere ubbidito dai suoi sudditi, e prega la figlia di pazientare.

In certo modo provvidenziale per Margherita e che risolve ogni sua pena, ecco il pugnale di Lorenzaccio che nella notte dell'Epifania del 1537 toglie di mezzo il dispotico Alessandro. Il giovane Medici si aspettava forse di essere applaudito dal popolo e di ottenere persino che l'imperatore capisse che il suo gesto era stato dettato dal desiderio di giustizia.

Le cose non procedono però come lui può avere sperato. Dovrà fuggire da Firenze e Margherita, tutta compresa nel suo ruolo di vedova che non perdona all'assassino del marito, porrà una taglia sulla testa di Lorenzaccio, che dopo essere stato a Venezia e a Costantinopoli, si rifugerà in Francia, protetto dalla stessa Caterina de' Medici, che ha odiato Alessandro fino dagli anni della giovinezza.

Il nuovo duca di Firenze: il diciottenne Cosimo I, chiederà Margherita in moglie, ma il piano di Carlo V non è quello di fare sposare la figlia ancora a un Medici. Lei sarà data in moglie a Ottavio Farnese; il destino le riserva un ruolo notevolmente importante, ma questa sua storia esula dal nostro racconto.

Margherita morirà a Ortona il 18 gennaio 1586. È ormai trascorso mezzo secolo dal suo matrimonio fiorentino. Lorenzino, alias Lorenzaccio, il Medici che ha ucciso un altro Medici, è stato raggiunto dal pugnale dei sicari messi sulle sue tracce da lei, Margherita, e dal duca Cosimo I. È accaduto a Venezia, presso il ponte di San Polo, il 26 febbraio 1548.

Caterina Sforza

Figlia naturale di Galeazzo Sforza duca di Milano e moglie di Giovanni "il popolano", quest'ultimo del ramo dei Medici che discendeva da Lorenzo il Vecchio, Caterina Sforza recita nella storia dell'ultimo Quattrocento e dei primi anni del Cinquecento nel ruolo di una grande protagonista che cerca l'applauso e meritatamente anche l'ottiene. Che poi, dalla sua unione con Giovanni de' Medici, sia nato quel secondo Giovanni, che iscriverà il suo nome fra quelli dei grandi condottieri come Giovanni dalle Bande Nere, rende la sua figura ancor più interessante, sempre che non si trovi sufficiente quella sua stessa storia umana fatta di straordinarie avventure, vissute all'insegna di un carattere indomito, così come tocca da sempre a una vera regina. E se Forlì e il suo Stato potrebbero essere considerati angusti segni geografici, basterà a giustificare il suo nome di regnante come essa abbia interpretato il suo ruolo di donna alla quale è affidato il compito di governare.

Nata da un amore di Galeazzo Sforza con una nobildonna: la bellissima Lucrezia Landriani, Caterina Sforza fu fatta fidanzare nel 1470 – lei aveva sette anni – al conte Marcantonio Torello, comandante di eserciti, che però morì due anni più tardi. Nel 1471 Galeazzo Sforza, assieme alla moglie Bona di Savoia, si recò in visita a Firenze per incontrare Lorenzo il Magnifico. Caterina Sforza seguì il padre e come tutti gli altri rimase incantata nel palazzo mediceo di via Larga, di fronte ai tesori d'arte e alle ricchissime suppellettili che conteneva la casa voluta da Cosimo il Vecchio de' Medici. Caterina non avrebbe allora mai potuto immaginare quali legami avrebbe stretto con la famiglia di Lorenzo, ma grande fu la sua ammirazione per il Magnifico che ospitò gli Sforza nelle stanze del suo palazzo.

L'incontro fra il Signore di Milano e quello di Firenze ebbe importanti risvolti politici, e fu insieme una sorta di parata nella quale i due gareggiarono assieme in lusso e in eleganza. Il duca di Milano era accompagnato da seicento persone, fra la sua scorta armata e i cortigiani al suo servizio. Sua moglie, Bona di Savoia, era donna bella e di straordinaria eleganza nel vestire. I giorni di Firenze trascorsero tra feste e ricevimenti e grande fu

Caterina Sforza in un'incisione di G. Scotto.

l'ammirazione della giovinetta Caterina per quel cerchio di letterati e artisti di cui si circondava il Magnifico.

Tornata a Milano, Caterina riprese la vita di sempre fra svaghi e lezioni di pedagoghi scelti per lei dalla duchessa Bona. Dopo la morte del fidanzato sceltole dal padre, ecco che Caterina viene promessa a Girolamo Riario, quel nipote del papa Sisto IV, tutto intento ad assicurarsi – ora che è protetto dallo zio – un suo Stato e una moglie qual è Caterina, figlia di uno dei maggiori Signori d'Italia.

Caterina aveva undici anni, ma il matrimonio avvenne ugualmente, col patto che Caterina sarebbe rimasta a Milano in attesa di avere un'età perlomeno accettabile per recitare nel ruolo di sposa. Nel frattempo lo Sforza cedeva a Girolamo Riario, perché la governasse, la contea di Imola, al prezzo di quarantamila ducati d'oro. Al pagamento dei quali, anche se gli parvero una cifra più che eccessiva, provvide, attingendo alle casse della Chiesa, il papa Sisto IV.

Dopo la morte del padre la quattordicenne Caterina – è il 1477 – va a Roma dove sarebbe stato ufficializzato il suo matrimonio con Girolamo, per poi trasferirsi nella contea di Imola, dove – salvo due viaggi a Milano – restò accanto al marito Girolamo, finché il 15 aprile 1488 il Riario non fu vittima di una congiura.

E sarà ora Caterina a governare, anche se in mezzo a grandi ostacoli che le si frapposero. L'amore per un diciottenne, Giacomo di Feo, non la distolse dall'esercitare il potere con una forza e una convinzione che la renderanno famosa. Dopo alterne vicende conobbe Giovanni de' Medici del ramo dei "popolari" e nacque dal loro matrimonio Lodovico, al quale però, mortole il nuovo marito pochi mesi dopo la nascita del figlio, Caterina volle mutare il nome in Giovanni. Sarà il futuro Giovanni dalle Bande Nere. È il 1498 e attendono Caterina giorni durissimi, quando Cesare Borgia, figlio del papa Alessandro VI, intende conquistare i territori della Romagna, intenzionato a formare un vasto Stato sul quale comandare. Suoi avversari quei signorotti in effetti vicari della Chiesa, ma che erano riusciti a rendersi autonomi, dimenticando quel loro ruolo di accomandatari. La contea di Forlì era compresa fra questi Stati da riportare all'obbedienza. Anche se era chiaro che Cesare intendeva togliere di mezzo ogni avversario per farsi lui Signore: nel nome del papa Alessandro VI – che era suo padre – ma più che convinto di dovere esercitare lui quello stesso potere che ora voleva sottrarre agli altri.

E quei signorotti della Romagna, geloso ognuno della propria autorità, gli si opporranno isolatamente: uno per uno, senza sapersi riunire. Si tratta per l'esercito di Cesare, che è composto da non pochi uomini, di una facile preda. Imola e Forlì possessi di Caterina gli si arrendono, ma non lei irata contro quei suoi pavidi sudditi, non lei che nella Rocca del Ravaldino è decisa a strenuamente difendersi.

La rocca è difficile ad espugnarsi. Si tratta di un fortilizio che ha al suo interno un agglomerato di case e un palazzetto dove si è rinchiusa Caterina. Lei ha come forza militare duemila uomini al comando di Giovanni da Casale; ci sono cannoni e viveri in notevole quantità: Cesare Borgia sa di stare giuocando sulla conquista della rocca tutta la sua campagna militare e la sua stessa credibilità. Vuole, dunque, prima di sferrare un attacco, cercare di convincere alla resa la castellana, ma due incontri con lei niente mutano della situazione preesistente.

Ed è così che il mattino del 12 gennaio 1500 Cesare ordina alle sue truppe di attaccare; lo scontro è durissimo; sugli spalti della rocca trovano la morte cinquecento uomini: un quarto del contingente che schiera Caterina. Senza avere ricevuto alcun ordine da lei Giovanni da Casale, il castellano, chiede di arrendersi. Ma non altrettanto fa lei: l'indomita Sforza. Il suo è ormai un ruolo da grande protagonista della storia. Dalle mura, alta e bella, questa donna di trentasei anni risponde a Cesare Borgia che le rinnova il suo invito ad arrendersi, che se vuole farla prigioniera deve continuare nel suo attacco. Con la spada in pugno Caterina combatte fino a che, ormai sola e circondata da ogni parte, deve desistere. E resta lì con la sua arma alzata al cielo non come fosse una sconfitta, ma lei la vincitrice.

Fatta prigioniera verrà contesa fra i francesi e il Borgia. Ives d'Allègre che rappresenta la Francia cederà: la preda tocca al Borgia. Caterina nel frattempo è uscita dalla rocca dopo avere attraversato i fossati ingombri di cadaveri. Verrà condotta, ben scortata, nel palazzo Numai. Ora le notizie si fanno scarse: il Borgia le ha usato violenza o è solo una voce nata visti i pochi scrupoli del figlio di Alessandro VI?

Caterina, che aveva mandati i figli in un rifugio sicuro, doveva ora vestirsi dei panni di una prigioniera nelle mani di un carceriere durissimo. Dovette seguire Cesare fino a Roma; fu rinchiusa in alcune stanze di Castel Sant'Angelo e visse giorni in cui pareva l'abbandonasse quella grande forza d'animo che aveva fino ad allora mostrata. Poi finalmente la libertà, grazie al deciso intervento in suo favore del re di Francia Luigi XII.

Invitata ad andare a Firenze dalla famiglia Medici, va a vivere nella villa di Castello, col figlio Giovanni.

Caterina morirà ancora giovane nel 1509; Giovanni sarà accolto nella casa del banchiere Jacopo Salviati che è sposato a Lucrezia de' Medici figlia di Lorenzo il Magnifico.

E Giovanni proprio una Salviati sposerà: Maria. Con il loro matrimonio i due rami medicei: quello di Cosimo il Vecchio e di Lorenzo il Vecchio si riuniranno.

Caterina de' Medici

Caterina, la figlia di Lorenzo duca d'Urbino e di Maddalena de la Tour d'Auvergne, nasce a Firenze il 13 aprile 1519. Maria e Romola furono gli altri nomi datile al battesimo. Suoi padrini: Francesco d'Arezzo, generale dei Serviti; Francesco Campana, priore di San Lorenzo; Paolo Orlando de'Medici e Giovan Battista de' Nobili. Madrina, una suora il cui convento avrà grande spazio nella storia di Caterina de' Medici: Speranza de' Signorini, badessa delle Murate. Dovrebbe essere stata presente anche un'altra badessa: Chiara degli Albizi. Suora di quel convento, detto "di Annalena", che accoglieva le domenicane, fondato da Annalena de' Malatesti, nel Quattrocento, dopo la tragica morte di suo marito Baldaccio d'Anghiari, ucciso nello stesso palazzo della Signoria dai suoi avversari politici.

Un battesimo – questo per Caterina – al quale non avevano potuto essere presenti i genitori, malati ambedue, né – nella lista che conosciamo – appare il nome di sua nonna Alfonsina Orsini, che tuttavia doveva trovarsi a Firenze per quell'occasione. Si cercò di farne un giorno di festa: ancora si poteva sperare che i genitori della fanciulla appena nata potessero superare la loro malattia. L'illusione fu però di breve durata.

Caterina, orfana, fu accolta a Roma nel palazzo di Alfonsina Orsini. Dalla Francia furono chieste sue notizie; quelli della famiglia di sua madre, ma anche il re Francesco I, che aveva caldeggiato le nozze fra il duca di Urbino e Maddalena de la Tour, vollero conoscere quale sarebbe stato il futuro della bambina. Da Roma, Leone X e il cardinale Giulio de' Medici risposero che ne avrebbero avuto personalmente cura e che Caterina era posta in buone mani, visto che sua nonna Alfonsina l'aveva voluta tenere con sé.

Fu la sola cosa che Francesco I poté sapere. Aveva anche fatto capire, fra le righe del suo messaggio, di volere essere informato circa certe voci su di un mutamento di rotta da parte di Leone X, che si sarebbe ora legato alla Spagna con un patto tenuto segreto, ma niente dalla lettera di risposta poté sapere, aldilà di queste brevi notizie che riguardavano Caterina e la sua sistemazione.

Queste notizie non possono avere interessato Caterina, che stava intanto

Caterina de' Medici, in un ritratto giovanile di autore ignoto.

crescendo sana e tranquilla in casa Orsini. Il cardinale Giulio – il futuro Clemente VII – è quello che più s'interessa di lei; Leone X è distratto da tutte quelle beghe, religiose e politiche, che fanno dell'Europa un campo di battaglia. Già si profila lo scontro tra Francia e Impero; un contrasto che funesterà tutta la prima metà del Cinquecento.

Il 7 febbraio 1520 moriva Alfonsina Orsini e Caterina veniva allora affidata a Clarice de' Medici, la moglie di Filippo Strozzi. Clarice è ricca; è una donna abituata a vivere accanto a un marito che cura gli affari di mezza Europa; tiene casa a Roma, come a Firenze; gode di un potere che sa però esercitare con prudenza e acume. È una Medici – nipote del Magnifico – ma ora si sente anche una Strozzi, e le due famiglie hanno contato negli ultimi vent'anni in Firenze, ma anche in altre parti d'Europa. Perfino nel momento dell'esilio della sua casata, Clarice ha goduto del rispetto di Firenze per il potere economico che esercitava Filippo Strozzi; ora che i Medici sono tornati al potere nella loro città, la sua forza s'è come raddoppiata. Essere presso di lei è garanzia per Caterina di ottenere il meglio. Clarice, che è madre di molti figli, sente Caterina come una di loro; così come Caterina può averla vista nel ruolo di quella madre che le è venuta a mancare appena nata.

Da tutto questo prende forma quel sentimento di profondo affetto che la legherà per tutta la vita a quei cugini: i giovani Strozzi, Piero e gli altri, da lei protetti e beneficati, quando ormai sarà regina di Francia. Loro allora esuli da Firenze, con avversario irriducibile proprio uno della famiglia medicea: il duca Cosimo I.

Caterina vive questo suo tempo con Clarice, seguendone lo stesso ritmo di vita. È una fanciulla intelligente e che apprende con facilità; i suoi maestri sono soddisfatti di lei e Clarice di loro. A Roma, nel palazzo degli Strozzi, Caterina può osservare come s'amministra da parte di una donna esperta un *ménage* familiare di quel rango e grandezza. Impara molte cose; forse senza neppure rendersene conto: la lezione varrà per il domani. Quel modo di vivere è la sua palestra, il suo esercizio "mondano"; quello che poi farà di lei quella sorta di "prodigio" di donna, cui s'attribuiranno – a volte anche a sproposito – virtù in tanti campi: lei maestra delle goloserie d'una raffinata cucina; sapiente nelle scelte di artisti cui affidare opere adatte ad abbellire le residenze reali; esperta nei ricami, quanto nelle tappezzerie; che sa tutto sui profumi; che conosce il modo più elegante per tenere un salotto.

La Roma dei palazzi nobili; la Roma che le ha dato una nonna tutta "di casa"; la Roma corrotta, ma coltissima, anche a opera di quell'esteta e maestro in cose d'arte che è stato Leone X, ha accolto Caterina con benevolenza. È una Medici (il nome della casata può però anche avere suscitato diffidenza: sono molti infatti i nemici della casata fiorentina che vivono a Roma). Una fanciulla, insomma, cui toccarono cure e attenzioni. La sua condizione di orfana le pesò soltanto per la mancanza di un padre e di una madre da cui essere amata, ma ebbe in cambio il grande affetto da cui fu circondata, fino a che non ritornò a Firenze – era il 1525, e Caterina aveva sei anni – per sistemarsi nel palazzo di via Larga.

Clemente VII ha pensato, con questa decisione, di dire ai fiorentini, ora che egli era salito al trono pontificio e non poteva più direttamente interessarsi delle cose politiche dello Stato fiorentino (delegato a tale incarico il cardinale Passerini), che c'erano, nel vivaio dei Medici, dei giovani che avrebbero domani assunto il potere nello Stato. Questa Caterina, ad esempio, legittima discendente di Lorenzo d'Urbino, ma anche i due "bastardi", da considerarsi però dei Medici a tutti gli effetti: Ippolito e Alessandro. E ad Alessandro, Clemente VII, che ne è segretamente padre, spera che nel domani tocchi di reggere lo Stato fiorentino.

Riguardo a Caterina, Clemente VII rivendicò presso Francesco I che la "duchessina" Caterina (ma era un po' ridicolo usare per lei ancora di quel titolo, poiché già Urbino era ritornata in possesso dei della Rovere) era la legittima erede dei beni che la madre le aveva lasciati in Francia; ricchezze che invece suo cognato, il duca d'Albany, amministrava ora come fossero cosa sua. E con l'incarico di giungere a un accordo, Clemente VII inviò presso Francesco I Roberto Acciaiuoli: uomo abile ed esperto in cose d'amministrazione. Nato da una famiglia di banchieri, di gente che sapeva bene come muovere le carte per ottenere il dovuto.

Caterina, nel palazzo di via Larga, imparò due cose: a sentirsi legata a Firenze, stringendo amicizia con molti giovani della sua stessa età di famiglie fiorentine, e a odiare il cugino Alessandro, da cui la divideva un modo d'intendere la vita completamente diverso. E pari al suo disprezzo verso Alessandro fu la simpatia da lei provata invece per Ippolito. È l'inizio di quel legame, cui dopo non sarà difficile dare il nome di amore. L'amore d'una fanciulla per uno che, come Ippolito, rappresenta l'insieme dei suoi sogni. Un giovane che è bello e intelligente; audace e di gentili maniere. Lui indossa sì l'abito di cardinale, ma Caterina ha scoperto che per un potente è facile lasciare tali vesti. E segretamente lei deve averlo sperato. I suoi sogni sono però sciupati dalle bufere di quegli anni, che fecero del periodo tra il 1527 e il '30, un momento drammatico per la vita della giovane Medici.

Il 7 maggio del 1527, invece della primavera che splendeva nei prati coi fiori e con le foglie sugli alberi dei parchi, aveva infatti portato a Roma le torme dei lanzichenecchi. Che il Connestabile di Borbone, il traditore di Francesco e della Francia intera, l'uomo messo al bando nel cuore di tutti i francesi, fosse morto proprio nell'assediare la città dei papi, era cosa che poteva anche dare soddisfazione a chi si era trovato a difendere le mura della città di Roma, ma non poteva portare alcun beneficio, né tantomeno mutare le sorti dello scontro. Benvenuto Cellini, l'orafo e scultore, che s'attribuisce l'onore d'essere stato lui quello che con un colpo d'archibugio ha tolto la vita al Borbone, non crediamo sia andato in giro, subito dopo che i lanzichenecchi erano entrati in Roma, a vantarsi del suo gesto. Scatenati com'erano, non avrebbero certo badato al fatto che, colpendolo con una delle loro picche, stavano uccidendo uno dei maggiori artisti del Cinquecento.

Roma dovette infatti arrendersi e i lanzi fecero a gara nel saccheggio: oro, argento, preziosi, e anche donne. Una soldataglia come impazzita, senza che nessuno cercasse di frenarla; convinti d'altra parte i loro capi che sarebbe stato inutile ogni tentativo del genere. Si era promesso loro il saccheggio e Roma appariva agli occhi di quei soldati, racimolati nel nome della paga, ma anche imbevuti di odio religioso, come una ghiotta preda. Simbolo del cattolicesimo, che la maggior parte di loro rifiutava (animati com'erano da spirito protestante), e poi colma dei tesori accolti nei suoi palazzi. E la nobiltà romana amica, ma anche quella avversa al papa Clemente VII, vide spogliate le proprie residenze. Le chiese furono svuotate di tutti i loro arredi; di ogni qualsiasi oggetto che sembrasse ai predatori di un qualche valore.

«Era una vista», scrisse Francesco Gonzaga in una cronaca di quei giorni, «che avrebbe mosso a compassione anche i sassi: dovunque la più orribile devastazione, dovunque saccheggio e morte. L'aria risuonava dei lamenti degli uomini, delle donne, dei bambini, mescolati al crepitìo delle armi, al fracasso delle case che cadevano bruciando».

Clemente VII, chiuso in Castel Sant'Angelo, riusciva ora a tirare la somma di tutti gli errori commessi. Era avvilito e impaurito, mentre gli arrivavano notizie che quella Roma, che era stata affidata al suo regno di papa, era divenuta un inferno. Clemente VII dovette insieme subire le offese recate alla sua casata che, di nuovo, sotto l'incalzare delle sue sciagure, era stata rimessa al bando da Firenze.

In quel momento Roma somigliava a una poco cristiana torre di Babele. Né alcuno poteva prevedere che poi la buona sorte avrebbe di nuovo favoriti i Medici e fra di loro lo stesso Clemente VII, che si era comportato tanto imprudentemente. Ora un mescolìo di armati aveva invasa tutta la città. Parte di quell'esercito, composto di più di ventimila tedeschi, di cinquemila spagnoli e di più di diecimila italiani, si riesce a tenerla fuori, ma come a rotazione ognuno di questa imponente schiera vuole partecipare alla "festa". Era come se tutti quei soldati, che avevano combattuto con coraggio in più battaglie, avessero dimenticato il più elementare codice d'onore; ogni umanità. Le strade si riempirono di cadaveri; non furono risparmiati né vecchi né fanciulli; fu fatta violenza a donne di tutte le età; era uno spet-

Il cardinale Ippolito de' Medici in un'incisione di Asioli da un dipinto del Pontorno.

tacolo che i non presenti a quei giorni tragici non avrebbero mai saputo rappresentarsi nella sua realtà, nella misura in cui avvenne. I lanzichenecchi furono quelli che maggiormente imperversarono, ma non furono da meno gli spagnoli. Filiberto di Chalon principe di Orange, che tentò più volte di porre fine a quello sterminio di persone e anche a quella spoliazione di case e chiese, vide fallire ogni suo tentativo. Pareva che ormai il diavolo si fosse veramente impadronito della città delegata a rappresentare in terra Dio.

Quando si arrivò a trattare la resa il papa dovette tutto accettare. Le condizioni furono durissime: oltre all'obbligo di dovere corrispondere all'esercito che aveva occupato Roma una somma di quattrocentomila ducati "a rate", perché tanti non ne possedeva sul momento, Clemente VII dovette cedere all'imperatore Carlo V, Ostia, Civitavecchia, Parma, Piacenza e Modena. Il che equivaleva a smembrare completamente lo Stato della Chiesa. Come mallevadori che egli avrebbe pagata tutta la somma pattuita, si offrirono i suoi parenti: Jacopo Salviati, Lorenzo Ridolfi e Simone Ricasoli, e poi i vescovi di Pistoia e di Verona, insieme agli arcivescovi di Siponto e Pisa. Con tutti questi garanti, Clemente VII ebbe la possibilità di tirare un primo respiro di sollievo. Chiuso in poche stanze di Castel Sant'Angelo, sorvegliato a vista dalle guardie, il papa Medici attendeva che le cose si mettessero al meglio. Nel novembre di quell'anno, dopo che Clemente ebbe pagata la prima rata della somma stabilita, gli venne chiesto di aumentare il numero degli ostaggi. Questa volta toccò a gente di Casa Medici: Ippolito e Alessandro, i due cugini "bastardi" della casata, furono i nomi scelti. Però, visto che era difficile convincerli a presentarsi, in attesa che lo facessero il papa obbligò a costituirsi al loro posto, tre cardinali: il Trivulzio, il Pisani e il Gaddi. Di questi poteva disporre con facilità, avendoli vicini. La controparte accettò lo scambio, perlomeno sul momento.

Caterina era intanto trattenuta a Firenze come una sorta di ostaggio, anche se la protezione di Clarice de' Medici, la moglie di Filippo Strozzi, le garantiva di essere salva da ogni offesa. Non si può dire però che per la famiglia medicea corressero tempi favorevoli. In quei giorni di tragedia a Roma, si era infatti svolto tutto un dramma consimile a Firenze, una recita che aveva visto in scena personaggi anche inattesi nel ruolo che avevano invece scelto. Era accaduto tutto nell'aprile dello stesso 1526, proprio nel momento in cui stavano passando vicino alla Firenze impaurita a più non posso, le truppe di Carlo V. Presi da stesso terrore tutti i fiorentini, che ora cercavano ogni mezzo per scampare al pericolo, accusando come responsabili di quella situazione tutti gli appartenenti a Casa Medici.

All'inizio la rivolta si limitò a pochi sporadici fatti e apparve domata, con Ippolito de' Medici che, aiutato dai sostenitori della casata, sembrò avere riportato l'ordine in città. Non fu però che un intervallo; presto riapparvero altre nuvole in cielo che scatenarono questa volta il vero temporale. E questo accadde pochi giorni dopo che Roma era stata occupata dall'esercito dei lanzi, e si vide in primo piano – in una riunione che fu tenuta proprio nel palazzo di via Larga – Clarice, la zia di Caterina e – anche se volle restare in ombra – suo marito Filippo Strozzi.

La coppia aveva lasciato Roma non senza difficoltà. Clemente VII aveva bloccate le uscite della città, né era possibile allontanarsi senza un suo specifico permesso. Clarice era però riuscita a ottenerlo. Fu così che, appena un giorno prima dell'attacco contro Roma da parte delle forze assedianti, Clarice e Filippo poterono raggiungere la costa e imbarcarsi su di una nave che li condusse in salvo, sbarcandoli a Pisa.

Arrivati a Firenze, ecco Clarice sorprendere tutti, chiedendo sia a Ippolito che a quelli che rappresentavano il potere dei Medici di allontanarsi dalla città, lasciandola tornare a quella libertà repubblicana che, secondo Clarice, essa si meritava, ora più di prima visto il pessimo contegno mostrato dai Medici nell'amministrare le cose dello Stato. Questo apparve ai fautori della famiglia, e ancora di più a Ippolito, come un vero tradimento. Era una del loro stesso sangue, che scatenava contro di loro la rivolta. Un fatto inaudito. Clarice, nonostante le minacce ricevute da parte loro, non desistette dal suo intento e sia Ippolito che Alessandro furono costretti ad andarsene, e assieme a loro il cardinale Passerini che, considerata la giovane età dei due bastardi di Casa Medici, aveva fino ad allora amministrato lo Stato fiorentino.

Caterina, nonostante Clarice avesse ottenuto in un primo momento che la fanciulla potesse partire da Firenze insieme a Ippolito e ad Alessandro, fu poi invece trattenuta come ostaggio. Era l'unica "legittima" che ancora restasse del ramo di Lorenzo e i fiorentini l'avevano in città: meglio, si pensò, garantirsi di fronte al domani. Clemente VII non avrebbe potuto restare insensibile, in caso si dovesse trattare, nel sapere che una sua così stretta parente era nelle loro mani. E fu così che Clarice deve accettare il compromesso: Ippolito e Alessandro possono andarsene salvi, ma Caterina resterà a Firenze.

Clarice ha guidato il giuoco fino alla fine. Filippo Strozzi, il marito, è stato a guardare fidandosi di lei. Questa nipote del Magnifico Lorenzo mostra indubbie qualità politiche. Attaccando gente della sua stessa famiglia, con quel suo contegno è riuscita infatti a quietare gli animi, sia pure provvisoriamente, e a lasciare delle porte aperte per il domani. Caterina userà di quegli stessi metodi, quando le toccherà d'essere regina, a capo dello Stato francese. Clarice può essere segnalata come uno degli esempi che le si stanno offrendo. Lei sta imparando una preziosa lezione: maestra, una donna che le è vicina come carattere assai più d'ogni altro. In Clarice lei scopre il suo modello. Nella sua mente di ragazzina deve essersi destata una grande ammirazione per questa zia così abile e decisa; così pronta ad assumersi una parte importante; così adatta a recitare in ruoli spesso in contrasto fra di loro.

Caterina era dunque un ostaggio prezioso. Una carta importante da potere barattare al momento opportuno. Dapprima sembrò che Firenze le concedesse, sia pure sorvegliata, di andare a vivere nella villa di Poggio a Caiano, ma poi fu ricondotta, mandando delle guardie a prenderla, a Firenze e affidata alle monache di Santa Lucia. Aveva guidato il gruppo che aveva prelevato Caterina alla villa di Poggio a Caiano, Jacopo Rinuccini, il cui nome e la cui famiglia ci ricordano quell'Ottavio Rinuccini che poi sarà il "poeta" per la musica del Monteverdi. I Rinuccini, ricchissimi mercanti, non erano fra gli avversari dei Medici, e la scelta d'uno di loro aveva rassicurato Clarice Strozzi. Il timore che potesse prevalere la parte più accanitamente antimedicea era infatti la maggiore preoccupazione per la zia di Caterina.

Le monache di Santa Lucia erano domenicane. La scelta di loro come "custodi" della fanciulla, fu anche questo motivo di soddisfazione sempre per Clarice. Lei sapeva che le suore di quel convento avevano, alla fine del secolo avanti, favorito il programma del Savonarola mettendosi così nella trincea che era opposta ai Medici, ma Clarice anche ricordava che quel loro convento era – nel Quattrocento – risorto da uno squallore che durava da più di mezzo secolo grazie a Contessina de' Bardi, moglie di Cosimo il Vecchio.

Ed era grazie sempre a Contessina che le domenicane avevano inoltre riacquistata piena fiducia presso le autorità ecclesiastiche romane, dopo che il papa Eugenio IV, cui erano arrivate notizie non certo rassicuranti, circa il modello di vita tenuto da quelle suore eccessivamente "mondane", aveva deciso che il convento fosse soppresso.

Non potevano – così pensava Clarice – le suore d'oggi dimenticare gli aiuti avuti ieri. Peraltro il fatto che quel convento avesse appoggiato il Savonarola ribelle ai Medici, rassicurava anche la parte avversa. Così Caterina si trasferì dalla villa di Poggio a Caiano, dallo splendore dell'architettura disegnata per il Magnifico Lorenzo, nel severo e disadorno palazzetto del chiostro di via San Gallo. Era come lasciare la luce dei colli della campagna toscana, per andare a rinchiudersi nel buio, ma Caterina seppe accettare la nuova condizione con intelligenza. Stava già allenandosi a tutti quelli che sarebbero stati certi pericolosi momenti della sua futura esistenza: Firenze, la Firenze fra il 1527 e il 1530, fu veramente per lei una palestra con dei difficili attrezzi da dovere ad ogni costo adoperare.

La sua permanenza al convento di Santa Lucia non doveva però durare a lungo. Lei aveva conquistate le suore con la sua dolcezza. Nessuna di loro poté infatti dire che la fanciulla avesse mai mostrato di "sentirsi" una Medici. La colpa della superbia, rimproverata alla gente della sua famiglia dal Savonarola, non aveva evidentemente trovato in Caterina una seguace. Fu per questo che molte di loro si dolsero, quando Clarice Strozzi inviò da Palazzo Strozzi la richiesta, resa autorevole dall'approvazione della Signoria, per cui Caterina doveva di nuovo tornare da lei.

Fu così che Caterina, lasciate le suore di via San Gallo, tornò ad abitare nel palazzo di via Larga. Questo trasferimento, però, unito al fatto che Ippolito e Alessandro erano riusciti a sottrarsi al controllo dei fiorentini, suscitò scontento fra gli avversari dei Medici e fu così che Caterina dovette tornare in un convento. Questa volta erano state scelte per custodirla le suore della Santissima Annunziata delle Murate.

Poi le cose andarono ancora peggiorando per la sua casata, quando a Firenze si seppe che Clemente VII stava ormai per stringere accordi con l'imperatore. In alcune turbinose riunioni tenute dalla Signoria fiorentina, si formularono allora gravi minacce contro la giovane Medici. La fazione degli "arrabbiati", che andava ben oltre lo stesso programma rivoluzionario del Savonarola, stava prendendo il sopravvento. Si trattava di gente nuova nel panorama della Firenze politica; i nobili erano stati scavalcati; deluse ancora una volta alcune grandi famiglie, che avevano pensato che – una volta cacciati i Medici – il potere sarebbe andato nelle loro mani.

Lo spirito della rivoluzione aveva preso il sopravvento. E, nonostante che Niccolò Capponi – che era stato eletto gonfaloniere di giustizia – cercasse di quietare le acque, prevedendo il peggio, ormai era impossibile tenere a freno chi chiedeva fossero adoperate le maniere forti.

E la rivolta si scatenò di nuovo, contro tutto ciò che ricordasse in qualche modo il nome dei Medici. Dai primi giorni del giugno 1529 all'ottobre dello stesso anno, quando la città era ormai stata stretta d'assedio, furono in molti a chiedere che il nome dei Medici dovesse essere definitivamente eliminato. Anche se poi non avrebbero saputo dire con quali mezzi, una volta che si considerasse la reale situazione con l'imperatore Carlo V che controllava tutta quanta l'Italia, e con nessuna speranza che, alla Firenze antimedicea, potesse giungere aiuto da qualcuno.

L'accordo di Bologna fra il papa e l'imperatore, cui andò unito quello che, a Cambrai, avevano stretto sempre l'imperatore e il re di Francia Francesco I, segnarono la sorte di Firenze. Tuttavia si volle resistere, e fu questo – anche se costò troppo in vite umane e disastri economici – l'esempio che l'antico spirito di libertà, che aveva animata Firenze, non era scomparso.

Ma non fu certo di spirito liberale, proprio mentre l'assedio assumeva aspetti più duri, ciò che qualcuno propose riguardo alla stessa Caterina. Evidentemente l'odio di parte e l'esasperazione della contesa stavano guastando gli animi, e c'è solo da sperare che ciò che le cronache di quei giorni ci riferiscono sia solo frutto di una fantasia malata, poiché è difficile credere che sia stato richiesto da uno degli assediati (e si fa anche un nome finora mai apparso alla ribalta della notorietà: certo Leonardo Bartolini) di volere castigare Caterina, come l'unico dei Medici su cui si potesse esercitare la vendetta degli assediati. Le proposte erano: una, quella di appenderla alle mura che erano sotto il tiro delle artiglierie degli attaccanti, l'altra di offrire il suo giovane corpo a quei soldati che formavano le truppe assoldate da Firenze, macchiando così per sempre il di lei nome e causando la sua completa rovina.

C'è – lo ripetiamo – la speranza che la notizia sia falsa, e che l'amore del "giallo" abbia preso anche i lettori di quella stagione, perché pensare che si volessero fare pagare a una fanciulla appena undicenne le colpe – presunte o reali che fossero – della sua casata, è cosa che appare indegna di gente civile. Può dunque trattarsi di voci, diffuse fra la gente nelle sere in cui l'esasperazione delle ore, trascorse nel giorno a combattere sugli spalti, aveva incupito la mente e ottenebrato il cervello. Né si sa se Caterina, chiusa nel convento delle Murate, abbia mai saputo quello che qualche folle macchinava nei suoi confronti. Le monache si sarebbero ben guardate dall'informarla. La "duchessina" era amata da tutte.

Il convento delle Murate ospitava delle suore benedettine. Quelle che avevano dovuto lasciare la clausura delle piccole celle, edificate sul Ponte alle Grazie in Firenze, per ordine della Chiesa stessa, che temeva che simili forme di culto potessero essere accusate di fanatismo religioso.

In queste benedettine votate alla clausura, ma ora rese assai più vicine ai giornalieri problemi dell'umanità, Caterina trovò amicizia e comprensione. Era d'altronde una fanciulla che non dava segno di orgoglio; che faceva subito dimenticare d'essere la discendente legittima di chi aveva contato più di tutti in Firenze; quieta; moderata nell'esprimersi; sempre pronta nell'accettare consigli e obbediente nel seguirli. Così ce ne parla suor Giustina Niccolini nella sua *Cronaca delle Murate*. Ed è, la sua, una testimonianza di grande efficacia. La Niccolini è fonte, con il suo libro, di utili suggerimenti per un biografo di Caterina fanciulla.

La vita trascorsa da Caterina presso queste suore andrebbe veramente conosciuta meglio di quanto finora sia stato fatto. Sicuramente quella educazione allo stesso vivere che aveva avuto il suo inizio in casa degli Strozzi a Roma, per proseguire nel periodo in cui Caterina soggiornò a Firenze nel palazzo di via Larga, trovò un suo nuovo momento presso queste suore, particolarmente legate: ora e nel domani, alla Medici.

Il suo soggiorno presso le suore delle Murate fu il più lungo, nei trasferimenti a cui fu sottoposta: dal 7 dicembre 1527 al 30 luglio 1530. Quasi tre anni che legarono la giovane Caterina al mondo di quelle religiose. E tanto lei conservò nel suo cuore di quel tempo e dei suoi buoni rapporti con le suore del convento fiorentino, che fino alla morte volle restare in rapporto con loro; testimone il suo epistolario, dove sono numerose le lettere inviate da lei ormai regina di Francia alle amiche lontane. Le informa della sua vita in un mondo che mai avrebbe – negli anni trascorsi presso di loro – sognato di incontrare; lei obbligata ormai, per il ruolo che le è stato affidato, in decisioni che nessun rapporto possono avere con quelle semplici e amichevoli conversazioni, con il casalingo lavoro compiuto assieme alle suore, degli anni trascorsi presso di loro.

«Reverendissima Madre in Cristo», scrive Caterina alla badessa delle Murate, in una delle sue ultime lettere, datata il 6 di luglio del 1583, «il raro e continuo zelo al servizio di Dio con la onesta integrità di vita che sino dalla mia tenera età io ho veduto ed inteso regnare nel vostro monastero, dove forse vive ancora qualcuna di quelle che mi videro, mi hanno indotta a mostrarmi grata verso il vostro convento...». La sessantaquattrenne Caterina ora vuole che le suore delle Murate abbiano qualcosa in dono da lei. Come un pegno che significhi la sua gratitudine. E il suo regalo è di quelli che hanno un peso: dei beni immobili, al cui acquisto la regina Caterina ha destinato ben seimila scudi. Beni per i quali ha chiesto a Francesco I, ora granduca di Toscana, che siano esenti da tasse, sia da quelle relative all'atto dell'acquisto che da quelle, annuali, che avrebbero dovuto seguire. «Pregate Dio per il re Enrico II [il marito ormai scomparso da tempo] e per i re miei figlioli [Francesco III e Carlo IX, anch'essi non più in vita] e per questo che vive [Enrico III] e per me perché io possa vedere avanti di morire il paese ritornato alla pace...»: così si conclude la lettera nella quale si parla del dono.

Tornando al momento della Firenze assediata, è certo che le suore delle Murate avevano ormai ben pochi legami con quelle consorelle, vissute in totale clausura nelle celle sul Ponte alle Grazie. L'intento del Santo Uffizio e delle autorità romane per renderle più vicine al mondo, aveva infatti ottenuto un risultato superiore a quello che si era richiesto. Non è che le religiose delle Murate avessero aperto le porte alla mondanità, ma i più severi fra i cattolici fiorentini rimproveravano loro quell'aria di "benessere", che esse non provavano alcun imbarazzo a mostrare, come ormai facente parte delle loro abitudini di vita. Le suore delle Murate erano ora delle donne che avevano scelto la via della preghiera e dell'abbandono del mondo e delle sue passioni; non pretendevano di essere pensate come "sante", però volevano intervenire sui mali del mondo; per capirli e aiutare coloro che ne soffrissero.

Da parte della Signoria fiorentina – ora Niccolò Capponi, che aveva cercato di usare moderazione, aveva lasciato il posto a Francesco Carducci, che amava invece le maniere forti – ora dunque dalla Signoria giungevano alle Murate delle lamentele. Insomma, sembrava ai reggitori di Firenze che si riservasse a Caterina un trattamento di troppo favore, e che occorresse invece farle capire che essere una Medici era una condizione rischiosa, in una città che stava subendo un così pesante assedio da parte di forze che, proprio per un patto stretto da Carlo V con un Medici, il papa Clemente VII, erano state inviate contro Firenze.

Le suore delle Murate fecero però finta di non aver sentito. La "duchessina" era ormai divenuta come parte del convento; lì veniva educata; lì stava rapidamente e con facilità imparando istruita da maestri cui avevano provveduto le suore, fin dal tempo in cui ancora viveva Clarice Strozzi.

L'ambiente del convento era quasi tutto schierato dalla sua parte; non mancavano però fra le suore alcune convinte della validità delle accuse portate contro i Medici, e fu nei confronti loro che Caterina seppe muoversi con ancora più gentilezza di quanta ne mostrasse per quelle che sapeva amiche.

Era difficile resisterle: «Lei era piccolina», scrive nella sua *Cronaca* Suor Giustina Niccolini, «di anni otto, di stile graziosissima e di per se stessa si faceva amare da ciascuno». E fu in questo clima d'affetti che passarono quasi due anni, fino a quella data del 20 agosto del 1529, in cui parve che la stessa vita di Caterina fosse in pericolo, quando quelli della Signoria: «deliberarono» – scrive ancora Suor Giustina Niccolini – «di cavare la Signorina da quel luogo». Cos'è accaduto? Perché questa improvvisa decisione? Non se ne conoscono esattamente le ragioni, ma può ben darsi che – nonostante la gentilezza di Caterina – quelle suore che non l'amavano troppo, di cui si è detto, avessero riferito che alle Murate le si riservava un trattamento troppo buono, vista poi la vita condotta dai fiorentini, in quei giorni in cui l'assedio si era fatto ancora più duro e la difesa contro gli attaccanti sempre più fragile.

C'è, relativamente a questa improvvisa decisione della Signoria, anche una nota che si mescola di giallo-rosa, e che farebbe sorridere se non pensassimo al drammatico scenario in cui l'avvenimento si svolse. Caterina avrebbe fatto recapitare del cibo, grazie all'aiuto delle suore – forse della frutta raccolta nell'orto del convento – a dei filomedicei che erano stati posti agli arresti nelle loro case, e una perquisizione dei panieri che contenevano quei piccoli doni avrebbe rivelato come Caterina, da sola o insieme alle suore, fosse riuscita a comporre sul fondo dei panieri medesimi un disegno che raffigurava lo stemma dei Medici, formato con frutta e fiori, disposti con abilità da vera artista. Se questo accadde, la cosa avrebbe un suo risvolto umoristico: Caterina si stava insomma beffando dei suoi avversari, complici le suore che, questa volta, invece di mostrarsi attratte dal bel canto e dalla musica, avevano sperimentata la loro *chance* di esperte in gastronomia, apparecchiando ad arte invece che una tavola un paniere.

Comunque sia accaduto – e in un momento in cui gli animi erano così infiammati – Caterina si sentì chiamare dalle badesse la fatidica mattina di quel 20 agosto 1529 che le comunicò che erano venuti a prenderla alcuni uomini armati che per niente la rassicuravano, anche se c'era a consolarla il fatto che essi erano guidati da Silvestro Aldobrandini, ritenuto uomo di grande rettitudine e che mai si sarebbe prestato a cose disonorevoli.

E tornavano ora alla mente delle suore quelle proposte fatte dai più scalmanati, quando Caterina aveva rischiato la vergogna di essere destinata a far da prostituta, messa fra le altre che servivano le truppe dei difensori di Firenze.

Alle suore delle Murate ora fu detto che Caterina doveva essere trasferita di nuovo nel convento di Santa Lucia. Era una mossa studiata dalla Signoria: le suore domenicane di via San Gallo erano – l'abbiamo già detto – ritenute antimedicee.

L'Aldobrandini intanto volle rassicurare Caterina, quando fu condotta in sua presenza, che niente di male le sarebbe accaduto. Le fece anche capire che la Signoria aveva avuto notizie che si stava tentando di farla fuggire dalla Firenze assediata, e che l'incarico di ottenere la sua evasione dal convento delle Murate, fosse stato affidato da Clemente VII ad alcuni suoi uomini fedeli che s'erano introdotti in città, eludendo la sorveglianza degli assediati. Poteva trattarsi anche soltanto di voci, ma anche queste valevano in un clima così acceso di generale furore. Insomma, Caterina era ora – ancora più di prima – ritenuta un'importante carta da giuocare contro Clemente VII. Al momento della resa – e si capiva che ormai non c'era altra soluzione che quella – Firenze avrebbe avuta in mano una persona, che era cara al pontefice e insieme a tutti della sua famiglia.

Caterina ascoltò silenziosa le parole dell'Aldobrandini, per poi rispondere con decisione che non si sarebbe mossa da lì. Salvo poi – dopo le insistenze di lui – chiedere che le lasciassero un giorno ancora per salutare le suore con cui viveva ormai da tanto tempo. Le fu concesso, ma il mattino dopo l'Aldobrandini e gli altri si trovarono di fronte non alla Caterina del giorno prima, ma ad una piccola suora, che pareva ormai avesse indossato quell'abito chissà da quanto tempo. Era una delle recite che d'ora innanzi Caterina si preparava a interpretare su un suo privato palcoscenico di trovate tutte ad effetto.

Ed è nelle vesti di suora improvvisata, che lei dichiara d'essere della stessa idea del giorno avanti, ma in più vuole convincere l'Aldobrandini di come lei si senta non più ospite alle Murate, ma una suora insieme all'altre. Insistendo nel dire che vuole ormai restare per tutta la vita chiusa là dentro. L'Aldobrandini non ha però alternative: o lei lo segue volontariamente, o deve condurla via usando la forza. Lui non può desistere da un incarico preciso datogli dalla Signoria.

E Caterina decise di obbedire. Fu allora che – nella Firenze su cui cadevano i colpi dei cannoni degli assedianti – si poté vedere un ben curioso corteo, composto da una schiera di armati, che scortavano una fanciulla vestita da monaca. Una piccola processione, mescolata fra religioso e profano, che si mosse da via Ghibellina per arrivare fino a via San Gallo. E le porte del convento di Santa Lucia si aprirono per la seconda volta alla giovane Medici.

Un mese dopo Firenze s'arrendeva. Caterina era salva; Clemente VII poteva riaverla a Roma. Né lei disse né fece niente per ottenere vendetta contro coloro che avevano cercato di recarle danno. Forse, può pensare qualcuno, sapeva che ci avrebbe provveduto l'ira del papa, ma fu ugualmente una dimostrazione di come lei non si lasciasse dominare dagli avvenimenti, né dalle passioni di parte. L'esempio d'ora varrà per quando – lei regina in Francia – saprà muoversi con la stessa prudenza dimostrata in questi primi anni. Come già fosse in attesa della gara ancora più difficile del dopo.

Per chi l'aveva aiutata, invece, riservò favori fin da subito dopo che fu liberata. Per l'Aldobrandini, che l'aveva favorita nei giorni in cui lei era stata trasferita dalle Murate al convento di Santa Lucia, Caterina chiese a Baccio Valori, che rappresentò il pontefice nelle trattative della resa di Firenze, che gli fosse risparmiata la condanna a morte. Ottenne così di salvargli la vita, e anche riguardo al suo esilio Clemente VII non si mostrò così severo come era accaduto per altri. L'Aldobrandini fu infatti condannato a stare lontano da Firenze per un periodo di soli tre anni, e la multa impostagli fu di duemila ducati, una somma che si sapeva non gli sarebbe stato difficile mettere insieme.

L'Aldobrandini non ritornerà però a Firenze. Ottenuto a Bologna l'incarico di giudice, stimatissimo per la sua conoscenza del diritto, rimase lontano dalla città dov'era nato, soddisfatto di questa sua nuova sistemazione. O, forse, ancora convinto che la Firenze dominata dai Medici era un luogo dove egli non avrebbe mai voluto vivere. E dal Silvestro Aldobrandini in esilio, nascerà – nel 1536 – quell'Ippolito, destinato a divenire papa nel 1592, seguendo a Innocenzo IX. Caterina, dunque, salvando la vita a Silvestro assicurò alla Chiesa un pontefice che scelse proprio il nome di Clemente. Nome che non era stato certo nelle grazie del padre. Ma le stagioni, anche quelle politiche, mutano rapidamente di clima.

Caterina nel settembre di quello stesso 1530 era a Roma. La seguirono, anche loro ospiti di Clemente VII, Ottaviano de' Medici, che aveva avuto il coraggio nonostante il nome che portava di rimanere a Firenze, e poi il vescovo di San Sepolcro: Leonardo Tornabuoni. La famiglia Tornabuoni era assai legata ai Medici, pagandone uno scotto pesante. Lorenzo, il padre di questo Tornabuoni vescovo che accompagna ora Caterina a Roma, era stato in passato condannato a morte dalla Signoria fiorentina, accusato di avere segretamente congiurato per il ritorno di Piero de' Medici. L'esecuzione: un'impiccagione, era stata eseguita nel maggio del 1497.

Alessandro de' Medici in un dipinto cinquecentesco.

Caterina ritrovò a Roma i due cugini Alessandro e Ippolito. Il primo odiato; il secondo prediletto. Forse anche amato, così come una donna può amare un uomo. Il bel cardinale Ippolito avrebbe potuto lasciare l'abito ecclesiastico e sposarla: insieme avrebbero potuto avere l'incarico di governare Firenze, ora di nuovo nelle mani dei Medici. Forse Caterina, la Caterina fanciulla può averlo sognato, ma il programma di Clemente VII prevedeva altre soluzioni.

Caterina fu intanto sistemata a Palazzo Madama. Allora era però un palazzo di proprietà dei Medici; avrà quel nome quando sarà abitato da Margherita d'Austria, la vedova di Alessandro de' Medici, il duca di Firenze che cadrà sotto il pugnale di Lorenzaccio.

Caterina ottiene a Roma lo stesso successo avuto presso le suore delle Murate. Clemente VII la tiene in gran conto, e forse – aldilà di quella sua voglia di servirsene come una carta da giuocare in una partita matrimoniale – le è sinceramente affezionato. Sono molte le note di cronache, ufficiali o meno, che ce lo riferiscono. Uno dei diplomatici francesi alla corte papale scrive in una sua relazione che, fra i prediletti di Clemente VII, chi gode di maggiore favore è Caterina: «*C'est bien la chose du monde qu'il aime le mieux*».

Lei è intelligente, e pronta nelle risposte; è anche istruita come raramente è toccato a una fanciulla sia pure di nobile famiglia. Vive coi cugini e cerca di moderarne con gentilezza gli eccessi. Ad Alessandro rimprovera la sua voglia di far bella vita, senza mai applicarsi allo studio; a Ippolito il suo troppo amore per l'eleganza. Ad ambedue, di spendere troppi denari per il loro mantenimento. E c'è da pensare che, su quest'ultimo argomento, Caterina abbia avuto alleato quel povero banchiere Jacopo Salviati, in quel momento proprietario del futuro Palazzo Madama, che vede giorno dopo giorno i due giovani Medici pretendere da lui sempre più denaro. «Dilapidano senza interruzione...»: così scrive uno degli ambasciatori veneziani al suo Doge, dando notizie dei due. Caterina, invece, mostra saggezza anche in questo. Ama essere considerata una ragazza che cura il proprio aspetto; è attratta dai bei vestiti e dagli ornamenti, ma lei sa che spesso adoperare il buon gusto vale più di una grossa cifra di denaro. Quanto a Jacopo Salviati, quello che si vedeva "rovinato" dai due giovani scapestrati: Ippolito e Alessandro, segnaliamo che il Palazzo di piazza dei Lombardi, che sarà poi il Palazzo "Madama", gli era stato portato in dote da sua moglie Lucrezia de' Medici, figlia del Magnifico Lorenzo. Dal loro matrimonio è nata Maria, che sposerà Giovanni dalle Bande Nere, ricongiungendo i due rami della famiglia, e poi mettendo al mondo un figlio: Cosimo, che sarà quello che porterà la casata al granducato.

Ora Caterina sta attendendo paziente; sa che il pontefice sta cercandole un marito: che vinca il candidato migliore! Caterina sta adeguandosi alla volontà di chi possiede l'autorità per reggere le redini. Seguirà d'ora in poi questa linea politica, curando d'ottenere sempre da questa sua manovra dei risultati che coincidano col proprio interesse. Si adatta a ciò che non può contrastare, mai però fino al punto di dimenticare la propria identità. Sa dunque che non potrà opporsi, anche se nel suo cuore c'è un affetto, di gran lunga superiore all'amicizia, per Ippolito.

Torniamo su questo argomento, perché sicuramente ha un suo peso nella spiegazione del personaggio Caterina. Di Ippolito è più difficile dire se abbia ricambiato l'amore della cugina per lui, o se non l'abbia visto come un potente strumento con cui ottenere il governo di Firenze. Una volta legato all'unica legittima discendente di Casa Medici, deve avere pensato, nessuno potrà contestare una simile richiesta. Lo stesso Carlo V ne capirebbe la ragione; dalla Francia il re Francesco I sarebbe stato lieto se Caterina, figlia di una francese, che poi era stata sua prediletta, Maddalena de la Tour, volesse coronare il suo sogno d'amore con Ippolito. C'era come unico ostacolo la legge della Chiesa, che vieta a un cardinale di contrarre matrimonio, ma nessuno poteva pensare che ciò fosse qualcosa di insormontabile. Le vesti cardinalizie s'indossavano allora con facilità e con altrettanta facilità potevano essere tolte di dosso.

La reale ragione per cui quel matrimonio non si poteva fare, era invece che Clemente VII aveva deciso tutto un suo piano completamente diverso.

Ed ecco perché il nome di Ippolito, neppure apparve fra quelli dei pretendenti alla mano della "duchessina". Che tuttavia non mancarono di essere così numerosi da poterne stendere una lista.

A Roma, sempre nella corte pontificia, era stato già fatto un nome, ma questo risaliva a tempo avanti, al momento in cui ancora Firenze era stretta d'assedio, e proprio colui che lo comandava, Filiberto, principe di Orange era apparso come il candidato al quale il pontefice avrebbe pensato al tempo opportuno. Anche perché nell'accettare questo matrimonio, egli trovava una forma di ossequio verso lo stesso imperatore e un gesto di cortesia rivolto a quello che stava guidando il suo esercito per riconquistare Firenze ai Medici.

Filiberto d'Orange, sposando Caterina erede legittima di Lorenzo de' Medici, poteva però rappresentare un pericolo per i segreti piani di Clemente VII: fare dell'Orange un possibile candidato oltre che alla mano di lei anche a governare su Firenze, impedendo così il sogno di Clemente di affidarne il potere al proprio figlio Alessandro. Ma occorre, in politica, anche rischiare e il pontefice deve avere ben valutati i due aspetti della medaglia: da un lato un pericolo da correre, ma dall'altro la possibilità di mostrarsi riconoscente nei confronti di Carlo V imperatore.

Poi gli avvenimenti avevano tolto dal giuoco dei possibili pretendenti di Caterina l'Orange: a Gavinana – là dove Francesco Ferrucci perdeva la vita per mano di Maramaldo – il bel principe di Orange moriva anch'egli in battaglia. Firenze aveva perduto uno dei suoi migliori soldati e cittadini, Caterina forse il suo futuro sposo.

Scomparso il principe di Orange, ecco fra i nomi dell'elenco dei possibili mariti per Caterina, apparire quello di Giacomo V di Scozia. In questo caso Caterina si sarebbe dovuta adattare a vivere in un paese assai lontano, ma nell'alchimia di questi matrimoni politici, non è che i chilometri abbiano una grande importanza. Giacomo V di Scozia era un buon candidato, mentre i pretendenti di "casa", quelli italiani, non rientravano nell'ambizioso programma di Clemente VII per questa sua nipote.

Il matrimonio con lo Stuart era stato proposto dal duca d'Albany, lo zio francese di Caterina. La fanciulla avrebbe portato in dote, oltre a ciò che sarebbe stato offerto dai Medici nella persona del papa, anche quei possessi francesi che aveva ereditati dalla madre Maddalena de la Tour: le contee d'Auvergne e Lauraguais, i territori di Leverons, Donzenac, Boussac, Corrège e Hondecourt, possessi che Francesco I deve avere valutati nella loro importanza quando, dopo, deciderà di proporre uno dei suoi figli come candidato alla mano della giovane Medici.

Nel frattempo si era andato infittendo il numero dei pretendenti: un vero balletto di futuri sposi che entrava in scena. Il conte di Vaudemont rappresentò nella lista il primo francese, ma dall'Inghilterra arrivò intanto una proposta di Enrico VIII che caldeggiava la candidatura del duca di Richmond. Contemporaneamente insisteva Carlo V, preoccupato di vedere scelto un francese sostenendo il suo prescelto: l'italiano Francesco Sforza. Questa unione avrebbe assicurato all'imperatore di avere Clemente VII dalla sua parte, relativamente allo Stato di Milano.

Si aggiunsero in questo carosello Federico Gonzaga, duca di Mantova, proposto anch'egli da Carlo V, e Guidobaldo della Rovere, principe ereditario di Urbino. Relativamente a quest'ultimo Caterina, sposandolo, sarebbe tornata ad essere di nuovo duchessa di uno Stato che era stato retto – anche se per breve tempo – da suo padre Lorenzo.

A Parigi intanto si seguiva questa sorta di torneo di cavalieri, scesi in campo per conquistarsi la mano della Medici, con grande attenzione. Caterina interessava molto a Francesco I: che lei fosse di madre francese e che in Francia possedesse delle terre, avrebbe messo in imbarazzo la sua politica, se la fanciulla fosse stata data in moglie a uno che francese non era.

Clemente VII era invece un po' preoccupato della piega che prendevano certi avvenimenti "sentimentali" tutti romani: ormai infatti erano in molti a capire alla sua corte che Caterina era innamorata di Ippolito. E che il cardinale non nascondeva di ricambiarla. Dalle note degli ambasciatori veneziani a Roma – e li conosciamo come attenti e puntuali nel seguire ogni avvenimento – scopriamo che la cosa è di dominio comune: «Ho poi sentito mormorare da alcuni», scrive uno di loro alla Serenissima, «essere obbietto del Cardinale de' Medici, dispretandosi di pigliare per moglie la Duchessina; con la quale vive in amor grande, essendo anche da lei riamato; né più in altri ella confida né ad altri ricorre ne' suoi bisogni e desideri, salvo al detto Cardinale». A seguire questa informazione e a crederla esatta – e si può ben pensare che lo sia – fra i due si sarebbe ormai intrecciata una vera storia d'amore. L'innamorato cardinale Ippolito stava intanto dando scandalo girando vestito come un uomo di spada, in abiti d'una eleganza del tipo di quelli con cui lo ritrarrà Tiziano. Clemente VII non poteva ignorare quello che stava accadendo e come questo nipote stesse scompigliandogli dei piani accuratamente preparati.

La "duchessina" vive a Roma, e a Roma frequenta quella società di corte mescolata di gente d'ogni tipo e condizione. Dai veri nobili ai trafficanti d'ogni genere; dalle prostitute d'alto bordo, che dominano i salotti, ai prelati che hanno imparato che si può vivere beatamente, in attesa di godere delle fortune del paradiso celeste, sfruttando i giorni concessi in terra dal buon Dio. Caterina vive in mezzo a questo multicolore mondo; incontra i tipi i più disparati; vede Ippolito che ama e Alessandro che disprezza; ha libero accesso presso il pontefice; è ancora circondata da maestri che stanno completando la sua istruzione.

Deve, in quei giorni, avere anche incontrato Lorenzino de' Medici, quello che ucciderà quattro anni dopo Alessandro fatto duca di Firenze. In quei giorni romani Lorenzino, che ha sei anni più di lei, forse ha stretto con Caterina degli amichevoli rapporti. Legami che lo favoriranno, quando, esule dopo avere pugnalato Alessandro, troverà rifugio in Francia e sarà accolto con amicizia non soltanto dal re Francesco I, ma anche da Caterina divenuta sua nuora.

A Roma Caterina ha modo di trovarsi anche con Piero Strozzi e i suoi fratelli. Le occorre però prudenza: gli Strozzi hanno fama di ribelli; di stare tramando contro i Medici in segreti conciliaboli; di volere ottenere da Carlo V che Firenze sia di nuovo tolta al loro predominio, ma Caterina è legata a loro per il grande affetto che l'ha stretta alla loro madre: Clarice.

Vivere a Roma è stato insomma come un'altra pagina nella scuola di Caterina; è qui che si completa la più importante parte del suo apprendistato in fatto di politica e di rapporti col mondo. Qui lei impara come si vive in una corte; apprende gli usi e le maniere di come comportarsi; scopre quale contegno tenere a seconda di chi stia in quel momento incontrando; a valutare nella giusta misura il ruolo di quelli che le stanno intorno. Sono esperienze preziose per la futura regina di Francia: Roma le è maestra.

Anche questo puntare che si fa – come per una scommessa – su chi debba essere l'uomo con cui vivere come moglie, è stata una lezione. Anche amara, ma quella anche che le dà l'esatta misura di quali siano gli obblighi del ruolo che lei riveste.

Quando si giunge all'atto conclusivo della recita di tutti quei suoi "promessi sposi", degli antichi pretendenti – per più ragioni – sono rimasti in gara soltanto due: Francesco Sforza ed Enrico di Valois duca d'Orléans, secondogenito del re di Francia. Il primo, appoggiato da Carlo V; il secondo dalla diplomazia francese che sta lavorando per il proprio re. Clemente VII si trova in imbarazzo. Vuole non dispiacere all'imperatore – troppo recente è la ferita del sacco di Roma! – ma tiene anche ad avere buoni rapporti con la Francia. Ed eccolo allora barcamenarsi come meglio può fra ghirigori diplomatici, bugie, promesse poi non mantenute, schermaglie varie, in attesa che qualcosa venga a sbloccare la situazione. Che a un certo momento appare insostenibile. Carlo V, informato di ogni segreto contatto che Clemente VII ha coi francesi per la trattativa di quelle nozze, non nasconde la sua ira. Il giuoco è grande: non si tratta solo di combinare un matrimonio per una Medici, ma c'è di mezzo il controllo di Milano e il favore con cui la cattolica Spagna – sulla quale regna Carlo V – vedrebbe un matrimonio di Caterina con lo Sforza, candidato appoggiato dall'imperatore.

Ma Carlo V rimarrà deluso nelle sue speranze. E già conosce di essere stato battuto che è il luglio del 1531, come si sa da una sua lettera al figlio, dove egli si dice sicuro che ormai il cardinale di Gramont – che teneva i fili tra Francesco I e Clemente VII – ha già concluso l'"affare". Se ne parla in Francia – così scrive Carlo V – come di una cosa sicura.

Nel frattempo si conosce che Clemente VII ha accettato la proposta di Francesco I di fare fidanzare Caterina a suo figlio Enrico, e anche si sa che il papa ha rifiutato di mandarla in Francia in attesa che abbia l'età per le nozze. Il papa non può accettare una soluzione del genere, che lo lascerebbe indifeso due volte: nei confronti del re di Francia, libero avendo Caterina presso di sé di decidere come meglio voglia, e insieme di dispiacere a Carlo V in anticipo. Francesco Sforza è però definitivamente escluso.

L'occasione di risolvere in parte il dilemma: favorire cioè Francesco I, senza deludere Carlo V, viene offerta al papa dall'incontro di Bologna, avvenuto dal dicembre 1532 al marzo 1533. Clemente VII e Carlo V trattano su più argomenti. Per quello che riguarda Caterina si riesce a giungere a un accordo. L'imperatore accetta che lei vada a sposare in Francia il figlio di Francesco I, ma sceglie Alessandro, ora fatto duca a Firenze, per marito della propria figlia Margherita.

«La duchessina è nel suo tredicesimo anno; vivacissima, mostra un carattere affabile e maniere distinte. È di piccola statura e magra; i suoi lineamenti mancano di finezza e ha gli occhi sporgenti come la maggior parte dei Medici»: è un ritratto di lei fatto da Antonio Suriano ambasciatore veneto a Roma. Cattivo questo veneziano! Gentile e pronta, ma poco bella! E forse spetta a noi rendere giustizia a Caterina: che bellissima certamente non lo è stata, ma neppure così poco attraente come l'ambasciatore veneto l'ha descritta. Piccola? Ma se poi scopriamo che alla corte di Parigi si loda la sua figura, quando cavalca all'amazzone o cammina pei prati insieme alle altre dame! Il Vasari nella *Vita di Sebastiano del Piombo* ce ne parla addirittura come di una rara bellezza; alcuni ambasciatori francesi ce la ricordano ben fatta e con un volto che trova proprio negli occhi vivaci la sua migliore virtù. Ci sono dunque disparità di giudizi. A chi dobbiamo credere? Vogliamo affidarci ai dipinti che la raffigurano? Ma anche qui scopriamo che esiste un divario, da come lei è stata vista dall'uno e dall'altro artista. Il Bronzino con la sua tela potrebbe – anche se in parte – avvalorare il giudizio del Suriano, ma ecco che troviamo dei ritratti di lei dipinti da altri – particolarmente quello di un pittore anonimo – che ce la mostrano graziosa; con un volto ben proporzionato nei lineamenti; con un lieve sorriso che ricorda un po' quello della Gioconda leonardiana.

«La sua vaghezza non si può dipingere»: così ne scrive sempre il Vasari, che sa bene accontentare i suoi committenti anche nel favorirli "in bellezza", ma che non pare abbia voluto esagerare nei confronti di Caterina medesima, quando dipinse la scena del suo matrimonio con Enrico di Francia sul soffitto della Sala di Clemente VII in Palazzo Vecchio. Lei – così il Vasari l'ha raffigurata – che tende la mano, perché si possa mettere al suo dito l'anello, mentre Clemente, il papa, tiene invece le sue di mani lievemente appoggiate sulle braccia dei due sposi. Francesco I, re di Francia, sulla sinistra, osserva la scena.

Ha vinto dunque la gara matrimoniale Enrico, figlio di Francesco I. Caterina ha perduto un innamorato: Ippolito, ma ha trovato un marito. Francesco Sforza ha perduto il torneo; neppure l'imperatore Carlo V ha potuto salvarlo. Cerca però di consolarlo, promettendo di cercargli un nuovo partito: e si fa il nome di Cristina di Danimarca. Fallirà anche questo secondo progetto; si vede che ormai la buona fortuna aveva abbandonato la famiglia che aveva regnato su Milano.

Caterina ora viene rimandata a Firenze. È il 1532 e si stanno perfezionando gli atti relativi alle sue nozze. Non è cosa dappoco. Si tratta di un lavoro di fine diplomazia; fra richieste e negazioni; fra tentativi andati a vuoto o riusciti, sperimentati da ambedue le parti in causa. C'è stato un accordo iniziale, ma soltanto di massima; ora si passa ai particolari che richiedono – ci si ricordi dell'importanza del matrimonio – una serie lunghissima di contatti.

Caterina questa volta è affidata a Maria Salviati, rimasta vedova. Giovanni dalle Bande Nere era scomparso nel dicembre del 1526, dopo essere stato ferito in battaglia mentre, nei pressi di Mantova, cercava di fermare i lanzi che marciavano verso la Roma destinata al sacco. Ora Caterina, dopo quella di Clarice Strozzi, sperimenta la personalità della Salviati. Si tratta di due figure diverse: quanto Clarice era per carattere irruente, tanto Maria si muove con circospezione, attenta ad ogni gesto. «Era», scrive di lei Benedetto Varchi, «Maria, che si chiamava poi la Signora [il Varchi traccia questo profilo di lei, che già suo figlio Cosimo è salito al potere] donna prudente e di vita esemplare, e come ella per sé medesima non si innalzava sopra il grado suo, così non voleva esserne abbassata da altri, e brevemente, dipendendo la grandezza sua dalla grandezza del figliolo, si contentava di quelle grazie che egli, il quale lo era nelle cose che non concernevano lo Stato, ossequientissimo, le concedeva».

Il ritorno di Caterina a Firenze, quando già si tratta per il suo matrimonio col figlio del re di Francia, la riconduce in una città che sta subendo gli umori del suo nuovo capo: il duca Alessandro, figlio di Clemente VII, che esercita il potere senza risparmio di colpi. Caterina però cerca di non mettersi in urto diretto con questo cugino che lei non ama. Sta già imparando a sopportare di avere vicino gente che non gradisce. Sa che in una corte: piccola o grande che sia, importante o meno, tutto ciò si ripeterà.

Caterina frequenta l'ambiente fiorentino con la stessa assiduità con cui ha partecipato alla vita di quello romano. Anzi a Firenze pare scoprire delle radici che sente le appartengono. È una Medici che trova finalmente una sua vera patria; un luogo che le è vicino per una storia familiare; per un segreto affetto.

«L'amorevolezza che questa signora usa verso di noi merita che rimanga dipinta»: così scrive di lei, in questo suo momento fiorentino, l'immancabile Giorgio Vasari. Architetto, arredatore, pittore, scenografo, allestitore di feste per celebrazioni: il Vasari sta sperimentando l'avvio a una brillantissima carriera. Caterina fa parte di questo mosaico, che già lo vede impegnato in molti incarichi. Sta perfino conquistandosi la fiducia di un committente, che non è certo pronto a gustare del fascino dell'arte, qual è il duca Alessandro, ma non perde di vista il resto di quella nobiltà fiorentina dove sa di poter trovare dei committenti.

Caterina vive un'esistenza legata a quello spirito di ripresa che anima la Firenze di questi anni, subito dopo l'assedio. Si sta cercando di ricostruire un mondo che l'assedio coi suoi durissimi giorni, con i suoi morti, coi danni prodotti al tessuto economico della città, ha profondamente ferito. Ora si infittiscono le feste, le riunioni e le cene; ogni occasione vale per questa operazione di recupero. Caterina è ammessa anche se non a tutti, almeno a qualcuno di questi incontri. È ancora giovane, ma se ne conoscono ormai quelle qualità, che la rendono bene accetta in ogni casa fiorentina. E poi è una Medici: una di quelli della famiglia che governa; per di più destinata dal suo prossimo matrimonio a rivestire un ruolo importante, che la condurrà a recitare da protagonista in una corte europea della grandezza e della fama di quella di Francesco I.

Ed ecco che lei viene scelta a ricevere un'altra giovanissima che sta passando da Firenze, ma che tutti sanno sarà destinata a ritornarci, sposa promessa com'è ad Alessandro, il duca. Si tratta di Margherita d'Austria, la figlia naturale di Carlo V imperatore. La fanciulla ha appena nove anni e sta arrivando col suo seguito dalle Fiandre per dirigersi verso Roma e poi Napoli. È anche per lei un periodo di "stallo": l'attesa di queste donne-bambine per essere in età di sposarsi. Fidanzate, scelte al tavolo di trattative diplomatiche, che hanno smesso da poco di succhiare il latte della balia e si vedono già promesse spose, con regolari contratti a firma di parenti o genitori. Destinate a ricoprire il ruolo di mogli di uomini che conoscono soltanto – così poi come possono vedere gli occhi di una bambina – attraverso un ritratto inviato dalla famiglia di lui.

Il 17 dell'aprile 1533 Margherita arriva a Firenze. La città s'è addobbata a festa per ricevere la figlia di un imperatore. Lei arriva dalla porta al Prato e tutto uno sfarzoso corteo l'accompagna attraverso via Borgognissanti e poi sul lungarno, fino al Palazzo Tornabuoni, dove c'è la stessa Caterina ad attenderla.

Alessandro non fu invitato a questa cena. Al fidanzato non era concesso stare in compagnia della futura moglie. E poi c'era anche il pericolo che lui, bevendo assai più di quello che fosse consentito – e gli accadeva spesso – provocasse qualche guaio maggiore. Le ospiti di Caterina erano poco più che ragazzine, ma per Alessandro questo non era certo un limite alle sue voglie. Era abituato a varcare ben altri confini!

Il 27 aprile Margherita lasciava Firenze per andare a Napoli. Lì sarebbe stata ospitata, in attesa dell'età per le sue nozze con Alessandro, in casa di Don Pedro di Toledo. Fu così che la sorte fece convivere assieme due donne: Margherita ed Eleonora, una delle figlie del viceré di Carlo V, che era destinata a succederle come duchessa in Firenze, moglie di Cosimo I, quando il figlio di Giovanni dalle Bande Nere sarà scelto per prendere il posto dell'Alessandro ucciso da Lorenzaccio.

Caterina attendeva intanto a Firenze di partire per la Francia. L'aspettava quel matrimonio che era costato tanto lavoro di diplomazia fra Clemente VII e Francesco I. Riluttante, ma alla fine convinto ad accettare, l'imperatore Carlo V che correva il rischio che una Medici andasse sposa a uno dei figli d'un nemico, però convinto – lo ripetiamo – ormai che, per tenere Firenze, gli bastasse avere Alessandro sposato alla figlia Margherita.

Clemente VII aveva firmato come un tutore che s'interessi alla nipote prediletta un contratto di nozze che è più dettagliato ed esteso che non un atto di stipula di una pace dopo una guerra sanguinosa. Francesco Guicciardini, lo storico, lo aveva assistito come legale, nella correzione del testo e nelle clausole che era stato necessario via via aggiungere. Francesco I e Clemente VII si fidavano, così affermavano, l'uno dell'altro, ma avranno pensato che fosse meglio: patti chiari e amicizia lunga! di chiarire ogni sia pur minimo punto. Centomila scudi in oro, metà da pagarsi subito e il resto a rate furono la dote di Caterina. Si accettava da parte francese che Urbino e il diritto di Caterina a quel ducato fossero ormai sfumati, e la cifra stabilita in denaro doveva servire a compensare la fanciulla di questa perdita.

Lo sborso di una somma così elevata fu assunto dal papa un po' per affetto verso Caterina, ma anche in vista di certe concessioni e garanzie per il suo Stato, richieste allo stesso Francesco I. Gli Strozzi garantirono che Clemente VII era solvibile. Francesco I si fidava più di un banchiere ricchissimo che aveva vasti affari – com'era Filippo Strozzi – che non di un papa ormai notoriamente coi forzieri vuoti. Il quale papa dovette però impegnare le gioie di Casa Medici per rassicurare lo Strozzi, anch'egli – a quanto pare – non troppo convinto che ciò che si prestava a un capo di Stato fosse sempre possibile riaverlo indietro.

Di questi scudi d'oro della dote, cinquantamila dovevano essere consegnati all'arrivo a Marsiglia – prima tappa ufficiale del viaggio di Caterina verso Parigi – e il resto entro, e non oltre, i sei mesi che sarebbero seguiti. Caterina avrebbe anche avuta come sua privata ricchezza tutta quella eredità che le proveniva dalla madre. In quanto al papa che dava pegni allo Strozzi, c'è qualcuno che ha azzardato un elenco delle gioie date come garanzia da Clemente VII, ma di certo esiste soltanto una nota che riguarda un fermaglio in oro opera di Benvenuto Cellini, che era stato arricchito da pietre preziose. E abbiamo soltanto notizia, da alcuni scritti dello stesso banchiere fiorentino, che, alla data del 10 novembre 1535, egli ha restituito «la punta bella di diamante che avevo avuto in pegno da papa Clemente VII a conto de' ducati ottantamila che doveva avere dalla Camera apostolica». E quei «ducati ottantamila» sono solo una ben piccola parte di quella cifra che ha prestato al papa per la dote di Caterina, perché un ducato valeva soltanto un quarto di uno "scudo del sole" francese.

Lo Strozzi successivamente si lamenterà di avere perduto molto del denaro prestato per questo matrimonio. A stare ai suoi conti, il papa che successe a Clemente VII, Paolo III, per niente convinto di dovere provvedere – nel nome della Chiesa – a dei debiti privati contratti dal Medici che l'aveva preceduto sul trono di Pietro, avrebbe richiesto indietro gli altri pegni, e perentoriamente. E Filippo Strozzi dovette fare buon viso a cattivo giuoco. Se poi Paolo III parve accogliere alcune delle lamentele dello Strozzi – in fondo non conveniva alla Chiesa mettersi contro il ricchissimo Strozzi –

tuttavia il danno che gliene venne non deve essere stato di piccola misura. Insomma la dote di Caterina fu pagata in parte dalla famiglia Strozzi.

Clemente VII aveva deciso di fare le cose in grande stile. Un pontefice che usciva da una disastrosa situazione qual era stata la sua – la ferita del sacco di Roma e il suo imprigionamento avevano lasciato il segno – doveva trovare il modo per ridare alla propria immagine quello smalto che aveva in gran parte perduto, e ora gli serviva allo scopo tutto quell'apparato che le nozze di Caterina potevano mostrare come voluto proprio da lui. Era la nipote di un pontefice che si sposava col figlio di un re d'una nazione grande com'era la Francia. Occorreva che la gente capisse che si trattava di un avvenimento eccezionale, e più di tutti dovevano rendersene conto i fiorentini che dovevano rispetto a Caterina, perché una Medici, e poi alla sua casata una riparazione, per quell'esilio a cui essi l'avevano condannata per ben due volte.

E accadde che Firenze si vide imposte da Roma delle tasse, da dovere pagare in proporzione ai redditi di chiunque fosse iscritto al catasto. Come a consolarli fu detto, a chi subiva quel salasso fiscale, che la somma avrebbe dovuto servire alla costruzione d'una nuova fortezza: quella che ora si chiama "da Basso", ma che allora si volle intitolare al nome del santo patrono della città: San Giovanni Battista. Tutti però sapevano bene che il pontefice avrebbe usato di quei denari per provvedere al corredo di Caterina.

Fervevano intanto i preparativi per la partenza di Caterina. Occorreva sbrigare un'infinità di cose. Dalla lista di chi l'avrebbe seguita, che andava puntualmente preparata perché fosse conosciuta, e anche approvata, dall'incaricato del cerimoniale della corte di Francesco I, da questa lista, dunque, fino agli addobbi con cui Firenze avrebbe salutata la duchessina che partiva per andare in Francia. Fu aggiunto l'elenco delle personalità italiane da invitare a Firenze o a Marsiglia dove il matrimonio si sarebbe svolto. Si provvide anche al completamento del ricchissimo corredo della sposa. E qui si trattava di mettere in moto sarte, ricamatrici, orafi: un piccolo esercito di pace, un'armata dell'effimero. Consigliera di fogge e abiti alla moda l'impareggiabile Isabella d'Este, donna piena di *charme*, colta, arbitra d'ogni eleganza. E che s'interessasse lei di persona del guardaroba di Caterina, non può non avere soddisfatta la corte di Francia. Francesco I era un ammiratore di Isabella. A lei più volte s'era rivolto per avere consigli, su come organizzare i suoi convegni mondani a corte. Aveva anche richiesto alcuni suoi disegni, o meglio ancora delle bambole vestite con abiti disegnati da lei, che sarebbero servite a farne confezionare di uguali dai sarti di Parigi, perché fossero indossati dalle belle dame che gli stavano d'intorno, forse quelle stesse della *petite bande*: la schiera delle gentildonne che erano come una sua seconda corona, forse ancora più decorativa e appariscente dell'altra posata sul suo augusto capo.

Isabella d'Este, che spesso era a Roma, era in buoni rapporti con Clemente VII, che si serviva di lei e del suo salotto per seguire gli umori della città ancora non rimessasi dal terribile sacco dei lanzi.

La partenza di Caterina era stata fissata per il 2 settembre. Il 1533 deve avere dato, ai toscani perlomeno, un autunno piovoso se non tempestoso, perché il viaggio di Caterina – come vedremo – si svolse con lentezza, ostacolato da strade difficili a percorrersi e poi da un corteo che ci teneva a non sporcarsi gli abiti da parata.

Prima della partenza, Caterina volle ripetere un invito simile a quello fatto in occasione del passaggio da Firenze di Margherita d'Austria, la promessa sposa di Alessandro de' Medici, e riunì in un pranzo nel palazzo di via Larga amici e amiche. Altra occasione per lei di mostrare come i suoi quattordici anni non le impedissero di essere ormai un'esperta di come si dovesse organizzare un ricevimento, se dobbiamo credere alla notizia che fu lei a interessarsi di tutto l'apparato per quel pranzo: dalla lista dei cibi all'addobbo delle tavole; da come sarebbero stati vestiti quelli che servivano a tavola, ai fiori che andavano disposti nelle varie sale dove sarebbero passati gli invitati. I quali, da parte loro, pensarono che nessun dono sarebbe stato più gradito per Caterina – anche come promemoria di una Firenze maestra nel genere – di una splendida stoffa di rarissimo broccato in oro, tempestato di perle. Era un dono da regina, anche se in quel momento Caterina, duchessa d'Urbino soltanto nel termine onorifico, si preparava, sposando il secondogenito del re di Francia, a essere di nuovo duchessa: d'Orléans, questa volta. Tale era infatti il titolo che spettava a Enrico quale secondogenito di Francesco I.

Fu questo l'ultimo incontro di Caterina con il mondo fiorentino. Non avrebbe più rivisto il palazzo di Cosimo il Vecchio, né il bel San Giovanni. Aveva mandato, al mattino, un suo ultimo saluto alle suore delle Murate, dopo che era personalmente stata a rendere loro visita il giorno avanti.

Il corteo che accompagnava Caterina era composto di carrozze e di carri. I secondi procedevano più lenti e ritardavano non poco il viaggio. D'altra parte recavano merci così preziose, che sarebbe stato imprudente farli viaggiare senza una scorta adeguata, né si poteva non fare la stessa cosa per salvaguardare la persona di Caterina stessa. Raddoppiare il servizio di guardia era troppo costoso; meglio dunque andare più lentamente, ma tutti assieme.

I carri erano colmi di abiti, di cortinaggi preziosi, di suppellettili rare, di tappeti. In uno di loro, particolarmente protetto, viaggiavano i gioielli di Caterina: una vera grande fortuna, e fra di loro anche quella famosa collana di perle, che si mescolerà poi di note di cronaca fra il nero e il rosa. Collana che fu donata dalla stessa Caterina a Maria Stuarda, quando sposerà suo figlio Francesco. Il primogenito di lei e di Enrico. Soltanto questa collana rappresentava, da sola, una grande tentazione per dei banditi da strada.

Quando Alessandro, il non amato Alessandro, che aveva accompagnato per alcune miglia fuori Firenze il corteo di Caterina la salutò, le guardie si strinsero ancora più attente alle carrozze e ai carri. Se qualcosa fosse accaduto a quel corteo, avrebbero pagato loro con la vita ogni trascuratezza. Maria Salviati e Caterina Cybo viaggiavano assieme a Caterina nella stessa carrozza. L'avrebbero accompagnata in Francia e sarebbero rimaste là fino al suo matrimonio. Insieme a loro erano, nel seguito di Caterina, Palla Rucellai, nipote del Magnifico Lorenzo da parte di madre, Filippo Strozzi e Francesco Guicciardini. Quest'ultimo aveva seguito le trattative definitive con Parigi; Clemente VII si fidava dell'accortezza che il Guicciardini aveva sempre mostrata in ogni incarico, e anche questa volta non ne rimase deluso.

Il gruppo che componeva il corteo di Caterina si diresse prima verso Poggio a Caiano, dove la duchessina trascorse la notte; al mattino dipoi si viaggiò assieme fino dopo Pistoia e, dopo, una parte dei carri si diresse verso Livorno, dove si sarebbe imbarcato il loro carico sulle navi con le quali avrebbe viaggiato lo stesso Clemente VII.

Caterina e il suo seguito arrivarono a Portovenere due giorni dopo e trovarono ad attenderli una piccola flotta al comando di suo zio: il duca d'Albany. Caterina dormì a Portovenere in un palazzetto all'interno del pittoresco borgo. Le navi del d'Albany erano protette dal forte che s'ergeva sulla rada. Nella notte il libeccio soffiò violento, ma al mattino fu deciso che si poteva partire.

La chiesa di San Pietro, costruita sulla punta estrema del promontorio di Portovenere, fu l'ultima cosa che Caterina vide dell'Italia.

Non ci sarebbe più tornata.

Clemente VII avrebbe dovuto incontrarsi con Francesco I a Nizza, ma poi la diplomazia francese preferì che i due spostassero il luogo del loro appuntamento a Marsiglia. Pare certo che sia stato il duca Carlo di Savoia a chiedere questa modifica del programma. Troppo vicino al suo territorio il primo luogo, scelto lungo il fiume Varo: Carlo V, l'imperatore, avrebbe potuto sospettare che anch'egli partecipasse a questo approccio fra il papa e il re di Francia.

Il pontefice lasciò Roma il 9 settembre. Rimase a rappresentarlo, come vicario, il cardinale Antonio del Monte, un uomo della cui fedeltà non si poteva dubitare.

Livorno applaudì il papa che partiva; i cannoni dal forte spararono a salve. Le navi issarono i loro stendardi. Clemente VII era come ritrovasse, dopo le delusioni degli anni passati, un suo bel tempo. La sua barca, pavesata di drappi dorati, seguiva a vele spiegate quella che recava il simbolo della Chiesa: il Santissimo Sacramento che deve precedere tutti. Perfino un

Jacopo da Empoli, Le nozze di Caterina, *Firenze, Galleria degli Uffizi (Gabinetto fotografico della Soprintendenza per i beni artistici e storici di Firenze).*

pontefice. La prima sosta era prevista a Villafranca, presso Nizza. Qui si sarebbero ricongiunti con la nave che portava Caterina.

Il 12 ottobre Marsiglia riceve Caterina e il pontefice fra applausi e ancora spari a salve di cannoni. Francesco I, con la moglie e i figli, è venuto per essere il primo a rendere omaggio a Clemente VII e alla sua giovane nuora.

Marsiglia vive giorni di festa; tappezzata come un salotto; alle finestre i cittadini hanno messo molte piante fiorite, la città pare un giardino sospeso a mezz'aria.

Il seguito del sovrano – circa diecimila persone – aveva trovato alloggio in case private. Tutti i cittadini avevano fatto a gara nell'offrirle. La Francia sentiva che quest'avvenimento di un figlio del suo re che si sposava, era uno di quelli da ricordare. Come se già prevedesse che questa coppia, che ora avrebbe avuto il solo titolo di duchi d'Orléans, sarebbe poi salita al trono.

Nelle case gentilizie, nei palazzi, nell'ampia sala ricavata fra le due residenze che ospitavano il re e il papa, il cerimoniale aveva previsto pranzi di gala, e i cuochi di corte stavano cercando di dimostrare al pontefice che la Francia della cucina era pari, se non superiore, a quella di un'Italia che aveva fama di golosa.

Il 14 ottobre il papa tenne un concistoro, ricevendo in gran pompa la regina Eleonora e i principi suoi figli. Il vescovo di Parigi, Jean du Bellay, ebbe l'incarico di pronunciare un discorso che niente – così come era stato concordato con lo stesso Clemente VII – doveva avere di tono politico.

L'ingresso di Caterina in Marsiglia avviene il 23 ottobre. Lei passa attraverso una doppia siepe di folla che riempie le strade. Cavalca una chinea coperta di un drappo di tela intessuta d'oro. Otto paggi che indossano giubbe di velluto bianco con lo stemma dei Medici stanno a ricordare ai francesi la casata della sposa.

Caterina veste un abito disegnato da Isabella d'Este; di colore scarlatto; di quel tono che solo i maestri fiorentini della tintoria sanno dare a una stoffa. In testa Caterina ha messo una cuffia, semplice di taglio, ma costellata di pietre preziose. Dietro di lei, a formare il corteo, Maria Salviati e Caterina Cybo, insieme a un gruppo di fanciulle fiorentine, scelte fra la nobiltà, che avevano già provata la scena di questo giorno, come fossero attrici da doversi mostrare su un palcoscenico con in platea degli spettatori esigenti. Chiudeva il corteo la schiera dei soldati svizzeri della guardia del papa: in grande uniforme.

Il primo incontro di Caterina con il re Francesco fu subito fortunato. Piacque al re quel suo portamento dignitoso; l'eleganza che questa ragazzina – venuta da Firenze per sposare il suo secondogenito – sfoggiava, però senza sussiego. Lei avrebbe voluto prosternarsi – così come le avevano detto di fare, per seguire il cerimoniale d'uso – ma Francesco glielo impedì, ab-

Ritratto di Francesco I, *re di Francia, in un'incisione cinquecentesca.*

bracciandola come si fa per una figlia che sia tornata a casa. Incominciava quell'affettuosissimo rapporto fra i due, che durerà fino alla morte del sovrano.

Il 26 ottobre si firmò il contratto di nozze e il 28 s'ebbe la cerimonia del matrimonio. Fu lo stesso Clemente VII a celebrare il rito e a mettere gli anelli al dito di Enrico e Caterina. La sposa indossava un abito di broccato bianco con un corsetto di velluto viola, guarnito di ermellino e cosparso di perle e di diamanti; aveva in testa la corona di duchessa, posta sopra una cuffia che era arricchita da perle di straordinaria grandezza.

Al grande banchetto che seguì c'era anche Diana di Poitiers, della quale Caterina già aveva avuto notizia come amante proprio di quell'Enrico, appena quindicenne, che lei stava sposando. Una favorita che più "matura" d'esperienza data dagli anni non se ne sarebbe potuta trovare. Ne aveva infatti venti più di Enrico, ma aveva a suo vantaggio d'essere stata l'iniziatrice del giovinetto all'amore dei sensi e di averne conquistato il cuore. Sarà la rivale di Caterina per anni ed anni. Un astro intramontabile questo di Diana nel cielo di Enrico.

Più tardi i due sposi furono accompagnati fino alla loro stanza nuziale. Li accolse il letto ad alcova, regalo dello stesso Clemente VII, che era costato settantamila corone: un letto "di riguardo" con le colonnine ai lati laminate in oro e i finali di pietre preziose. Un letto da re e regina. I due giovani erano però soltanto duchi, ma il domani avrebbe dato ragione a questo letto beneaugurante.

Che il quindicenne Enrico e la quattordicenne Caterina abbiano adempiuto ai loro compiti di marito e moglie, in questa prima notte, parrebbe di sì. Fra le altre testimonianze una lettera dell'ambasciatore di Milano in Francia che scriveva: «Il re di persona volle mettere a letto gli sposi, e qualcuno ha detto che volle vederli giostrare e che entrambi si dimostrarono valorosi nel certame». Un Francesco I *voyeur*, con Caterina sicuramente alle prime prove d'essere donna. Per Enrico valevano invece gli "esperimenti" cui aveva provveduto l'esperta Diana di Poitiers.

Nei giorni che seguirono continuò così quel clima di festa con cui si era visto Marsiglia accogliere la corte di Parigi e di Roma. Vennero scambiati doni e parve che ormai niente avrebbe potuto più staccare la Francia dalla sua amicizia con la Chiesa romana. Il futuro avrebbe detto che le cose si sarebbero svolte in altra maniera, ma nessuno può essere indovino. Neppure gli indovini medesimi!

Prima di lasciare la Francia il papa nominò quattro cardinali, fra il clero devoto al re. Poi – era il 20 novembre – ripartì per l'Italia. Il re Francesco con tutta la sua corte, compresi i due novelli sposi, si mossero verso Avignone. Dopo una breve visita alla città, la loro meta sarebbe stata Parigi.

La Caterina che è ora alla corte di Francesco I, pare come una sentinella che attenda guardandosi intorno. Sceglie gli amici e si procura avversari: gente però già predisposta nell'uno o nell'altro senso. Meglio dire, dunque, che è lei che li aiuta ad assumere un loro volto leggibile. Una volta si sia compiuto il loro definitivo ritratto, le sarà più facile muoversi nei loro confronti; parlare e trattare con loro; servirsene o meno. Lei sta, in questi primi anni vissuti in Francia, affinando le innate qualità da regista che possiede. Grande animatrice di persone singole o in gruppo, su un palcoscenico politico dove le luci giuocano frequenti mutamenti.

La corte francese la osserva all'inizio con superficialità; non riesce a scoprire il reale potenziale di forza che è nell'animo di questa ragazza venuta a sposare un figlio del re. Pensano in fondo che la sorte l'abbia beneficiata: una figlia di mercanti che è venuta a dare del tu a uno dei monarchi più grandi d'Europa, ma c'è in tutto questo dell'invidia. Il fatto che suo suocero Francesco la prediliga, che l'abbia così a cuore, che la scelga per averne consigli perfino su come dovere costruire le stanze di una delle tante residenze regali, o su quali artisti scegliere per abbellirle, desta risentimento.

Questa Medici venuta da Firenze col suo seguito di dame e funzionari; con un suo personale profumiere: quel Bianchi che le male lingue sospettano più disposto ad amalgamare sostanze magiche, che non zibetto o acqua di rose; con una sua piccola schiera di addetti alla cucina; con sue particolari fantesche, mette in sospetto. Non si sa bene ancora se giudicarla una sprovveduta, che non si sia resa conto di ciò che avrebbe trovato nel lusso di una corte come quella di Parigi, o un'ambiziosa che voglia dimostrare che proprio di questo ambiente nuovo lei non si fida.

Provoca risentimento il vederla imperturbabile davanti a ogni voce; davanti a ogni sospetto. Neppure quando è posta di fronte a evidenti provocazioni, tanto che neppure il fatto che la bella Diana di Poitiers sia notoriamente l'amante del marito pare sgomentarla. Chi cerca di spingerla alla rissa, rimane deluso: Caterina trova la forza sufficiente per parare anche questo colpo; questa cocente delusione, come sia in attesa di un tempo che le darà ragione.

Caterina segue, fin dal primo anno del suo soggiorno in Francia, gli sviluppi del contrasto religioso che poi sarà la nota predominante che distingue il lungo tempo in cui lei rivestirà quel ruolo politico, che l'obbliga volta a volta a intervenire nelle faccende di Stato. Ora – nel 1534 – già si avvertono i primi fermenti di quelle idee che divideranno la Francia fra cattolici e ugonotti.

È che a Parigi, a Rouen, a Blois, ad Amboise, a Orléans, in gran parte della Francia del Nord, i fedeli del protestantesimo non si peritano ormai di darne pubblica manifestazione: affiggono manifesti, pubblicano libelli, si riuniscono pubblicamente. Francesco non può permetterlo. La sua reazione contro gli eretici mette in azione il carnefice; chi scampa alla condanna di vedersi tagliate le mani o strappata la lingua, si vede condannato all'esilio. Centinaia e centinaia sono le persone arrestate; severissimo è il controllo esercitato su tutte le stamperie. Si organizza a Parigi – per espresso ordine del re – una solenne processione, come si volesse tutti insieme chiedere perdono per chi aveva tradita la fede dei padri. E c'è da pensare che anche Caterina – nuora obbediente e insieme obbediente suddita – si sia unita al corteo di penitenti, in ossequio ai voleri di un monarca che ormai crede nel proprio potere, come se egli rappresentasse un dio sulla terra.

Caterina si lega intanto in stretta amicizia con la sorella di Francesco: Margherita. A corte le guardano come due che giuochino a fare le intellettuali, ma loro stanno soltanto interpretando un ruolo caro a molte donne del Rinascimento. Evadono da quei confini che avevano nel passato chiusa la donna nella casa: moglie e madre, cui tocchi solo il compito di provvedere al *ménage* familiare e di allevare figli, per cercare invece uno spazio, dove dimostrare che una donna vale quanto un uomo, una volta che s'applichi a quegli studi finora a lui riservati. E i nomi di queste antesignane di un intelligente femminismo, che cerca la propria affermazione attraverso l'esercizio dell'arte e della cultura, vanno infittendosi. È come se una gara – che poi si protrarrà nel futuro – sia ora iniziata: una sorta di torneo che vede la donna scendere in campo, armata di una straordinaria perseveranza, che la mostra decisa a conquistarsi quei meriti che essa ha scoperto le spettano.

E se in questa gara entra anche l'attività che oggi diremmo sportiva, sarà proprio a Caterina che la cronaca attribuisce il vanto d'una rivoluzione sul modo con cui una signora possa andare a cavallo. Le donne di Francia avrebbero insomma imparato dalla giovane Medici a cavalcare all'amazzone, con il piede sinistro infilato nella staffa, e con la gamba destra posta spavaldamente dalla stessa parte, sorretto il corpo dal corno dell'arcione posto sulla sella. Né è cosa facile correre al galoppo in quella posizione.

C'è poi una Caterina cacciatrice. Anche in questa attività lei si dimostra abilissima: usa bene dell'arco, riscuotendo l'ammirazione ancora una volta dal re Francesco, ma anche di chi è con loro in queste battute di caccia, che si svolgono negli ampi spazi dei prati e dei boschi delle tante residenze reali.

Poi ecco il promemoria che è testimone di una Caterina "dotta":

Quel dame a la pratique
de tant de mathématique?
Quel princesse entend mieux
du grand mond de la peinture
les chemins de la nature
et la musique des cieux?

Caterina, in una xilografia cinquecentesca che la ritrae a cavallo, su una sella di sua invenzione.

E anche a pensare che il grande Ronsard abbia voluto coi suoi versi renderle onore, forse più di quello che lei effettivamente meritasse, ecco che n'esce un altro suo aspetto: quello d'una Caterina "prodigio". Conoscitrice di scienza e di matematica; raffinata estimatrice di cose d'arte; esperta in studi sull'astronomia. Una donna, insomma, quale migliore non poteva toccare alla corte di Francia.

E il re la chiama ormai: «Ma fille». Lei gli parla in quel francese che sta rapidamente imparando. Lui cerca di spiegarsi invece in un faticoso italiano. Lei intanto gli serve da interprete con tutti quegli artisti italiani che lavorano nei palazzi parigini e nelle residenze fuori città che Francesco sta curando. Fontainebleau è l'accademia più alta di questi incontri cui partecipa anche Caterina. La sua migliore palestra per quei difficili esercizi, dove lei stava preparandosi al futuro.

Nelle gallerie del palazzo figure mitologiche, opera di artisti italiani, invitano a riflettere sull'andare inesausto del tempo. In una grande tela del Bronzino l'emblema dell'Amore: espresso dalle immagini di Venere e del suo fedele Cupido, s'immalinconisce nella nota che ci ricorda come sia proprio il tempo a cancellare bellezza e vita, ambedue segni dell'amore. Ma la *Leda col cigno* di Michelangelo riconduce a una dolcezza che convince con la felicità, mentre profano e sacro si confondono nella *Vergine delle rocce* di Leonardo. L'effimero della *Bella giardiniera* di Raffaello scopre poi, a suo contraltare, le note severe della *Carità* di Andrea del Sarto. Tele, statue, vasi preziosi, onici, ametiste, tavoli in marmo, stucchi: è un aggiungersi di tentazioni su tentazioni.

Caterina già conosceva gli splendori d'una corte papale qual era quella che avevano ereditato i successori del figlio del Magnifico Lorenzo: di quel cardinale Giovanni divenuto pontefice col nome di Leone X. Caterina conosce l'opere d'arte che arricchiscono il palazzo mediceo di via Larga, che – anche se impoverito per i saccheggi avvenuti dopo la cacciata da Firenze di Piero, nel 1494 – è sempre un vero museo di famiglia. Caterina conosce l'eleganza dei palazzi romani e fiorentini degli Strozzi: lei che ha trovato in Clarice – la moglie di Filippo Strozzi – quella madre che le era mancata subito dopo nata. Caterina è un'esperta del Bello: e ora Fontainebleau riesce col suo splendore a offuscare ogni memoria del passato. La ragazza Caterina venuta a sposarsi in Francia vive in una fiaba. Una di quelle che lei credeva appartenessero al mondo della fantasia, più che a una storia che effettivamente potesse avverarsi.

Gli intrighi di corte li osserva con occhi attenti. Non ha confidenti, ma riesce già da sola ad afferrare molte delle parole sottintese; a capire molto di quello che non si dice, ma si pensa. Abituata in casa Strozzi a sentire parlare di denaro, capisce che la corte dove ormai lei vive ne consuma troppo. Ben più di quello che le sarebbe consentito. Ma questa pericolosa

Ritratto di Diana di Poitiers, amante di Enrico duca di Orléans, il futuro Enrico II.

sproporzione fra dare e avere, che avrebbe preoccupato uno Strozzi o uno dei Medici, lei capisce che fa parte delle regole del giuoco che il presente impone.

Il 10 agosto 1536 muore Francesco: il Delfino, fratello di Enrico, marito di Caterina. Una morte che si disse dapprima dovuta a un violento attacco di pleurite, ma che poi si sospettò prodotta da avvelenamento. Che quelli che ne erano i beneficiati: Caterina per prima, fossero coinvolti nel sospetto, era nelle regole del tempo. In fondo quelli che traevano i maggiori vantaggi erano proprio Enrico e sua moglie. Caterina – qualcuno l'avrà pur pensato – era cresciuta in un clima dove quei metodi "alla Machiavelli", adatti contro un avversario scomodo, erano bene accolti.

I sospetti andarono poi prendendo forme ancor più decise, quando si scoprì che c'era stato delitto e chi l'aveva commesso era stato proprio un italiano. Non un comune sicario, ma addirittura lo scudiero del primogenito di Francesco I: il conte Sebastiano Montecuccoli.

E qui il giallo s'intreccia con note che piaceranno al più esigente degli scrittori di libri del genere: fra sospetti e indagini; fra accuse e ritrattazioni; fra scontri di verità (ma quale?) e di fantasia (ma quale, anch'essa?). Il fatto più grave fu che il Montecuccoli era arrivato a Parigi, anche se non al seguito di Caterina, però con credenziali di papa Clemente VII. C'era quindi tutta una base che avvalorava il sospetto che l'azione potesse essere stata mossa dal clan dei fiorentini. Anche se poi, chi credeva in questa tesi, rimase deluso dal fatto che fu lo stesso Montecuccoli a confessare, sotto tortura, che l'incarico di uccidere gli era venuto dall'imperatore Carlo V. E che egli non avrebbe dovuto limitarsi a sopprimere il solo Delfino, ma anche lo stesso Francesco I.

L'inchiesta era stata condotta in fretta, e la tortura fa dire cose che possono anche essere non completamente vere. L'autopsia del giovane Delfino morto non aveva rivelato tracce di veleno, ma nella camera del Montecuccoli si trovarono delle carte, attraverso le quali si poté dimostrare che egli proprio di veleni s'interessava.

Non sappiamo se, visto che egli confessò il nome di altri complici – si trattava di due alti ufficiali dell'esercito di Francesco I – gli fosse stato fatto sperare di cavarsela con la prigione a vita, anche per il fatto che egli sosteneva essere stato obbligato a quel gesto criminoso, sotto la spinta di gravi minacce ricevute da parte degli imperiali, ma se il Montecuccoli si illuse di vedersi risparmiata la vita, l'inganno fu breve. Non erano infatti trascorsi due mesi dalla morte del Delfino che, davanti al popolo, in una piazza parigina, egli dovette subire una terribile pena. Legati infatti mani e piedi con corde, il suo corpo fu squartato sotto la spinta di quattro cavalli, lanciati a croce in diverse direzioni. Così pagava chi osasse alzare la mano su di un re. Il popolo e i nobili, uomini e donne, assisterono alla macabra esecuzione. Gli esempi diretti valgono più che non le parole con cui si possa riferire un avvenimento del genere.

Ora Enrico, il marito di Caterina, riveste il ruolo del monarca che seguirà a Francesco I. Quanto a Caterina, anche lei trova vantaggio. Autonomia maggiore a corte; possibilità di avere più persone addette al suo servizio; un nuovo appannaggio. Le *Maisons Royales*: cioè la lista delle spese che riguarda il mantenimento della costosissima corte di Francesco I, vedono il nome di Enrico e Caterina – nel nuovo ruolo di Delfini – salire nella graduatoria, fino a occupare il secondo posto, subito dopo quello del re. Ora spetta a loro anche di possedere un personale castello. A Fontainebleau, come *Maison du roi*, avevano goduto di un loro spazio riservato, ma il possedere una residenza tutta per loro è un privilegio del rango ora raggiunto.

E Caterina – Enrico affida a lei quel compito – sceglie come località, per questa loro personale costruzione, Ancy-le-Franc, affidando il progetto del castello a un italiano: il Primaticcio. Un castello che richiese dieci anni prima di essere utilizzato. Un altro dei gioielli di un'architettura destinata ai reali di Francia. Il Primaticcio era all'apogeo della sua fama; a capo d'una schiera di suoi aiuti. Gran parte in questi lavori ha anche il Rosso Fiorentino: grande nella sua arte, quanto squilibrato nella vita; maestro nei pennelli, quanto nel muovere la spada; sempre pronto alla baruffa e a mettersi in situazioni impasticciate. Un po' simile a un altro grande nel mondo dell'arte: Benvenuto Cellini, anch'egli allora attratto a Parigi dall'interesse di potere servire un monarca che – come Francesco I – mostrava qualità di grande committente. Ivi compresa una delle doti che sono del vero mecenate: quella di sapere ricompensare bene, in denaro, gli artisti che lavorassero per lui.

Ma per Caterina non tutto fila liscio. Anzi c'è un vento che porta nuvole e promette aria di burrasca. Quello che infatti si sarebbe potuto tollerare, finché non era che la moglie del secondogenito del re, ora non lo si poteva permettere nella sua nuova condizione di Delfina. Insomma: il suo non mettere al mondo dei figli – e ormai erano passati alcuni anni dalla data del suo matrimonio con Enrico – è una colpa di quelle che non si possono ignorare. Né lei può invocare il fatto che fosse il marito inadatto a procreare, perché lui aveva avuta una figlia, frutto di un amore – mentre era in Piemonte con l'esercito francese – con una certa Filippa Duc. Un'oscura signora, mentre oscura non rimane la fanciulla nata dai due, che sarà la futura Diana Farnese, sposata al duca di Castro.

Tanto è preoccupante questa sterilità che, arrivati ormai i due sposi al nono anno di matrimonio – con Caterina ormai ventiquattrenne – senza aver figli, alcuni consiglieri vicini a Enrico e anche a Francesco I, suggeriscono che occorre – anche se a malincuore – pensare a un divorzio. Uno, cui sarebbe dovuto toccare un trono, poteva ben chiedere al papa di accettare una simile richiesta.

È chiaro che il partito dei divorzisti – la corte si sarà certamente schierata chi pro, chi contro tale separazione – era formato non solo da gente preoccupata della discendenza dei Valois, ma spinta ancora di più da una personale antipatia per Caterina. Non le si perdonava la conquista dell'amicizia del re Francesco; né i cattolici oltranzisti – ci si ricordi che lo scontro con i protestanti infiammava ormai l'Europa intera – si toglievano dalla mente il sospetto che la fiorentina mostrasse simpatia per le nuove dottrine. E bastava loro, per suffragare tale ipotesi, il fatto che Caterina avesse stretto amicizia con Margherita, la sorella di Francesco I, sospettata di guardare con favore le tesi dei protestanti. Valutazione errata, in quanto si confondeva uno spirito di tolleranza, frutto di una superiore cultura, con una scelta che accettasse le regole della riforma medesima.

Spettava ora all'unico che potesse decidere definitivamente nell'uno o nell'altro senso: a Francesco I. Che disse di no. Caterina raccoglieva ora i frutti di quell'affetto che era riuscita a conquistarsi. Caterina: la *douce fille*, che gli era stata vicina in quegli ormai quasi dieci anni trascorsi da quando era arrivata in Francia, sarebbe rimasta la moglie di Enrico. Lui, Francesco I re di Francia, così aveva deciso. E l'aveva comunicato, prima di tutti gli altri, proprio a lei. A lei che anzi gli aveva chiesto – con uno spirito di abnegazione, che il sovrano aveva ammirato – di provvedere al bene della Francia; lei disposta al divorzio per favorire le sorti della discendenza. Ma Caterina aveva però aggiunto che in tal caso il suo dolore sarebbe stato grande. Che ormai l'affetto che la legava al marito, e poi a lui, al re Francesco, era tale che lei si sarebbe staccata da loro soffrendo molto.

E Caterina conservò così il suo ruolo di moglie del Delfino. Francesco I in più le disse di sperare, che egli era dentro di sé convinto che i figli non sarebbero mancati. Dio non avrebbe lasciato un Delfino di Francia senza eredi! Questa sicurezza di un monarca in terra deve avere convinto Caterina che occorresse ricorrere a ogni mezzo possibile.

Se quella che si chiamava col nome di magia era una colpa grave per un comune mortale, non lo era per una futura regina che voleva – anzi doveva – procreare: fu così che i più accreditati esperti nel campo furono consultati. Astrologi, indovini, filosofi, medici: ognuno avrebbe potuto offrire la ricetta, o il talismano, che facesse miracoli.

Diana di Poitiers stessa consigliò un suo personale medico: Jean Fernel. E Fernel pose la sua scienza al servizio di Caterina. Ma anche è probabile che Francesco I abbia rivolto al figlio Enrico l'invito – o anche l'ordine – a disertare l'alcova di Diana di Poitiers, preferendo il letto matrimoniale di Caterina.

Unite tutte queste cose assieme, fatti sforzi in comune, fra medicina, astrologia, magia e l'antico e usato procedimento naturale per avere dei figli, ecco che Caterina resta incinta. Tripudio da parte della corte a lei amica; ira da parte di quella avversaria. Che se poi sperò che quella gravidanza non sarebbe stata portata a termine, dovette rimanere delusa: il 10 febbraio 1543 nasceva infatti a Caterina il primo figlio, cui fu dato il nome del nonno: Francesco.

Jean Fernel – il medico e altro – ebbe una ricompensa altissima in denaro per quel lieto evento, e Caterina gliene promise altrettante per ogni fi-

Enrico II, re di Francia, in un disegno di Impero Nigiani.

glio che le fosse nato in seguito. Né lei, né il Fernel avrebbero però mai potuto prevedere che l'ormai sperimentata terra della prolificità avrebbe offerto così tanti nuovi frutti ai suoi esploratori.

Centinaia di torce illuminarono il passaggio del corteo che accompagnava Francesco al fonte battesimale nella Cappella delle Trinitaires. E fu anche l'inizio di un ciclo: Caterina "la sterile", la donna che non avrebbe dovuto avere prole, partorirà in seguito altri nove figli.

Però non accadde – con tutti questi figli – che Caterina cessasse d'interessarsi all'arte; alla conduzione della sua residenza; alla sua passione per la caccia e per le cavalcate.

Caterina ha intanto saputo legare a sé un gruppo di fedeli; né è stato facile, poiché, anche se sanno a corte che essa gode della stima di Francesco I, non è per questa ragione che siano in molti a lodarla. Caterina deve faticosamente conquistarsi un successo che ottiene però con molta lentezza, anche se poi, alla fine, mostrerà un suo solido spessore.

Quando il 31 marzo del 1547 Francesco I muore, è un giorno di dolore per Caterina. E la tristezza del suo animo può avere superata la felicità, immancabilmente da lei provata, d'essere ora lei regina: Francesco I è stato infatti quel padre che le era mancato. È da lui che la quattordicenne Caterina, arrivata a Parigi a fare da sposa servizievole e ubbidiente di Enrico, ha appreso il significato della parola "potere". È da Francesco I che Caterina ha imparato a essere la futura regina. Ora che il suo momento è arrivato, occorrerà dimostrarlo.

Enrico II ha ventotto anni, quando sale al trono. Della stessa età è Caterina. Lei deve ora combattere una sua personale battaglia contro tutti coloro che hanno influenza sul marito: Diana di Poitiers è in testa a questa lista. Ma Caterina saprà muovere abilmente le sue pedine nel giuoco che ora va sviluppandosi alla corte di Francia.

Ancora s'interessa delle cose fiorentine, e si dimostrerà più che benevola nei confronti di Lorenzino: il Lorenzaccio uccisore di Alessandro, che si è rifugiato a Parigi, più che aiutato da Caterina. Anche protegge gli Strozzi, favorendo sia Piero che suo fratello Leone, che tutti sanno nemici acerrimi di quel Cosimo I, ormai salito al potere in Toscana.

Piero Strozzi otterrà grazie a lei un alto grado nell'esercito francese; Leone, suo fratello, nella marina. Ambedue sperano di potere muovere un attacco contro Firenze, e di riportare nella loro patria sia la libertà, che quella loro famiglia, che aveva goduto in passato di grande prestigio. Ora però ridotta all'esilio, con in più la prigione e poi la morte per il loro padre Filippo.

Caterina è praticamente lei che governa la Francia, col figlio Francesco, salito al trono alla morte del padre, che ha soltanto quindici anni. E ancora maggiore diviene il potere di Caterina, quando – morto anche Francesco – sale al trono il figlio Carlo, di appena dieci anni.

Caterina de' Medici in un disegno di Impero Nigiani che la ritrae quasi sessantenne.

E fu così che per salvare la corona e i figli, Caterina dovette combattere delle giornaliere battaglie. *Madame Serpent*: questo fu il soprannome datole dai suoi numerosi avversari. Ma Caterina era ormai più francese che italiana. Quanto ad avere favorito gli Strozzi, non va dimenticato che era proprio da Clarice Strozzi, sua zia, che essa aveva avuto le maggiori cure quand'era bambina, prima ancora d'essere affidata alla Salviati, come le era accaduto dopo il 1530.

La storia di Caterina de' Medici è una lunga storia. Gli scontri fra cattolici e protestanti rendono spesso drammatiche le sue decisioni di regina, come si sente, di tutti i francesi: cattolici o protestanti che siano. Quanto ai suoi figli che salirono sul trono, si trattò di una malaugurata vicenda: i primi due, Francesco e Carlo, morti giovanissimi, il terzo: Enrico, si dimostrò un folle al quale era impossibile porre un freno. Fin da quando – nei giorni della sua incoronazione – egli si fece trovare da tutti quelli che erano arrivati per festeggiarlo, travestito da donna, ornato di gioielli e dipinto come uscisse dalle mani di un truccatore teatrale, con poi all'intorno tutto un suo seguito, vestito anch'esso in abiti femminili, mentre erano state costrette le dame di corte a indossare abiti maschili. E c'è da immaginarsi quale effetto possa avere ottenuto nel popolo una simile assurda mascherata.

La prole maschile di Caterina era dunque nata sotto una cattiva stella. Caterina doveva patire per quest'ultimo figlio che si esibiva in simili follie, in attesa poi anche per lui del tragico destino, che lo vedrà pugnalato da un fanatico.

Ma a questo ultimo dramma familiare Caterina non sarà presente: essa muore infatti nel 1589, lo stesso anno dell'uccisione del figlio, ma qualche mese avanti che ciò accada. Le è così risparmiato un ennesimo dolore. Gli ultimi anni della sua esistenza hanno visto nel paese la stessa confusione di sempre: la Francia è ancora divisa, né pare trovare pace. Enrico III insiste nel fare capricci; nel mostrarsi sempre meno deciso; nel dare prova d'inettitudine. E il peso di tutto il governo è ancora sostenuto da una Caterina che però si sente ormai stanca.

E sarà poco prima della sua morte, che Caterina dovrà subire un'altra delle follie del figlio Enrico, che farà uccidere il duca di Guisa. Sono quarantacinque i gentiluomini di corte, che parteggiano per Enrico e che si assumono il compito di fare da sicari. L'omicidio avviene nel castello di Blois, dove Caterina giace malata; proprio al piano di sotto di quello dove è la sua stanza da letto. Il Guisa non si aspetta che si osi tanto, ed è andato fiducioso a un appuntamento con Enrico, senza immaginarsi che gli si è preparato un agguato. Trafitto da molti colpi il suo corpo giace sul pavimento, mentre Enrico subito dopo va a trovare la madre per comunicarle l'avvenimento; gloriandosene con lei come di un gesto che ormai abbia definitiva-

Enrico III di Valois re di Francia e terzogenito di Caterina, in un dipinto di Van Loo.

mente consolidato il suo potere. Caterina capisce invece che segnerà la sua fine. Che i seguaci del Guisa vorranno vendicarsi. Che il figlio pagherà duramente quest'ultima sconsiderata impresa.

Fu quest'ultima preoccupazione a minare definitivamente la sua salute: una febbre altissima, insorta dopo quest'accaduto, precedette la sua morte, avvenuta il 5 gennaio 1589. Il suo corpo fu sepolto, prima nel castello di Blois, poi a Saint Denis, accanto a quello del marito Enrico II.

Caterina è stata una delle grandi figure nell'Europa del Cinquecento. La sua tolleranza verso le due parti religiose in lotta non poteva che procurarle nemici da ambedue le schiere. Ma essa accettò, nel nome del suo convincimento che occorreva rispettare ogni credo, il calvario di una vita dolorosa. Non ne vogliamo fare una martire, né un'eroina, ma una vera grande protagonista di una vicenda storica che richiese grande fermezza e doti di equilibrio.

La Francia le deve molto; anche tutta l'Europa. «La grande moderatrice»: così come la volle invece ricordare un ambasciatore veneziano, riferendone al Doge, combatté una sua personale battaglia.

La regina di Casa Medici, quando morì, era anche l'ultima di quella schiera di ragazzi della casata fiorentina, che avevano vissuto con lei gli anni della fanciullezza: Ippolito, morto il 1535; Alessandro caduto sotto il pugnale di Lorenzino nel 1537; Lorenzino medesimo ucciso dai sicari di Cosimo I a Venezia nel 1548. Lo stesso Cosimo scomparso nel 1574.

Era ormai alla ribalta una nuova generazione di Casa Medici. Una pagina di storia s'era chiusa. Così, come sempre accade nelle vicende umane.

Lezioni di politica: Maria Salviati

Maria, figlia di Lucrezia de' Medici e di Jacopo Salviati, è stata educata così come si conviene nella casa di un ricco banchiere, sposato poi a una donna la cui famiglia è la prima in Firenze per potere e ricchezza. E anche se riguardo al potere bisognerebbe dire che quegli anni del primo Cinquecento non sono certo favorevoli ai Medici, in esilio fino dal 1494, sono però in molti a capire che i discendenti di Cosimo il Vecchio troveranno il modo di tornare e di essere ancora i primi. Se non, il che accade, i soli a governare lo Stato.

Maria Salviati, nata nel 1499 è di un anno più giovane di quel turbolento figlio di Caterina Sforza, Giovanni, che nel 1509 è stato affidato alle cure della sua famiglia. La casa dove vivono è grande: un palazzo in via del Corso a Firenze abitato una volta dai Portinari, ma il giovane Medici la riempie di alte grida giuocando con Maria. Potrebbe dirsi che è un comportamento di molti ragazzi, ma per il figlio di Caterina vanno aggiunte le sue numerose fughe da casa, vere e proprie scorribande nelle quali lo accompagnava qualche amico della sua stessa età e con le stesse predilezioni. C'è sempre molto di romanzesco in ciò che i molti biografi hanno scritto di lui, né sappiamo se sia cosa vera che proprio in quelle scorrerie giovanili cercasse la rissa tanto per fare a pugni, o peggio ancora assalisse coltello alla mano i cani e i gatti che gli si parassero di fronte nelle vie di Firenze, e li scannasse come fossero suoi nemici in chissà quale ipotetica battaglia. Se fosse cosa vera aggiungerebbe una nota ancora a offrirci il ritratto del futuro marito di Maria Salviati.

Lei era l'esatto contrario di Giovanni: silenziosa e raccolta, timida e sempre attenta a non turbare il buon andamento della vita familiare. Così ce la ricorda un cronista che frequentò la famiglia Salviati nel tempo in cui il banchiere fiorentino si trasferì a Roma. Era il 1513 e sul trono pontificio era salito un papa di Casa Medici: Leone X. Cioè quel Giovanni figlio di Lorenzo il Magnifico che era stato fatto cardinale all'età di tredici anni dal papa Innocenzo VIII.

Maria sposa Giovanni, il figlio di Caterina Sforza, che lei ha diciassette anni e lui diciotto. Sarà un matrimonio impossibile a viversi per Maria ed è già un successo che i due abbiano avuto un figlio. Lo chiameranno Cosimo. Un nome che in seguito brillerà nel cielo della Casata.

Giovanni è ora al servizio di papa Leone X, un cattivo pagatore però a sentire le rimostranze del figlio di Caterina, che è ormai noto in Italia come un giovanissimo ma abile condottiero. I suoi mercenari lo seguono in battaglia scatenati come lui nell'assaltare il nemico; ebbri come lui quando riescono a uccidere un avversario. Le loro insegne, dopo la morte di papa Leone X, muteranno colore: dalle righe bianche e viola, al nero del lutto, e Giovanni dalle Bande Nere ha ormai trovato un suo particolare nome per offrirsi alla storia.

Maria Salviati vive ora lunghi mesi nel castello mediceo del Trebbio, a non molti chilometri da Firenze, vicino a quella villa di Cafaggiolo che è stata prediletta da Cosimo il Vecchio.

Giovanni dalle Bande Nere muore il 29 novembre 1525 dopo essere stato ferito a Governolo, sul Mincio, in uno scontro contro un grosso reparto di quei lanzichenecchi che, al comando di Georg von Frundsberg, avevano intrapresa quella campagna a fianco delle truppe dell'imperatore Carlo V, che li avrebbe portati al saccheggio di Roma nel 1527.

E i lanzi ebbero ancora un ruolo nella storia di Giovanni dalle Bande Nere, quando sua moglie Maria – lui ormai scomparso – ebbe paura di rimanere nel castello del Trebbio e scelse di riparare a Venezia in attesa che le acque si placassero. Andò con lei suo figlio Cosimo di appena otto anni e un'altra Maria: una Soderini, anche lei con suo figlio, il quattordicenne Lorenzino de' Medici. I due ragazzi erano amici; la Soderini rimasta vedova viveva nella villa di Cafaggiolo, distante pochi chilometri dal castello del Trebbio e i due ragazzi avevano l'abitudine di cavalcare insieme. Cosimo nonostante la sua giovanissima età sapeva andare a cavallo con grande maestria; li accoglieva dopo la corsa attraverso i boschi e le campagne il convento del Bosco ai Frati.

Sembravano destinati a essere amici per sempre; nessuno avrebbe mai previsto che il ragazzo Cosimo sarebbe stato da adulto colui che avrebbe sguinzagliato sicari per l'Europa per uccidere l'antico amico. Che ormai era conosciuto in Firenze come Lorenzaccio: quello che aveva ucciso nella notte dell'Epifania del 1537 il duca Alessandro, il figlio bastardo del cardinale Giulio de' Medici, poi papa col nome di Clemente VII.

A Venezia Maria Salviati e suo figlio erano stati ospitati dai Cappello: entrava in scena un nome che avrebbe avuto in casa Medici grande importanza quarant'anni dopo con Bianca Cappello e la sua storia d'amore con Francesco de' Medici. Sempre a Venezia Maria e Cosimo avevano goduto di molti aiuti: il nome dei Salviati, grandi banchieri, e quello di Giovanni dalle Bande Nere erano notissimi e i palazzi della nobiltà si aprirono per loro.

Maria Salviati, nel ritratto del Pontormo conservato agli Uffizi (Gabinetto fotografico della Soprintendenza per i beni artistici e storici di Firenze).

Giovanni de' Medici e Maria Salviati in un dipinto di ignoto (Firenze, Uffizi).

A Firenze intanto i Medici venivano di nuovo esiliati. Erano però intercorsi accordi perché non ci fossero vendette contro le famiglie notoriamente filomedicee e non fossero compiuti atti vandalici. Ogni accordo venne però deluso e, come sempre accade per ogni regime che crolla, furono distrutti stemmi e insegne; furono arrestati molti vicini alla Casa Medici; fu data alle fiamme la villa di Castello tanto amata da Cosimo il Vecchio. Era il preludio di quei quasi tre anni che avrebbero vista Firenze opporsi alle forze di Carlo V con, a conclusione, i tragici giorni dell'assedio che riporterà i Medici al potere.

Maria e il figlio Cosimo si rifugiarono a Roma; la Salviati stava educando il figlio al culto del potere. Era una maestra attenta a sorvegliare cosa accadesse nel mondo politico italiano; nel 1527 manderà, accompagnato da un precettore, il figlio a Bologna perché sia presente all'incoronazione di Carlo V. Cosimo ha soltanto otto anni, ma è importante che l'imperatore lo veda e sappia che quello è il figlio di Giovanni dalle Bande Nere. E il ragazzo è anche mandato a farsi conoscere al papa Clemente VII, mentre nel momento che la famiglia era a Venezia si è fatto in modo che presentasse i suoi omaggi al Doge.

Maria Salviati sta svolgendo magistralmente tutto un suo programma; sta tessendo una tela con straordinaria accortezza; è convinta che tutta questa sua azione sarà premiata. E così accadrà quando, dopo che il duca Alessandro è stato ucciso da Lorenzaccio, Firenze sta cercando un capo. Cosimo ha soltanto diciotto anni, ma è stato preparato a dovere dalla madre per un alto compito. La scelta cadrà su di lui; per più ragioni si pensa che il figlio della Salviati potrà bene governare. Qualcuno crede che sarà anche facile, vista la sua giovane età, poterlo agevolmente dirigere dove si voglia. Si ingannano però: Cosimo ha bene imparata la lezione della madre. Sarà un capo autorevole; che non ammette interferenze. Maria Salviati vede coronata la sua opera.

Maria Soderini "mater dolorosa"

È figlia di Tommaso Soderini e di Fiammetta Strozzi. I Soderini sono una famiglia più che nota in Firenze; gente anche di notevoli risorse finanziarie, ma Tommaso è un uomo che ha sempre dimostrato di mancare d'ogni iniziativa; vive e sopravvive giorno per giorno; gli si affidano delle ambascerie non importanti; gli si riconoscono doti di uomo gioviale e buon conversatore; niente di più. Quando decide che sua figlia Maria andrà in moglie a Pier Francesco de' Medici, del ramo dei Popolani, fa storie sulla dote che sarà ben scarsa: ventiquattromila franchi, ossia appena duemila ducati d'oro. Maria è una ragazza dalle molte virtù, ed è anche bella: nel numero di quelle donne fiorentine di quel tempo: «le più belle e oneste di tutto il mondo», così come le descrive Vespasiano da Bisticci. Pier Francesco, lo sposo, ha ben pochi meriti; è una vera fortuna per lui una moglie così; in ogni modo va ricordato che si è trattato di un matrimonio d'amore, e non è poco. Lui ha ventiquattro anni alla data delle nozze; lei venti; avranno quattro figli: Lorenzino, nato nel 1513, e poi Laudomia, la futura moglie di Piero Strozzi, nel 1518; Giuliano, nel 1520, e Maddalena, nel 1522, che sposerà anche lei uno Strozzi: Roberto. Come la sorella nel momento in cui unirsi a uno Strozzi significherà mettersi al bando e dovere trasferirsi in Francia, tanto ormai quella famiglia si è dichiarata contro il giovane Cosimo de' Medici, salito nel 1537 al potere in Firenze.

La coppia degli sposi vive a Cafaggiolo, nella bella villa che sa un po' di fortilizio voluta da Cosimo il Vecchio; una grande casa posta sulla strada che porta a Barberino del Mugello, prossima anche alle vie che conducono a Bologna, attraverso il passo della Futa. L'esistenza di Pier Francesco e di sua moglie Maria a Cafaggiolo non è di quelle che oggi le cronache mondane definirebbero brillanti. Bisognava anzi fare delle economie, e anche controllare i pochissimi servi che erano a disposizione perché lavorassero sodo e rubassero il meno possibile. Maria curava l'andamento della casa; era lei in cucina ogni giorno a sorvegliare perché non si facessero sprechi. Cafaggiolo era troppo grande per potersi mantenere con pochi denari, ma anche offriva degli aspetti positivi: la terra dei campi all'intorno andava

L'uccisione di Lorenzino in un disegno di Claudio Sacchi.

lavorata con fatica, ma qualcosa rendeva; le case per i contadini sono poche e bisogna assumere gente a giornata nel momento dei raccolti. È allora che la villa di Cafaggiolo serviva con una sua vasta zona riservata alla servitù a ospitare questi preziosi collaboratori.

A poco più di un chilometro, su un alto colle sovrasta Cafaggiolo il castello del Trebbio; lì vive Maria Salviati, la moglie di Giovanni dalle Bande Nere, e con lei il figlio Cosimo giovinetto; i ragazzi di Cafaggiolo, e in particolare Lorenzino, s'incontrano con Cosimo; si va a piedi per i sentieri erbosi e poi a cavallo. Lorenzino e Cosimo non possono indovinare che il domani li vedrà nemici; ora cavalcando si spingono fino al convento del Bosco ai Frati, dove c'è sempre per loro, due Medici, un'accoglienza dove rispetto e affetto riescono a mescolarsi assieme.

A sconvolgere questo quadro familiare ecco, nel 1525, la morte di Pier Francesco; Cafaggiolo ora è triste, quando una nota tragica risveglia nuovi sentimenti: i lanzichenecchi stanno scendendo dal Nord verso quella Roma del papa mediceo Clemente VII, che è per loro la città per eccellenza da mettere al sacco; alle loro spalle l'ombra dell'imperatore Carlo V che non può perdonare il pontefice per certe sue scelte filofrancesi. Maria Soderini e Maria Salviati temono per la vita dei figli; le due ragazze trovano rifugio in un convento sicuro; Lorenzino, suo fratello Giuliano e Cosimo vengono, accompagnati dai loro precettori, mandati a Venezia. Là saranno raggiunti dalle due madri.

Sarà al ritorno che Maria Soderini, intercedendo presso Clemente VII, ormai pacificatosi con l'imperatore, riuscirà a ottenere per Lorenzino un sia pure modesto impiego presso la curia papale. Ora Cafaggiolo è ancora più silenzioso. Maria trepida per quel figliolo che ora vive a Roma, quando quello non è costretto a ritornare precipitosamente a Firenze dopo avere suscitato l'ira del papa per una sua scorribanda notturna a distruggere statue antiche nel foro. Corrono giorni di pericolo; Lorenzino è rifugiato a Cafaggiolo; poi le cose romane si mettono al meglio, e il figlio di Maria può vivere a Firenze; qui si mette al seguito di Alessandro, il bastardo dello stesso Clemente VII, che governa Firenze, ormai – dopo l'assedio del 1530 – tornata sotto i Medici.

Maria Soderini sa che Firenze rimprovera a Lorenzino di essersi messo al servizio del duca; già per suo figlio qualcuno ha coniato il soprannome di Lorenzaccio. Alessandro sposa Margherita d'Austria (ve lo raccontiamo sempre in questo libro), ma i giorni concessi da vivere al tiranno, figlio dell'ormai scomparso Clemente VII, sono pochi. Infatti nella notte dell'Epifania del 1537 Lorenzaccio uccide Alessandro. Poi fugge da Firenze verso Venezia. Fugge, ma vuole fermarsi a Cafaggiolo per incontrare la madre. A lei confessa quanto è accaduto; ormai è un proscritto; sarà inseguito da bandi e saranno messi sulle sue tracce sicari con l'incarico di

Lorenzino de' Medici effigiato in una medaglia coniata a Venezia nel 1537.

uccidera. Ora Maria Soderini sa che anche per lei, per l'altro figlio e per le figlie stanno arrivando tempi calamitosi. Lorenzino tenta di porre un sipario fra sé e chi ha avuto l'incarico di sopprimerlo e va a Costantinopoli, ormai legato a Parigi da un segreto rapporto, col compito di ancora più legare il sultano al re di Francia Francesco I. Maria Soderini e i figli restano a Cafaggiolo finché lei non capisce che il nuovo duca di Firenze, il diciottenne Cosimo, il figlio di Maria Salviati, l'amico di Lorenzino nell'infanzia, ha ora come scopo la cattura del fuggiasco e la rovina della sua famiglia. Ed ecco che la Soderini decide di lasciare Cafaggiolo. Trova rifugio a Venezia, dove gli Stozzi, i figli di quel Filippo morto nel carcere della Fortezza di San Giovanni a Firenze, il banchiere irriducibilmente nemico del duca Cosimo, dove dunque gli Strozzi la aiutano, ormai a lei legati da vincoli familiari, avendo Piero sposata Laudomia, e Roberto Maddalena. Lorenzaccio vive nascosto a Parigi, protetto da Caterina de' Medici, che opera contro Cosimo, il duca, anche se ambedue sono dei Medici.

Maria si ricongiungerà a Venezia col figlio Lorenzino il Natale del 1544. Lui sa di essere sorvegliato e che ancora, benché siano passati otto anni dalla data della morte di Alessandro, l'ordine è di ucciderlo. Lo sa anche sua madre e i giorni veneziani sono per lei un calvario. Per quattro anni Lorenzino riesce a tenere in scacco chi gli dà la caccia, ma la seconda domenica di Quaresima del 1548, è il 26 febbraio, viene raggiunto da due sicari e colpito, presso il ponte di San Polo. Spirerà nelle braccia della madre: Maria Soderini, una donna di Casa Medici a cui la sorte ha riserbato dolore. Troppo dolore.

Eleonora di Toledo

A diciotto anni scelto per reggere lo Stato toscano: Cosimo, il figlio di Giovanni dalle Bande Nere e di Maria Salviati, deve trovarsi una moglie e lo fa chiedendo all'imperatore Carlo V sua figlia Margherita, la vedova dell'Alessandro de' Medici caduto sotto il pugnale di Lorenzaccio. Non gli verrà concesso; Carlo V riserva per Margherita altre nozze e altro destino, e chiede a Cosimo di sposarsi con Isabella, figlia primogenita di Don Pedro di Toledo, viceré per la Spagna a Napoli. Ma una tale scelta non soddisfa il giovane Medici: Isabella non è né bella né intelligente. C'è però sua sorella, la diciassettenne Eleonora, la secondogenita, che possiede ambedue quelle doti che mancano a Isabella: Cosimo indica la seconda fanciulla come quella da lui scelta e Carlo V accetta. Accetta anche il padre di lei: Don Pedro di Toledo, che neppure protesta quando da Firenze gli s'offre la cifra di quarantamila ducati, che sono esattamente la metà di quella versata dal duca Alessandro per ottenere la mano di Margherita d'Austria. Il matrimonio è celebrato il 30 giugno 1539 nella chiesa di San Lorenzo. La chiesa scelta è quella più cara ai Medici, che più tardi le costruiranno a ridosso l'edificio che accoglie i loro mausolei. La sposa era arrivata con un grande seguito di gentiluomini e gentildonne perlopiù spagnoli e a suo padre Don Pedro vennero date come alloggio delle stanze nel quartiere destinato ai pontefici della chiesa di Santa Maria Novella; egli e il suo seguito assistettero alle messe nella grande sala del convento dei domenicani, la quale sala fu da allora indicata col nome di Cappellone degli Spagnoli.

Fu un matrimonio d'amore; Cosimo ed Eleonora si dimostrarono una coppia inseparabile. Lei seguiva il marito in quelle visite delle città dello Stato toscano che Cosimo riteneva essenziali, considerato quel suo programma. Cosimo aveva avuto da un incontro più che giovanile una figlia: Bia, che ora entrerà a far parte della famiglia, così come sempre ogni Medici aveva fatto e farà con i figli nati al di fuori del matrimonio. Su Bia è nata tutta una dolce letteratura; nata nel 1537, lei morirà che ha appena cinque anni, nel 1542; Cosimo e Firenze la piansero assieme. Eleonora partorì otto figli: tre femmine e cinque maschi; il vivaio di Casa Medici

Eleonora di Toledo, ritratta con uno dei suoi figli in un dipinto del Bronzino.

era in quel tempo così ricco che di questi figli due saranno quelli che succederanno a Cosimo: prima Francesco, e alla sua morte Ferdinando, che lascerà la sua veste di cardinale per indossare l'ermellino di granduca. Maria, la primogenita, morirà nel 1557 a diciassette anni; Isabella, nata nel 1542, sarà data in moglie a Giordano Orsini, per concludere tragicamente la propria esistenza, a trentatré anni, strangolata dal marito. Giovanni è il quartogenito: sarà cardinale e morirà di malaria a diciannove anni; Lucrezia, che morirà sedicenne, sposata ad Alfonso d'Este; Garzia, anch'egli morto di malaria a quindici anni; Pietro che è l'ultimo figlio, nato nel 1554, che passerà alla storia non per meriti politici, ma per avere ucciso la moglie Eleonora Alvarez di Toledo, nel 1576. Delle luci, ma anche molte, forse troppe ombre, colorano questi figli di Cosimo ed Eleonora. Né quelle immature morti possono non avere pesato su quella che era la vita familiare del duca e di sua moglie. Particolarmente quella tragica e improvvisa scomparsa – era il 1562 – di Giovanni, diciannovenne, e Garzia, quindicenne, colpiti dalla febbre malarica mentre si trovavano col padre Cosimo e con la madre Eleonora nel castello di Rosignano. Anche un altro figlio: Ferdinando, che aveva tredici anni, fu colpito dallo stesso morbo, ma riuscì a superare la malattia. Pochi giorni dopo, sempre nel 1562, scompare anche Eleonora di Toledo, anche lei colpita dallo stesso male. Era il disfarsi di una famiglia che era fino ad allora vissuta felice; Cosimo subì il colpo come se improvvisamente avesse perduta ogni forza; due anni dopo lascerà il potere, delegando il figlio Francesco a reggere lui lo Stato toscano. Ormai la residenza dei Medici era a Palazzo Pitti; era stata lasciata l'antica casa di via Larga, disegnata da Michelozzo e voluta da Cosimo il Vecchio, e dopo un tempo non lungo, nel quale Cosimo ed Eleonora si erano sistemati in un quartiere per loro preparato in Palazzo Vecchio, era arrivata quest'ultima e definitiva residenza nel veramente regale Palazzo Pitti.

Camilla Martelli seconda moglie di Cosimo I

Potrebbe, questo matrimonio, essere il malinconico ritratto di un potente ormai condannato alla via del tramonto. Nel segno del decadimento fisico di un uomo che per lungo tempo aveva invece mostrato una forza e un ardire che ogni corte italiana o straniera gli aveva riconosciuti. Camilla Martelli deve avere rappresentato per lui quasi un'estrema difesa; un sogno ancora da vivere.

Cosimo, dopo la morte della moglie Eleonora di Toledo, aveva vissuto qualche avventura amorosa, la più rimproveratagli dai figli quella con Leonora degli Albizi, relazione dalla quale nacque Giovanni, il futuro architetto di Casa Medici, la cui sorte sarà legata a un'altra storia di matrimonio. Lasciata Leonora, ecco entrare in scena Camilla Martelli. È il 1567 e un anno dopo la Martelli dà alla luce Virginia; Cosimo è incantato dalla di lei giovinezza e nel 1570 la sposa, come a tacitare la propria coscienza e a ubbidire a quanto gli è stato richiesto dal papa Pio V, che conosciuta la sua relazione ha chiesto al granduca di legittimare col matrimonio quel suo rapporto con Camilla che è immorale se continuato così come sta accadendo. «Vo' cavare lei e me di peccato», scriverà Cosimo al figlio Francesco, «e chiarire al mondo che è mia moglie. Lo fo per la quiete dell'anima e del corpo...». Ma non ci sarà quiete per lui: né per l'anima, né per il corpo.

Camilla, una volta sposata, si mostra insoddisfatta del suo ruolo, che lei si aspettava assai più onorifico. Il fatto è che Cosimo, per attutire il risentimento dei figli, e in particolare di Francesco, non ha concesso alla Martelli il titolo di granduchessa e le fa vivere una vita appartata, tenendola fuori da ogni festa o celebrazione ufficiale. Camilla insomma non è più che l'amante che era prima delle nozze e così la considerano la corte e la nobiltà fiorentina. In questo clima non certo favorevole all'unione dei due non va dimenticato che un cronista ci narra che la coppia Cosimo e Camilla sanno godere anche di ore di buona unione e spesso si recano nella villa di Poggio a Caiano, tanto amata dal Magnifico, per godere di ore tranquille, lontani dalla malevolenza di Palazzo Pitti. Ma a contrasto di queste notizie idilliche, ecco una realtà ben diversa: Camilla è perennemente adira-

Camilla Martelli in un disegno di Impero Nigiani.

ta e trascura il marito ammalato; né si lascia commuovere dalle sue lacrime, né dai suoi lamenti.

A quale delle due verità credere? Non è facile dirlo. Forse la scelta più equilibrata sta nello scorgerne proprio i due contrastanti aspetti, distinguendoli. Una donna troppo giovane per un uomo che vecchio proprio non si poteva dire, ma malato sì. Gravi disturbi circolatori avevano minato il suo fisico e ridotta la sua mobilità; né riusciva più a parlare. Le sue condizioni si aggravarono ulteriormente agli inizi del 1574 e nell'aprile di quell'anno il granduca Cosimo de' Medici moriva.

Per Camilla ora il domani si faceva oscuro. Francesco I, il figlio di Cosimo, le ordinò di ritirarsi nel convento delle Murate. Ma lei non parve volersi adattare a questa condizione di vedova reclusa e le suore che l'ospitarono dovettero subire le ire di questa bella ventinovenne che non nascondeva le proprie speranze di potersi di nuovo sposare.

Furono così insistenti le sue lamentele e tanto difficile per le suore delle Murate il poterla accontentare nei suoi capricci, che furono loro stesse a chiedere al granduca Francesco I di trasferire la Martelli nel convento di Santa Monica, vicino alla chiesa del Carmine, convento dove Camilla era stata da fanciulla per esservi educata. Ma anche questa nuova sistemazione non la calmò; chiedeva di essere libera e di potersi muovere come volesse, senza restrizioni di sorta. Fu accontentata. Morto Francesco I, suo irriducibile nemico, Ferdinando I, il cardinale che aveva scelto d'essere granduca di Toscana, le permise infatti di lasciare il convento e di abitare la villa di Lappeggi, alla periferia di Firenze. Parve dapprima che Camilla ne fosse soddisfatta, ma poco dopo ricominciarono le sue crisi isteriche. Si decise allora che lei doveva trascorrere quello che le restava da vivere chiusa nel convento di Santa Monica. Dette segni di squilibrio mentale e le suore dovettero impegnarsi a starle il più possibile vicino. Si può avere pensato che la sorte le concedesse poco tempo ancora da vivere, ma le cose andarono diversamente: Camilla Martelli morirà infatti nel 1634. Lei aveva quasi novant'anni e sulla Toscana regnava Ferdinando II.

Camilla Martelli aveva pagato duramente la sua ambizione di legarsi a un principe.

Livia: una Medici più che contestata

Giovanni, il figlio avuto da Cosimo I da Leonora degli Albizi occupa, in questa storia di donne di Casa Medici, un suo perlomeno particolare spazio, visto il racconto d'amore che lo legò a Livia Vernazza.

Quanto a Giovanni uomo, nella non troppa luce che rischiarava figure di poco rilievo in Casa Medici quali un Francesco I o un Cosimo II, egli brillò per doti naturali di intelligenza e di carattere, evidenziate da un suo straordinario amore agli studi che lo rese buon matematico, ingegnere civile e militare, e poi architetto, pittore, musicista.

Educato e allevato in Casa Medici, fin da giovanissimo era stato destinato a qualche piccola missione. Si era trattato allora soltanto di andare al seguito di qualche ambasceria a rappresentare Firenze, viste le sue qualità di giovane intelligente. Come per avvertire chi lo riceve, che lo Stato fiorentino avrà ancora un futuro, se c'è al suo interno gente come lui. Si pensa anche a istruirlo come esperto militare e lo si manda – non ha ancora vent'anni – a farsi le ossa nell'esercito dei Farnese, nelle Fiandre dov'era scoppiata una rivolta contro la Spagna. È il 1588 e Giovanni si distingue per la sua prontezza e per il suo coraggio.

Gli verrà per questo concesso un grado militare; lui studia strategia e si prepara ad essere, dopo i pochi esempi di un comandante d'eserciti che sia nato in Casa Medici, un uomo "per la guerra".

Nel 1597 eccolo infatti a difendere in Francia il castello d'If, come generale d'artiglieria, che comanda le truppe della Toscana. Individuato questo suo talento lo si usa più che si può, e lui sta all'impegno.

Dal 1601 al 1615 il suo nome apparirà dovunque vi siano eserciti e conflitti militari. Passa da Enrico IV, che lo vorrebbe trattenere a Parigi, affidandogli alti incarichi militari, a Venezia che gli assegna il comando generale delle sue truppe e che lo destina a difendere il territorio della repubblica.

Noi l'abbiamo anche ricordato come il progettista del mausoleo dei Medici presso la chiesa di San Lorenzo, così come intervenne come architetto e ingegnere per alcune opere nel porto di Livorno. Amava scrivere e ha lasciato, anche se non compiute, alcune opere, fra cui la migliore appare quegli *Aforismi politici e militari*, dove con uno stile molto alla Guicciardini egli ripercorre le tappe della sua vita con intelligente chiarezza.

Quando è a Firenze, vive in un suo palazzo posto in via del Parione, dove riceve gli amici e si circonda degli artisti che lui stima. I mezzi per mantenersi un tenore di vita di quel rango non gli provengono certo dai compensi ottenuti come generale o architetto: Cosimo I, suo padre, aveva infatti deliberato che gli fosse concesso a vita un appannaggio di notevole misura.

Ma nel Palazzo Medici di via del Parione Giovanni non teneva soltanto raduni letterari e artistici. La casa era frequentata anche da certi suoi amici gaudenti, che insieme a lui cercavano di addolcire l'esistenza con delle feste, che qualche cronista ha definito come orge, ma che effettivamente non erano dissimili da tanti altri raduni che si tenevano nei palazzi di Firenze.

E fu in uno di questi raduni di sapore più che mondano, che Giovanni de' Medici incontrò Livia Vernazza, una genovese che dopo una serie di vicende avventurose viveva professando il mestiere della prostituta. Una fra le tante che a Firenze erano schedate nell'elenco che le guardie addette al "buon costume" tenevano sempre aggiornato; una sorta di schedario cui era stato dato il nome apparentemente il meno adatto per un libro del genere: *Libro dell'honestà*. Ricalcava lo stile e il contenuto di tutti gli altri elenchi cinquecenteschi, che Roma e Venezia avevano compilati per un controllo sulle cortigiane.

Livia Vernazza, quando Giovanni de' Medici la conobbe, era giovanissima e di una straordinaria bellezza; lui – vicino ormai ai cinquant'anni – deve avere dapprima pensato a un capriccio: un po' del suo tempo insomma da dovere dedicare a questa donna, che poi gli giura d'essersi follemente innamorata di lui.

E si trattò invece, per lui guerriero, di una vera resa d'armi. A Firenze si parlò di scandalo: un Medici che vive con una prostituta, che per di più fa da padrona nel palazzo di via del Parione! Il nuovo clima di corte tendeva al bigotto, né i tempi erano più quelli in cui un Filippo Strozzi o un Agostino Chigi potevano affidare la cura dei loro salotti, ma anche dei loro palazzi, a cortigiane come Imperia o Tullia. Cosimo II ora invece non si risparmiò in esortazioni rivolte a Giovanni, perché cessasse questa relazione scandalosa e licenziasse questa plebea, per di più donna di malaffare.

Ma Livia s'è ormai impadronita del cuore del maturo generale e architetto, né lui può rinunciarci così facilmente. Lei ha trascorso degli anni durissimi fin dall'infanzia; dopo un matrimonio fatto in fretta e furia, con un garzone che lavorava col padre che era materassaio, ha infatti sperimentato perfino la prigione, dopo essere fuggita dal marito con un uomo di cui s'era invaghita. Ora che la buona fortuna le è finalmente toccata, non intende certo arrendersi così facilmente. Anche lei mostra una virtù da vero combattente; non da meno del suo amante d'ora.

E Giovanni de' Medici scelse lei, rinunciando alla sua permanenza a Firenze. E fu così che insieme si trasferirono a Venezia, con Giovanni accoltovi con ogni onore, e insignito del grado di "Governatore generale delle armi". La Repubblica ricompensava così un suo difensore; un soldato che aveva combattuto per lei.

A Venezia, Livia e Giovanni vivono giorni sereni. Lui ha chiesto che il matrimonio di lei, quello contratto da Livia che aveva appena tredici anni, venga dichiarato nullo. La Curia di Genova, a cui Giovanni si è rivolto, accetta la sua tesi, motivando la sua sentenza col fatto che nell'occasione di quelle nozze, a Livia sarebbe stata fatta violenza fino a obbligarla a un'unione che lei ha sempre rifiutata.

Giovanni ora può convolare a nozze con la sua Livia, ma in Casa Medici non si accetta certo la cosa con serenità. E non perché moralmente viziata, ma principalmente per ragioni patrimoniali ed economiche: una volta infatti che Giovanni avesse avuto un figlio da Livia, sarebbe stato anche questo un nuovo Medici, che domani avrebbe potuto persino accampare diritti per la successione. Se non per il trono, certamente per quei beni di famiglia da dovere spartire.

A Firenze allora si macchina qualcosa di machiavellico e si fa rapire l'antico marito della Livia, Battista Granara, che – trasportato via mare fino a Livorno – è convinto con le buone e le cattive maniere a fare opposizione presso la Curia genovese contro quella sentenza di annullamento matrimoniale.

Ci si muove ora come nel clima di un romanzo d'appendice, fra colpi di scena che si susseguono. Il timore di un erede, che si profili all'orizzonte, intimorisce, e questa volta i profeti non hanno sbagliato, perché si viene a sapere che Livia sta proprio aspettando un figlio di Giovanni.

È il maggio del 1621; Livia è trionfante; vede avverato il suo sogno di dare all'uomo amato un erede, quando all'improvviso – come accade spesso nelle cose umane – la buona fortuna scompare per l'inaspettata morte di Giovanni de' Medici. È il 19 di luglio, sempre del 1621, e nel febbraio è scomparso anche Cosimo II. A Firenze ormai comandano, in attesa che il giovanissimo Ferdinando, il figlio primogenito di Cosimo II e di Maria Maddalena d'Austria, abbia raggiunta l'età di governare, Cristina di Lorena e la stessa Maria Maddalena; Livia capisce che d'ora in poi la vita per lei e per quel figliolo suo e di Giovanni, che sta per nascere, sarà difficile. Che Firenze tenterà di tutto per renderle l'esistenza impossibile.

Né gli effetti della scomparsa di Giovanni si fecero attendere. Il figlio di Livia era di pochi giorni, quando da Firenze arrivava a Venezia un funzio-

Cortile del Palazzo Ducale di Venezia in un'incisione tratta da Cesare Vecellio, Habiti antichi et moderni di tutto il mondo, *1590.*

nario di corte per invitare Livia a tornare, garantendole buona accoglienza e aiuto, per lei e per il figlio. Dopo un po' di indecisione, lei si fida, senza che alcuno l'avverta che nel frattempo Cristina di Lorena sta facendo istruire un processo contro di lei, accusandola niente di meno che di stregoneria. Una donna che avrebbe esercitate arti di maga per più scopi, non ultimo quello di ammaliare don Giovanni de' Medici, che ne avrebbe sperimentato il potere cadendo nelle reti di questa maliarda.

Livia non appena sa dell'accusa, si trova in una situazione terribile. Se torna a Firenze teme infatti d'essere imprigionata, ma ha anche il terrore – se rifiuta di tornare – di essere data in mano al Santo Uffizio, e condannata a morte come strega. Sceglie dunque il male minore, ma è appena arrivata a Firenze che viene rinchiusa al Forte Belvedere – proprio in quell'edificio che era stato in parte sistemato da Giovanni come architetto – mentre Cristina di Lorena ottiene il diretto intervento del papa Gregorio XV, perché la Chiesa annulli la sentenza della Curia genovese, e affermi ancora valido il primo matrimonio di Livia con il Granara.

A questo punto al figlio di Giovanni e di Livia non resta alcun diritto di potere fare parte dell'asse ereditario di Casa Medici, e le due donne di Palazzo Pitti, Cristina di Lorena e Maddalena d'Austria, hanno vinta la partita.

Livia otterrà soltanto di vedere addolcita la sua prigione, trasferita com'è in una villa a Montughi. Morirà nel 1655. La sua avventura aveva avuto momenti esaltanti: la figlia di un materassaio che aveva fatto innamorare di sé un Medici. Deve essere stata questa l'unica vera consolazione per la genovese.

Una moglie per Francesco I: Giovanna d'Austria

Cosimo I deve trovare una moglie per Francesco, fiducioso – sarà poi deluso – che suo figlio non s'incontri più con quella veneziana: Bianca Cappello, che è venuta a creare scompiglio nei suoi piani di padre. Un padre che cerca il bene di Francesco, ma insieme una gratificazione – però del tutto onorifica – che premi lui: capo di uno Stato, con un titolo che sia assai più importante che non quello di duca. Sogna quello di re, ma è pronto a dirsi soddisfatto da quello di arciduca.

Una delle figlie di Ferdinando d'Asburgo, Giovanna, è l'ideale almeno per lui; un matrimonio così dovrebbe assicurargli un grado superiore, ma da parte dell'imperatore gli si obietta che il titolo di arciduca prevederebbe uno Stato di Toscana che non c'è, essendo ancora autonoma Lucca e soggetto alla Spagna lo Stato dei Presidi.

L'imperatore promise però un titolo completamente nuovo per l'Italia: quello di granduca, e fu per Cosimo d'obbligo dire di sì, anche se le sue speranze erano state di gran lunga maggiori.

Come contropartita occorreva offrire alla sposa che veniva dal Nord una Firenze ancora più capitale di uno Stato, e Cosimo ordinò al suo fido Vasari – era il 1564 – di dare avvio alla costruzione di quel Corridoio, che prese il nome dal suo architetto, che conduceva, traversando il fiume Arno, dal Palazzo della Signoria a quello di Pitti. E a Pitti furono fatti lavori per dare ancora di più a quella residenza l'aspetto di una reggia.

Intanto mentre si concludevano le trattative per quel matrimonio di principi, moriva il padre della sposa e saliva al trono il fratello di lei Massimiliano III. Si dovette aspettare un anno per celebrare le nozze. Che avvennero nel 1565. In una Firenze che da tempo attendeva quell'avvenimento. Sei mesi circa erano occorsi per preparare questa messa in scena d'una città che si trasformava in un immenso palcoscenico, dove a ciascuno dei cittadini viventi all'interno delle mura si affidava una parte da recitare. Non fosse altro che quella di una semplice comparsa, che sta in scena muta, ma che deve però assieme agli altri applaudire. Un consenso che si trasferiva dalla platea direttamente sopra la ribalta. I fiorentini trasformati in un coro che già conosce a perfezione il suo posto fra i sipari, fra le statue edificate in onore dell'augusta sposa, fra le piante e gli addobbi che, in quei giorni, fanno della Firenze invernale un quadro dai colori che sanno però assai più di primavera. Fresco, appena costruito, solidamente inteso a proclamare il potere dei Medici, c'era quel prodigioso corridoio che Giorgio Vasari aveva costruito in pochi mesi e che univa Palazzo Vecchio con la residenza dei granduchi a Pitti. Entrava anche quest'opera a far parte di tutto lo scenario, che si era preparato per festeggiare l'avvenimento delle nozze.

Giovanna, la moglie di Francesco, aveva la stessa età di Bianca – era nata a Praga il 24 gennaio 1547 – una diciottenne anche lei, dunque, con però a tutto svantaggio il fatto che Venere non era stata sicuramente presente nel giorno della sua nascita. Bruttina, insomma, la nuova granduchessa; del tutto brutta, se stiamo non ai ritratti che di lei ci sono giunti, ritratti poi che, in qualche misura, pare l'abbiano migliorata nell'aspetto, rispetto a quello che ci dicono le fonti scritte che ce la descrivono bassa di statura e un tantino curvata nella persona per un difetto della colonna vertebrale; con degli occhi di un celeste annacquato e un viso troppo lungo che nella mascella inferiore era peggiorato da un evidente prognatismo. Non sono certo note che consolino una donna che tenga in una qualche misura al proprio aspetto fisico. Ma potrebbe darsi che Giovanna fosse convinta che, a renderla attraente, fosse sufficiente il suo lignaggio; il fatto insomma d'essere di famiglia imperiale. Un'illusione che però deve averla sorretta non poi per troppo tempo, così come le accadrà dopo che è sposata a Francesco, non appena le solite voci di palazzo l'informeranno della tresca del marito con la bella veneziana. Ma questo appartiene al dopo; per ora lasciamo Giovanna a bearsi di quelle accoglienze che Firenze le aveva preparate. Che senza alcun timore di esagerare si possono veramente classificare "imperiali".

E "imperiale" fu la lapide murata nel cortile di Palazzo Vecchio che il Vasari, ma era Vincenzo Borghini, il dotto ecclesiastico, consigliere di Cosimo e del figlio Francesco, che ne aveva preparato il testo, aveva voluto quasi a completamento dei lavori con cui il cortile medesimo era stato abbellito: «*Caesaris invicti augusti pulcherrima proles*»: questo si proclamava di Giovanna. Ed era già dubbio che l'imperatore fosse, in quella stagione, veramente un «mai vinto» (il tempo di Carlo V era passato da un pezzo!), ma ancor più dubbio quella nota «*pulcherrima*» che vantava, di Giovanna, una bellezza che era ben lontana dalla effettiva realtà. Resta però il fatto che il Vasari aveva, anche in questo caso, fatto sì che i committenti fossero soddisfatti. Dire una bugia in nome di una così nobile signora era cosa che un gentiluomo poteva anche permettersi. E il Vasari s'era ormai abituato attraverso gli anni a simile costume. Aveva cominciato fin dai

Cosimo I de' Medici in un disegno di Impero Nigiani dal dipinto del Bronzino.

tempi – lui allora giovanissimo – in cui aveva in parte preparati gli apparati per le nozze del duca Alessandro de' Medici, il bastardo figlio di papa Clemente VII (anch'egli uno della casata fiorentina), che si sposava con Margherita d'Austria, anche lei figlia di un imperatore: Carlo V. Per poi, dopo la scomparsa d'Alessandro, ucciso a pugnalate da Lorenzaccio, divenire l'architetto ufficiale di Cosimo I e di sua moglie Eleonora di Toledo, in un quasi frenetico progettare e subito dopo eseguire lavori, tutti intesi alla gloria di questi nuovi regnanti; degli ex mercanti, venuti dal Mercato Vecchio fiorentino, che dai loro banchi commerciali avevano tratto ricchezze tali da far loro ottenere anche il potere politico.

Ora era un trio di eletti, che aveva provveduto a rendere splendente di apparati la Firenze che accoglieva la sposa del suo reggente: al Vasari e al Borghini s'era infatti unito Giovanni Caccini, cui era stato affidato il compito di sovrintendere le maestranze che dovevano eseguire i lavori. Operai e artisti erano stati incaricati secondo quel piano, elaborato in ogni minimo particolare da quello che fu veramente il *deus ex machina* di tutto il marchingegno, che quelle feste rappresentarono nel loro complicato assieme: Vincenzo Borghini, il più che dotto priore dello Spedale degli Innocenti. Ritenuto, e anche a ragione, una vera miniera di dottrina che attingeva all'Umanesimo, ma che sapeva come ricorrere anche a fonti diverse da quelle classiche, nel rinnovare schemi e misure, che potessero sembrargli ormai consumate attraverso più riproduzioni. Il Borghini era espertissimo anche in cose d'arte e il suo accordo col Vasari può dirsi perfetto. Un duo, insomma, che s'esibiva assieme con successo; stimatissimo a corte, prediletto da Francesco de' Medici. Che l'accoppiata avesse anche qualche nemico è fra le cose scontate. Il mondo degli artisti è geloso, così come accade in tutte l'altre professioni. Il successo va pagato con un po' di moneta. «Giorgio Aretin e quel frate Priore sono uno stesso sebben paiono due»: il distico è di Benvenuto Cellini. I due non piacciono all'orafo e scultore Benvenuto. Invidia per la loro fortuna presso Cosimo e Francesco de' Medici, gelosia di "concorrente", o sincera antipatia? È difficile rispondere alla domanda, resta il fatto che alla voce del Cellini ne troviamo aggiunte altre.

Il che non tolse che sia il Vasari su un fronte, che Vincenzo Borghini su un altro, continuassero ad ottenere quegli applausi, che li avevano sempre accolti a ogni loro comparsa sul palcoscenico delle committenze.

Il Caccini era stato invece distolto, per quest'impresa tutta fiorentina, dai suoi impegni pisani. Dirigeva infatti in quella città una sorta di provveditorato alle opere pubbliche, con un incarico che stava molto a cuore al granduca Cosimo, legato alla città di Pisa da quello stesso affetto che già aveva mostrato uno di Casa Medici, qual era stato il Magnifico Lorenzo. La sua inclusione nel *cast* che doveva prendersi cura dei fe-

Francesco I de' Medici in un'incisione tratta da un dipinto del Bronzino.

steggiamenti per quelle nozze, era stata voluta direttamente dal Vasari e dal Borghini. Cosimo l'aveva accettata forse senza troppo entusiasmo. Deve essergli parso perlomeno strano che i due non trovassero altra persona che non il Caccini, che lui voleva invece impegnato a Pisa, per farsi aiutare nell'impresa. Sospettava, e a ragione, che fosse lo stesso Caccini che volesse questo trasferimento fiorentino e che i due lo aiutassero, un po' perché veramente pensavano a lui come a un esperto che sarebbe stato per loro prezioso, ma anche per vincoli d'amicizia. Comunque stesse la cosa il Caccini era già a Firenze fin dai primi del maggio 1565: sette mesi avanti dei giorni fissati ormai negli accordi – che soltanto da poco erano stati resi pubblici – stretti fra la Casa d'Austria e i Medici per quel matrimonio.

La primavera vide Firenze trasformata in una specie di cantiere. Come si stesse preparando a un'operazione urbanistica; il Borghini aveva già steso un minuzioso rapporto per Cosimo ai primi dell'aprile. La lunga nota che era stata portata al duca raccoglieva un primo abbozzo, che però già era esauriente nei particolari e anticipava quasi totalmente il definitivo, di tutto quanto il piano dell'opere. Il Borghini vi aveva aggiunti i disegni che già gli erano stati forniti dallo stesso Vasari, e poi da Alessandro Allori e Vincenzo de' Rossi. Che il Borghini fosse un puntuale, ne abbiamo molte prove (basterebbe per questo andare a rivedere tutto il suo lavoro di filologo), ma questa volta lo fu forse ancora di più. Aveva lavorato alla ricerca di tutto il materiale che gli riportasse minuziosamente la descrizione di altre feste consimili, andando a prendere come suoi ideali modelli esempi illustri. Mezzo secolo di celebrazioni: da quelle per le nozze di Carlo V, imperatore; di Francesco Sforza duca di Milano; dello stesso duca fiorentino Cosimo con Eleonora di Toledo, ad altre che riguardavano accoglienze per ospiti illustri, in avvenimenti non soltanto fiorentini, ma europei: dal fastoso ingresso di papa Leone X in Firenze, al trionfale ingresso di Filippo di Spagna in Milano; da Carlo V in visita a Firenze, a Cosimo I che entra vittorioso a Siena. Dal 1510 al 1560: cinquant' anni scandagliati dal Priore degli Innocenti, come un pescatore fruga nel fondo del mare alla ricerca d'una conchiglia la più preziosa possibile. Nessun regista dell'ultima stagione, nessun coreografo, potrebbe essere più accorto. Il Vasari che lavora con lui, è in fondo – nonostante la grande esperienza accumulata attraverso gli anni – soltanto un esecutore. È che il Borghini è una vera miniera di dottrina e che Cosimo e Casa Medici desiderano stupire il seguito di Giovanna d'Austria, proprio mostrando che questi apparati di nozze non sono soltanto un modo di far festa, ma insieme di fare anche cultura. Il Borghini in questo non ha rivali; è un *calembour* di trovate; mescola pagano e cristiano con disinvoltura; sa come preparare un insieme dove Giunone e Giove vadano d'accordo coi santi del cattolicesimo. E lo fa con così disin-

Bianca Cappello in un disegno di Claudio Sacchi.

volta fantasia, con tale "buonafede" culturale, che l'amalgama regge ad ogni uso che se ne voglia fare. Questa volta si è preparato come debba affrontare un esame di quelli severissimi; ha su di sé gli occhi non soltanto dei reggitori di Firenze: i due Medici, padre e figlio, e quelli delle altre corti d'Europa, ma in particolare quelle italiane notoriamente gelose della "rivale" Firenze. Compila dunque il Borghini un elenco, dove riesce a classificare caso per caso quelli che ha studiati e conclude che va, in quest'occasione, cercato di non affidarsi soltanto agli ornamenti floreali e a cortei simbolici che, ma con forme simili a una rappresentazione teatrale, riconducano episodi e figure che siano legati alla storia delle due case regnanti che sono al centro di questo matrimonio. Giovanna d'Austria doveva capire di stare arrivando in una città di grande civiltà, fin dal suo primo soggiorno nella villa medicea di Poggio a Caiano. Qui il Borghini ha fatto preparare una serie di tele e di sculture che rappresentano i simboli di tutto ciò che appartiene all'antica mitologia dei campi, e vengono riproposte quelle divinità care ai Romani e ai Greci: Diana, Pomona, Cerere, Bacco, fauni e ninfe. Mescolati assieme: una sorta di felice benvenuto – il loro – alla principessa che arrivava dal "freddo", per ricordarle che qui il clima mediterraneo favoriva questa protezione divina dei campi, come stanno a testimoniarle proprio queste raffigurazioni che lei sta incontrando. Per il suo ingresso in Firenze e per il lungo percorso che lei doveva compiere da Porta al Prato, dove arrivava, fino a Palazzo Vecchio, il Vasari ha organizzato un marchingegno che trova difficilmente l'uguale nella storia delle feste fiorentine.

E fu così che Giovanna d'Austria, che si era fermata – come per prepararsi alla faticosa *kermesse* di tutte quelle feste che l'attendevano – sei giorni a Poggio a Caiano, ebbe il suo primo impatto con Firenze, entrando dalla Porta al Prato, incontrandosi con quella che il Borghini aveva immaginata come la glorificazione medesima della città: Firenze, riassunta nella sua storia in una serie d'archi ed edifici, costruiti in legno, e dipinti da abili mani, narrava la sua leggenda alla giovane principessa, venuta per essere nel prossimo domani la sua regnante.

Firenze, dunque, l'avvertiva che qui, all'interno di queste mura che lei aveva appena varcate, si era svolta una vicenda d'arte e di letteratura, che aveva del prodigioso. Come se per un miracolo voluto da Dio, fossero spuntati dal selciato delle strade fiorentine, quasi si trattasse di un giardino curato da mani abilissime, fiori dal nome di poeti, di pittori, scultori, giuristi, grandi e avventurosi mercanti, mecenati illuminati, guerrieri, uomini politici. Statue altissime e ampi pannelli dipinti scandivano i più importanti momenti di questa cronaca illustre fiorentina: dai coloni romani che fondavano Firenze a questi ultimi governanti, i Medici, ai quali ora andava unendosi il nome di Casa d'Austria rappresentato da Giovanna.

Giovanna d'Austria con il figlio Don Filippo in un dipinto di G. Bizzelli (Firenze, Galleria degli Uffizi).

Dopo Porta al Prato ecco il lungo rettilineo della via Borgognissanti che aveva il suo ornamento maggiore in due statue di grandi dimensioni, preparate da Francesco della Cammilla, rappresentanti una la Toscana, l'altra l'Austria – era un tema che sarà ripetuto in tutti quanti gli apparati – mentre a coprire le case della strada, che erano non sempre di aspetto esaltante, fatta eccezione per alcune residenze nobiliari, si erano preparati dei grandi pannelli, dipinti da Carlo Portelli e Santi di Tito. E anche questa volta erano i due Stati: Toscana e Austria, a fare da protagonisti. In piazza Ognissanti, il Borghini aveva pensato di far costruire una specie di piramide, o un obelisco, questa volta in omaggio alla grandezza dei soli Medici, padroni di casa, ma poi l'idea fu abbandonata e fino al Palazzo Ricasoli, al ponte alla Carraia, s'insisté nel tema proposto per via Borgognissanti. Per il nuovo deve avere provveduto direttamente il Vasari che, escluso Porta al Prato e il Canto dei Carnesecchi, intervenne sempre di prima persona nel firmare gli archi esposti. Qui, al ponte alla Carraia, facendo perno sull'incrocio di vie che ancora oggi compongono il mosaico – via del Moro, via della Vigna, via del Parione e lungarno –, il Vasari giuocò con una serie di archi, che s'univano a statue: quest'ultime mescolate di allegorie diverse; fra richiami a divinità mitologiche protettrici del matrimonio, e promemoria di fiumi, grandi o piccoli che fossero: e l'Arno insieme a quello modesto della Sieve s'univano al Danubio e alla Drava. Le sculture erano opere di Batista Lorenzi, allievo di Baccio Bandinelli. I pannelli dipinti, che anche qui dominavano l'insieme, erano firmati dal Bronzino, mentre alle decorazioni aveva provveduto Alessandro Allori.

Per il ponte a Santa Trinita che in quegli anni, distrutto com'era stato dalla piena del 1557, non era che un ammasso di rovine, il Vasari e compagni avevano provveduto a una bella copertura che nascondesse quel povero ponte castigato dalle acque dell'Arno. L'ornamento del ponte a Santa Trinita era formato come da una serie di sipari angolati che si muovevano dal lato dell'Arno, fino ad arrivare alla facciata del Palazzo Spini (nell'attuale via Tornabuoni). Tre ampi scomparti dipinti, opera di Michele di Rodolfo del Ghirlandaio, e alcune statue, che erano di Giovannino dell'Opera, dovevano raffigurare il mare Tirreno e il vasto oceano che ancora, nonostante fossero ormai trascorsi molti anni dalla scoperta di Colombo, affascinava la mente della gente. Qui, poi, in Firenze doveva servire anche a ricordare che fra i grandi viaggiatori applauditi per le loro scoperte nell'immensità oceanica c'era un fiorentino, Amerigo Vespucci, e che stretti erano stati i suoi contatti con Casa Medici negli anni del suo avventuroso viaggio.

Nell'attuale via Tornabuoni i maggiori ornamenti in lode della Casa d'Austria. Giovanna poté ammirarli al Canto dei Tornaquinci – dove c'era una splendida loggia, che guardava verso l'incrocio oggi formato da via della Spada e via della Vigna Nuova – all'altezza di quel palazzo, quindi, due archi e fregi e ornamenti vari, fra statue e tele dipinte, tutti intesi a ricordare la storia di Casa d'Austria; autori numerosi erano stati scelti per la realizzazione di questo insieme; tutti di ottimo livello artistico. In via dei Carnesecchi, dove il corteo doveva girare per indirizzarsi verso la chiesa di Santa Maria Maggiore e poi verso il Duomo, la storia dei Medici dominava l'insieme della rappresentazione. Primi attori loro, questa volta, dopo la Casa d'Austria prima illustrata. Vincenzo de' Rossi aveva costruito un apparato complicato e denso, dove si potevano ripassare, attraverso i dipinti, le gesta di questa famiglia che da mercantile s'era fatta politica e aveva raggiunto il maggior potere.

Dopo l'arco della Religione eretto al Canto della Paglia, che era in effetti come un edificio che fosse sorto fra lo spazio di Santa Maria Maggiore e quello antistante il Duomo, s'incontrava un complesso architettonico, dove il Borghini s'era impegnato più che in ogni altro apparato, per dire che nessuno in Firenze – e anche altrove – poteva essere stato scelto più bravo di lui in questi esercizi che contentavano la fantasia e insieme la cultura. Santi e movimenti religiosi; contrasti e paci ottenute; scontri e incontri: era una intera storia di ciò che riguardasse il divino. Un complicato giuoco di statue, di fregi, ornamenti, archi, balaustre, nicchie; aldilà di tutto l'insieme, ecco che l'ingresso per Giovanna d'Austria nel Duomo fiorentino è invece inteso dal Borghini con estrema semplicità. Quasi a dire che per una chiesa così bella occorreva ben poco per aumentarne il naturale fascino. Il Vasari aveva preso per sé l'incarico di disegnare un portale in legno, dove dieci formelle scolpite raccontavano la storia di Maria Vergine. Tutte quante opere di artisti che godevano di grande fama. Antonio Crocini, intagliatore e legnaiuolo notissimo in Firenze, aveva avuto l'incarico di seguire tutto quanto l'insieme dell'opera. Sopra il frontone della porta lo stemma dei Medici era stato sistemato su due statue giacenti.

Giovanna era a cavallo; il tragitto dalla Porta al Prato al Duomo era lungo, e i fiorentini, che erano accorsi in massa, poterono così trovare lo spazio che loro occorreva per potere ognuno godersi lo spettacolo. Poiché di un vero spettacolo si trattava; come di una rappresentazione che avesse come palcoscenico tutta quanta Firenze.

Il giorno dell'entrata in città della sposa fu il 16 dicembre, nelle prime ore del pomeriggio; era domenica, e si era scelto un giorno festivo perché tutti quanti potessero essere liberi da impegni di lavoro. Giovanna e il gruppo ristretto di parenti e cavalieri della sua scorta erano preceduti da un drappello di trombettieri che avvisavano via via del suo arrivo. A Porta al Prato erano schierati cinquecento cavalieri e un gran numero di soldati della milizia: tutti in divise che per l'occasione erano state particolarmente curate. Seguivano Giovanna un gruppo di cavalieri di Santo Stefano e una folta schiera di funzionari della sua corte e della corte medicea; ogni tanto si sentivano colpi d'archibugi sparati a festa e quelli dei cannoni dei forti fiorentini. All'arrivo a Porta al Prato s'era provveduto a preparare per la sposa un ricevimento ufficiale. Cosimo de' Medici in persona l'aiutò a scendere da cavallo; poi – come segno che entrava in Firenze col grado di reggente – le fu posta in capo dall'arcivescovo Minerbetti una corona d'oro, resa di maggiore valore dalle molte pietre preziose che v'erano incastonate, opera di orafi fiorentini e appositamente preparata per questa solenne occasione. Quando il corteo si rimise in moto, Giovanna ora procedeva sotto un baldacchino di velluto trapunto in argento, che era sorretto da cinquanta giovani appartenenti alla nobiltà fiorentina, vestiti di giubbe e brache di raso rosso cremisi, che portavano al fianco spade con l'elsa in oro in guaine di velluto dello stesso colore degli abiti; le scarpe e i copricapo erano dello stesso colore, e sulle berrette ciascuno aveva posto una penna bianca, tenuta da una spilla fatta di pietre preziose. Una messinscena che molti registi della nostra stagione vorrebbero per sé, questa che il Priore degli Innocenti aveva accuratamente costruita a tavolino. Da vero stratega dell'effimero; da gran maestro di tutto ciò che fosse "effetto". Un giorno così sarebbe rimasto nella memoria dei fiorentini.

Ma non solo nella memoria; a stare alle notizie che ne abbiamo devono essere costati, questa cerimonia e ciò che le seguì nei giorni di poi, una cifra da capogiro, e c'è il sospetto che certe tasse, che furono imposte nel maggio dell'anno che seguiva a questi giorni del prima di Natale del 1565, dovessero servire al governo di Cosimo a pareggiare il bilancio per quelle spese fatte per il matrimonio.

Comunque sia il divertimento in qualche maniera lo si deve pur pagare! Intanto ci si dette alla gioia. Palazzo Vecchio, simbolo ora del potere mediceo e residenza del giovane Francesco e di Giovanna d'Austria, che stava divenendo sua moglie, fu il centro d'una serie di feste. Il 18 dicembre, giorno fissato per il matrimonio, Giovanna – vestita tutta di bianco – fu condotta in cocchio fino al Duomo, in un corteo che parve come un filo che fosse inghiottito dalle porte della chiesa, visto che non poté – data la brevità del percorso da Palazzo Vecchio alla cattedrale – neppure scorrere, ma soltanto trasferirsi dal gran cortile del palazzo nella vasta chiesa di Santa Maria del Fiore. Come un lungo bruco che si snodi torcendosi fino a parere formato da molte parti, ma uno solo nel suo insieme.

Giovanna si trovò di nuovo circondata da una gran folla; Firenze non era avara di applausi; forse è una città che muta troppo spesso di gusti e di scelte, a dare retta ad un suo poeta, il Dante della *Commedia*, ma quando le accade di mutare sa mostrarsi convinta che ciò che le piace le piace veramente. La cerimonia nuziale fu all'insegna dell'austero. Contrastava con tutta la sfarzosità dell'apparato che era stato ideato, ma può darsi che an-

Vincenzo Borghini in un'incisione di Giuliano Traballesi.

che questo rientrasse nelle scelte del Borghini. Sapeva che Giovanna era una fervente cattolica e che era meglio dimostrarle che i fiorentini, gaudenti fuori della chiesa, sanno bene come ci si deve invece comportare alla presenza di Dio.

Ma dopo l'austerità nel tempio, ecco le follie nelle strade e nelle piazze. Firenze impazzì in feste per più di due mesi. Un ininterrotto fiume di giostre, spettacoli, tornei, mascherate. Proprio il giorno di Natale ci fu una "prima": quella della *Cofanaria*, una commedia scritta da Francesco d'Ambra. Ricalcava motivi e modi cari al teatro antico, ma il *clou* della serata fu rappresentato da sei intermezzi, dove si narrava la storia di Amore e Psiche, attraverso una messinscena preparata da Bernardo Buontalenti.

Una vera prova di ingegno la dette quello che la Firenze del popolo chiamava Bernardo delle Girandole, ammirato per la sua abilità nel preparare fuochi artificiali; Bernardo dimostrò che la fiducia che Cosimo I aveva riposta in lui, che era ancora molto giovane, non era stata un errore. Il Vasari, che aveva curata la scenografia della commedia, può essere stato invidioso del successo di questo artista da poco assurto a ruoli di così grande importanza.

Amore e Psiche avevano mandato in estasi la corte medicea. Forse Giovanna, la pudica Giovanna, può avere pensato che Firenze fosse un tantino audace in queste rappresentazioni dove l'amore dei sensi veniva facilmente mescolato con quello che le avevano insegnato doversi chiamare platonico, ma è certo che non l'avrà dato a vedere. Aveva avuta un'educazione puntuale e attenta; le avevano insegnato che vivere a corte è volta a volta accettare gli umori di chi regna. Qui, Cosimo e suo marito Francesco volevano così. Che così fosse!

Questa dell'accettare le cose come "dovevano" accadere sarà una delle virtù di Giovanna. Rara dote in una ragazza di non ancora vent'anni, che sarà destinata dal ruolo a mettere al mondo figli e a recitare la parte della prima donna di Firenze, senza avere le gioie dell'amore e insieme senza effettivamente essere quella "prima" di cui si è detto. L'ingombrante Bianca Cappello la farà sentire, quando Giovanna avrà capito appieno l'importanza del legame che stringe la veneziana con Francesco, come schiacciata da un macigno da cui nessuno verrà mai a liberarti. Giovanna anche allora mostra adattamento; non nato forse così spontaneamente come si potrebbe immaginare visto il suo carattere remissivo, ma in parte anche per questa ragione, assai di più rientrando nel compito che s'è prefissa l'accettare anche ciò che profondamente l'addolora, pur di non sconvolgere l'ordine d'una corte, d'un governo, d'uno Stato, quali sono quelli che la sua condizione di moglie di Francesco le ha recato. Un dono scomodo, ma essere regnanti prevede anche questo. Il gusto della ribellione; la sete di fare vendetta; il desiderio di gridare in faccia alla rivale cosa pensi di lei, sicuramente anche Giovanna li avrà provati, ma l'ha fermata il buonsenso politico e quella educazione familiare che rientrano nelle sue doti. E questa lode va resa a Giovanna. Ma questo appartiene al domani di questi giorni di festa. Forse ancora Giovanna non sa assolutamente niente; forse finge di ignorare. Né ci convince il fatto – che d'altra parte sembra soddisfi qualche cronista dell'epoca e di dopo – che lei abbia accettato di avere vicina a

Studiolo di Francesco de' Medici: L'oreficeria *(dipinto di Alessandro Fei).*

sé, nel cerchio della corte, Bianca. Abbiamo altri esempi: basti, per restare legati al mondo dei Medici, ricordarci del buon viso a cattivo giuoco fatto da Caterina in Francia, cinquant'anni prima, quando la fiorentina andata in moglie a Enrico II, il figlio di Francesco I, coltiva un'amicizia con Diana di Poitiers che lei sa bene essere l'amante del marito.

Festa, dunque, a Firenze. Un inverno di svaghi, che pareva non avesse fine. Come se in Casa Medici si fosse deciso che quest'occasione era la più opportuna per dire all'Europa intera – e gli ambasciatori ne riferirono ogni particolare – che legarsi a loro, entrare a fare parte d'una famiglia così, significava godere di grandi onori e di un rango da veri regnanti.

Si ballò in maschera; nelle strade e nelle sale dei palazzi. Pareva che ormai non si volesse più porre termine a questi giorni che dovevano a ogni costo apparire felici. Nei primi giorni del febbraio lo spettacolo *clou* fu dato da una mascherata che pare sia stata tutta idea nata a Palazzo Vecchio; senza, insomma, questa volta alcun aiuto da parte dell'onnipresente Borghini. "Trionfo dei sogni": questo il tema dei travestimenti. Come a riecheggiare una sorta di "trionfo" petrarchesco, i partecipanti alla *kermesse* narravano, attraverso una serie di invenzioni, che molte delle imprese ritenute importanti, erano invece soltanto illusioni. Amore, potere, denaro, desiderio di fama: illusorio tutto. Il Sogno e il suo regno forse l'istante il più felice che sia offerto agli umani. Un po' curiosa come soluzione, nata l' idea com'era dalla mente di uno come Francesco che dall'amore medesimo traeva la linfa più importante della sua esistenza.

Povera Giovanna, moglie che aveva dovuto subire l'onta d'un marito infedele! La corte non può non essere stata al giuoco della commiserazione. Che, specie se sussurrata, costa anche poco in fatto di pericoli. Francesco ci s'è abituato; forse anche Bianca; sono felici lo stesso, ed è questo che aumenta ancora di più le voci che sparlano. S'invidia sempre chi gode di felicità.

Quanto a Giovanna, si può dire che più sfortunata di così non poteva esserlo. Di stirpe imperiale, trova un marito che già la tradisce prima di sposarla; per di più soltanto con una donna sola! Che se fosse passato da un amore all'altro, la cosa sarebbe stata diversa. Si poteva dire che era un uomo volubile e che gli piaceva cambiare; che la moglie gli era cara, ma che non resisteva alle tentazioni.

Nel caso di Bianca, invece, la cosa mutava d'aspetto; assumeva proporzioni diverse: Bianca era la sola! Bianca era la donna amata per eccellenza, né aveva mai temuto di alcuna rivale. Giovanna aveva cercato di fare buon viso a cattivo giuoco; più tardi aveva protestato anche; s'era irata; aveva mostrato di potere capire: un alternarsi di sentimenti che avevano fatto da contrappunto alla sua vita fiorentina di moglie del principe.

Le erano arrivati dall'Austria suggerimenti di pazientare; la famiglia le consigliava prudenza e sopportazione; che forse la rivale voleva da lei proprio questo; che lei si ribellasse e che fra lei e il marito si potesse giungere a una definitiva rottura. E Giovanna li aveva accontentati. Soffrendo, è certo, ma aveva detto sì. Mentre procreava un figlio dopo l'altro; e se la prole era stata tutta di sesso femminile, fatta eccezione soltanto in un caso, che poi non era di quelli fortunati, lei aveva però fatto il suo dovere di moglie. Anche lui di marito, però! Così la consolavano da casa sua. Francesco non s'era risparmiato! Giovanna non poteva dire, in questo campo, d'essere stata una donna trascurata. Salvo che non si voglia giungere alla conclusione che tutta quella prole fosse stata, volta volta, concepita con un numero d'amplessi pari soltanto al numero dei figli!

Poi Giovanna trova il modo di sottrarsi all'angoscia della vita con il mezzo che dall'eterno è sempre stato il più "comune": con la morte. Accade il 9 aprile 1578. Lei è in procinto di dare alla luce un altro figlio e, devota della Madonna, s'è recata, come spesso le accade, alla chiesa della Santissima Annunziata. È uscendo dalla chiesa che cade malamente; s'accorre a sollevarla da terra e ci si accorge che lei sta male, molto male. Viene trasportata a Palazzo Pitti. Messa a letto, circondata dai medici, mentre è accorsa la sua levatrice – e visto il numero dei figli c'è da pensare ne avesse una ormai prediletta – tutti assieme cercano di capire cosa fare per salvarla; hanno inizio le doglie del parto e Giovanna mostra di sentire ormai venire a mancarle le forze. Il bambino che nasce è già morto; la madre lo segue che non sono passate che poche ore. Pitti è a lutto. Giovanna non è stata un astro di luce; non ha mandato lampi; niente ha avuto d'una Eleonora di Toledo, la madre di Francesco I; il suo è stato un passaggio silenzioso, in un palazzo che ha trovato il modo di illustrarla, più che altro commiserandola per la sua triste condizione di "ufficialmente" tradita dal marito.

Bianca Cappello. Una vita da romanzo

Il vivere con una matrigna severa quale si era dimostrata Lucrezia Grimani è stata la causa per cui Bianca era fuggita dal suo palazzo veneziano dove il padre, Bartolomeo Cappello, aveva lasciato che a dirigere la vita giornaliera della famiglia fosse questa sua seconda moglie. Donna che non faceva perdonare la sua asprezza e la sua superbia, neppure col fatto di potere essere detta bella. Venere non era stata presente alla sua nascita. A quella di Bianca sì, ma lei era figlia di Pellegrina Morosini – la prima moglie del Cappello – famosa in Venezia come una splendida donna. Che Bartolomeo avesse, dopo la di lei prematura scomparsa, sposata Lucrezia, non era però accaduto per caso: la Grimani era nipote di un doge e suo fratello era il patriarca di Aquileia. Con parentele così, il Cappello poteva sentirsi protetto nella Venezia dei commerci. Essere nobile non equivaleva infatti, nel suo caso, ad avere rendite tali da potergli consentire di tenere palazzo a Sant'Apollinare e, insieme, una servitù numerosa e un tenore di vita che costava molto denaro. Lucrezia gli aveva aperte molte porte nel mondo degli affari.

Bianca aveva, nel tempo del suo incontro col Buonaventuri, poco più di quattordici anni. Era bella; d'una bellezza che pare di quelle poi prese a modello da un pittore qual è stato il Veronese: capelli biondi; il volto illuminato da due splendidi occhi e una bocca ben disegnata; un corpo ben modellato e che la faceva apparire più adulta di quello che non fosse. Chiusa nel palazzo del padre, come fosse destinata a farsi monaca, deve invece avere sognato ben altro. E a dare corpo sia ai suoi sogni, che alla sua ribellione, ecco apparire alla fanciulla veneziana un principe azzurro. O quello che le si è presentato come tale, con lei anche che si convince sia tale, o perlomeno mostra di volersene convincere.

Le finestre del Palazzo Cappello danno sullo stesso canale sul quale si affacciano quelle del banco dei Salviati, nobili fiorentini e grandi mercanti, dei quali il Buonaventuri era poco più che un semplice impiegato. Ma vantarsi con una fanciulla che si vuole conquistare è un peccato di quelli veniali, né per questo Piero Buonaventuri è da condannarsi.

Bianca d'altra parte non chiedeva di meglio che d'essere ingannata. A lei basta sentirsi amata, e poi anche le donne della sua servitù, dicono che è

Bianca Cappello in un disegno di Impero Nigiani.

bello come un angelo. Si tratta di un giovane fiorentino: un ventiquattrenne che non è, nella città, alla sua prima avventura. Tutto questo Bianca lo saprà in seguito, ma allora sarà troppo tardi. Né d'altra parte, infatuata com'era, sarebbe stata questa una ragione sufficiente per tenerla lontana dal Buonaventuri. Bianca poi ha il gusto dell'avventura. Tutta la sua vita lo dimostrerà. Ha il coraggio di sfidare tutto e tutti, e anche questa segreta relazione con il Buonaventuri deve esserle apparsa come una sfida. Lei che entra in torneo contro padre e matrigna, ma anche contro tutte quelle regole morali alle quali quasi tutti dicono di volersi inchinare. Lei no! Le hanno detto che il peccato dei sensi è una sicura via per l'inferno, e Bianca decide ugualmente di sperimentarlo. Quanto all'inferno, si vedrà dopo. Nelle braccia del Buonaventuri scopre d'essere donna. E forse è più questo che la fa felice, che non sentire amore per lui. Per Piero Buonaventuri, oltre che far sua una bella fanciulla, l'incontro con Bianca è come una vendetta contro la sorte. Egli amerebbe essere ricco, ed è povero; vuole un po' di fama, e la vita non gliene ha data alcuna: questa ragazza, che appartiene ad una grande famiglia veneziana, può bene essere l'occasione tanto attesa, sia per ottenere denaro, che notorietà.

Piero Buonaventuri deve avere studiato con attenzione il piano di tutto quanto dopo accadde. S'è convinto che, dopo avere ottenuto che Bianca divenga la sua amante, i Cappello non vorranno rendere pubblica la cosa; che Bartolomeo, il padre di lei, perdonerà sia lui, che la figlia. Quante volte s'è vista una ragazza nobile concessa in sposa a uno che di nobiltà niente possedeva.

E accadde che si aggiunsero le volte in cui i due poterono incontrarsi da soli. Con il risultato che Bianca si trovò incinta. Era il momento in cui non si poteva rimandare la scelta: restare a Venezia, significa affrontare le conseguenze di quanto stava accadendo in un luogo dove il padre di lei era nella condizione di potere fare arrestare Piero Buonaventuri, accusandolo di avere sedotta una fanciulla minorenne. E, per di più, di nobile famiglia, e anche questo aggravava la colpa per le leggi della Serenissima. Decisero dunque di fuggire da Venezia rifugiandosi nell'unico luogo dove il Buonaventuri poteva sperare di trovare una qualche protezione: Firenze. I due scelsero questa seconda soluzione.

Piero Buonaventuri studia i particolari della fuga. Lui e Bianca potranno essere inseguiti e non saranno al sicuro fin quando non varcheranno il confine dello Stato fiorentino. Non hanno denaro, ma Bianca sa dove trovarne in casa.

Dopo che i due hanno lasciata Venezia, il padre di Bianca accusa la figlia di avergli sottratto ventimila scudi e dei gioielli. Dunque i due, sia o non sia vera la storia dei ventimila scudi e dei gioielli rubati, hanno com-

Venezia, il Palazzo Cappello a Sant'Aponal in un disegno di Claudio Sacchi.

piuto un gesto che la legge di Venezia punisce con severità. Ed ecco, infatti, che non sono ancora passati sei giorni dalla loro fuga che il Consiglio dei Dieci – è il 4 dicembre 1563 – mette sulla loro testa una taglia di mille ducati per chiunque li catturi, vivi o morti. E Bartolomeo Cappello provvede lui stesso ad accrescere la ricompensa per chi li riprenda con ancora mille ducati.

I due hanno però un vantaggio sugli inseguitori di alcuni giorni e sono ormai fuori del territorio di Venezia. L'ira del Cappello, cui si sono uniti per spirito di solidarietà altri, di altre famiglie veneziane – i Grimani e i Morosini primi fra tutti – il risentimento, dunque, del Cappello trova sfogo su uno che è innocente in assoluto. Viene infatti arrestato quello zio di Piero: Giovan Battista Buonaventuri che gestisce in Venezia il banco dei Salviati e che ha l'unica colpa d'essere parente del rapitore. Finirà in un carcere della Serenissima e in un processo interminabile vedrà passare i giorni, fino a che, contratto il tifo in quella cella dov'è stato rinchiuso, il poveretto muore. Un innocente che pagava per i due fuggitivi. Anche una serva di casa Cappello e poi suo marito: un gondoliere, vengono accusati di avere favorita la tresca. Prigione anche per loro.

Non sappiamo come Bianca e Piero abbiano accolto la notizia di questi arresti e di quei disgraziati, che erano rimasti a fare da paravento alle loro colpe. Forse hanno sperato che si tratti di provvedimenti della magistratura veneziana, che non avrebbero condotto a pene troppo severe. In fondo i veri colpevoli, sempre che colpevoli fossero, erano loro due. Perché accanirsi contro gente che aveva avuta scarsa parte in quanto era accaduto?

Intanto giunti a Firenze hanno molti problemi da affrontare. Non possono però essere accusati di essere una coppia d'irregolari, perché si sono sposati, appena giunti in città; ma il Buonaventuri sa che sarà difficile potersi discolpare, quando la magistratura di Venezia chiederà a quella di Firenze di poter riavere indietro sia lui che Bianca. Sa che lui rischia la condanna a morte e la moglie quella di un convento dove sarebbe stata rinchiusa per tutta la vita. È preoccupato, ma assai più di lui lo sono suo padre e sua madre. Non prevedevano certo che questo figlio che aveva trovato un impiego a Venezia nel banco dei Salviati, avrebbe rovinata la sua carriera con un contegno del genere.

Hanno ospitato Piero e Bianca nella loro casa, in piazza San Marco: un'abitazione che può avere deluso Bianca, anche se poi non si trattava di un tugurio. Il padre di Piero non è un uomo ricco, ma neppure uno cui manchino i mezzi per condurre una vita più che dignitosa. Fa il notaio e ha qualche possesso in campagna e una casa nei dintorni di Firenze. Ben poco però per Bianca che a Venezia ha vissuto in un palazzo con un gran numero di servitori. E poi deve bruciarle l'essere stata ingannata da Piero.

Ma Bianca, nonostante sia così giovane, sta scoprendo dentro di sé quella grande forza di volontà che l'accompagnerà poi per tutta la sua vita. Inutile dunque compiangersi; inutile recriminare; ciò che è accaduto è accaduto. Dovrà trovare un rimedio che ripari, fin dove si può, a quello che ormai non può non considerare un suo sbaglio.

È proprio da Venezia che le si viene in aiuto. Da Venezia infatti è già partita la richiesta che lei e Piero siano consegnati alla giustizia della Serenissima, e la magistratura fiorentina ha rimesso ogni decisione in merito al duca Cosimo I.

Ma sarà Francesco delegato dal padre a interessarsi del caso di questi due sposi ricercati dalla giustizia di Venezia. Che sono: lui fiorentino di nascita, e lei divenuta tale per essergli consorte.

Giuoca a favore dei due che Firenze non appare disposta ad accettare che dei suoi cittadini siano consegnati all'autorità di un altro Stato. Bianca poi ancora non sa che la sorte sta offrendole un'occasione preziosa: l'amore di un principe. Un principe vero, non come questo Piero Buonaventuri che ha solo finto d'esserlo.

Quanto a Piero – lo chiesero a Venezia i magistrati fiorentini – si producessero le carte relative alle sue presunte colpe; documentate da prove sufficienti a ritenerle valide. In seguito Firenze avrebbe risposto con delle controdeduzioni, alle quali la magistratura veneta avrebbe potuto far seguire nuovi documenti. Era, insomma, un modo per far capire a Venezia che i due, fuggiti dalla Serenissima, avrebbero ormai avuta vita sicura in Firenze. Bastava che non si mettessero in altri guai, offendendo le leggi del granducato di Toscana. Essersene fuggiti via da Venezia erano affari loro. Che Bianca fosse minorenne, anche questo non era sufficiente a mutare una linea di condotta da gran tempo adottata. Sposata a un cittadino fiorentino, Bianca godeva ormai di pari diritti.

Una rosa lanciata da una finestra socchiusa, un fiore che lambisce il manto di un cavallo, e che incuriosisce il cavaliere colto di sorpresa da quel segno che l'avverte di una segreta intenzione. Oppure un volto: un bel volto di donna che sorride e che accende nell'animo del giovane Francesco il desiderio di conoscere chi sia quella bellissima fanciulla. Si è detto che il primo incontro fra la veneziana e il fiorentino sia accaduto così, ma è più probabile che Bianca abbia incontrato Francesco per la prima volta in quell'occasione in cui lei, assieme a suo marito, sono stati ricevuti dal principe, che rappresenta il padre Cosimo I, a cui i due hanno chiesto udienza per implorare protezione dalle minacce con cui la Serenissima sta perseguitandoli.

Bianca Cappello deve avere, durante questo primo colloquio con Francesco, messe in mostra bellezza e intelligenza, doti che possiede ambedue. Così come ci testimoniano più voci. Perfino molte fra quelle giunteci dall'ambiente che, finché poté, le si dimostrò ostile. Diciamo finché poté, perché quello di esserle nemico si rappresentò a un certo momento, quando ormai si capì che il potere che lei aveva su Francesco era grande, estremamente pericoloso.

Bianca non era infatti persona che non si vendicasse per le offese ricevute. Come, quanto poté durante gli anni di minore o maggiore fortuna, noi vediamo che non perde occasione per rintuzzare gli attacchi che le vengono portati, e anche – al momento opportuno – per sferrarne di personali, non fosse altro che per ricordare che lei, anche se arrivata a Firenze in una condizione non certo la migliore a illustrarla, è una donna nobile. Che, sia pure costretta dalle circostanze a recitare nel ruolo della moglie di un comune borghese fiorentino, c'è in lei il sangue d'una famiglia che ha dato a Venezia personaggi illustrati dalla storia della Repubblica.

Si è subito accorta che Francesco l'ha guardata come la donna che egli ha sempre sognato di potere incontrare nella vita. Francesco non ha fama in Firenze d'essere uno che corre dietro alle donne. L'incontro con Bianca Cappello è di quelli determinanti per una sua storia d'uomo. Anche se per il momento siamo alle prime pedine da muoversi sulla scacchiera. Per ora regine e fanti, cavalli e alfieri, son fermi nel loro spazio d'avvio.

Francesco tuttavia appare in scena come una sorta di giudice nelle cui mani sta la sorte dei coniugi Buonaventuri. Il padre gli ha affidato il caso, ma più che Cosimo è l'ufficio stesso di reggente, che Francesco ricopre, che lo destina a simile compito. Lui ha letto attentamente la pratica che riguarda i due fuggiti da Venezia. Già prima dell'incontro con Bianca e il marito, egli deve avere trovate eccessive le richieste della Repubblica Veneta. Mai, dunque, da rimandare indietro – come due prigionieri, destinati alla peggiore delle sorti – i due che egli deve giudicare, ma invece da trovare un modo che dica a Venezia che a Firenze si è attentamente studiato il caso della Cappello e che sono state prese le misure necessarie, perché i due capiscano la gravità del loro gesto.

Aveva intanto comunicato alla magistratura veneziana che, fin dal suo arrivo in Firenze – agli inizi del dicembre 1563 – gli Otto di Guardia e di Balìa (che rappresentavano la giustizia nel nome del granduca) avevano emessa un'ordinanza, con la quale si obbligava Bianca Cappello a non uscire dalla casa del padre del marito: Zanobi Buonaventuri. Lo stesso Zanobi aveva dovuto garantire di persona che avrebbe pagata una multa di millecinquecento scudi d'oro, nel caso che suo figlio Piero avesse tentato di andarsene via da Firenze.

Come a dirci dell'interesse di Francesco de' Medici per la Cappello, ecco che, prima della fine dello stesso dicembre 1563, parte dei provvedimenti presi nei confronti dei due Buonaventuri, vengono revocati, e proprio per ordine del giovane principe. Infatti gli Otto di Balìa revocano l'ordinanza che segrega Bianca in casa del suocero, mentre resta ancora in vigore l'altra sulla multa da pagare dai Buonaventuri, nel caso non venga rispettata la clausola che obbliga Piero alla residenza entro le mura fiorentine. Anche questo secondo provvedimento verrà però in seguito annullato, ma questo accadrà nel luglio dell'anno successivo: il 1564.

Liberare Ser Zanobi dalla preoccupazione d'una multa così pesante, è un atto di clemenza di Francesco, però sicuramente nato da una preghiera della bella veneziana. Che poi, proprio in quel luglio diverrà madre, mettendo al mondo una figlia: Pellegrina.

Ma ora Piero Buonaventuri ha ormai capito da cosa sia mossa la benevolenza del principe Francesco nei confronti di lui e della moglie, e ha deciso di sfruttare a suo vantaggio il nuovo corso delle cose. Non gode di mezzi economici; non ha un impiego che gli consenta di vivere come a lui piacerebbe: ebbene, ora la fortuna gli si mostra favorevole; egli può ottenere l'una e l'altra cosa: denaro e incarichi di un certo prestigio.

Un Natale, quello del 1565, che Bianca non può avere festeggiato con gioia. È che, soltanto pochi giorni avanti, il 16 dicembre, è giunta a Firenze Giovanna d'Austria. La rivale, ormai moglie di Francesco. Il domani si presenta alla veneziana carico d'interrogativi. È una battaglia che ha inizio; lei si sente forte, è vero; già conosce che questa sposa venuta dall'Austria non è bella, e lei sa che la bellezza femminile incanta Francesco; è stata informata che l'"austriaca" è chiusa come carattere, e Bianca ha ormai scoperto che Francesco ha invece bisogno di qualcuno che in qualche modo lo aiuti a liberarsi di quella sua naturale malinconia. Questo ed altro sa Bianca; spera che tutto ciò l'aiuti a uscire dal confronto vittoriosa, ma neppure esclude che il suo ottimismo possa poi risultare costruito artificiosamente. Ci sono insomma infiniti motivi che, in quei giorni, la rendono triste e dubbiosa sul futuro.

Questo matrimonio dunque la preoccupa, ma capisce che, fosse stata Giovanna o un'altra, una moglie sarebbe occorsa per Francesco. Un giovane principe deve assicurare al suo Stato una discendenza. Meglio dunque Giovanna, la non bella e neppure troppo intelligente Giovanna, che un'avversaria che possedesse ambedue queste doti, o anche una soltanto d'esse.

Si è fatta grande festa per il matrimonio di Francesco I con Giovanna d'Austria, ma Bianca s'è appartata, senza mai mostrarsi. Raggiungeva così due scopi: quello di fare sentire a Francesco la sua mancanza e di salvarsi dagli sguardi di troppi nemici, pronti a sentirsi felici se l'avessero scoperta turbata da tutti quegli applausi rivolti alla rivale.

I timori della Cappello erano giustificati da più interrogativi. Infatti nessuno poteva prevedere quale sarebbe stato il futuro. Francesco avrebbe potuto dopo essersi sposato, dopo aver messo su famiglia, decidere che con Bianca tutto dovesse finire. Che era saggio per uno che ha già impegni di governo – e ormai suo padre Cosimo I gli aveva delegate numerose incombenze, fino ad affidargli una quasi reggenza, anche se vincolata da alcune clausole speciali – Francesco, dunque, avrebbe potuto anche convincersi che era finito il tempo delle follie amorose, che gli occorreva mostrarsi come un buon marito, se voleva persuadere il suo popolo d'essere anche un buon capo di Stato.

Per Bianca una scelta del genere avrebbe causato un vero disastro; si sarebbe di nuovo trovata come la moglie di uno, com'era il Buonaventuri, senza ricchezze e senza alcuna importanza sociale; avrebbe dovuto rinunciare a un programma che sicuramente doveva essersi prefissa e che fondamentalmente prevedeva che Francesco de' Medici le rimanesse nel domani vicino e innamorato.

I giorni di festa del matrimonio le devono essere pesati come un macigno messole addosso da una divinità malvagia. Né poteva consolarla il fatto che nel frattempo s'erano ammorbiditi i suoi rapporti con Venezia. Insomma suo padre, sicuramente informato che Bianca stava ottenendo successo in Firenze (e doveva anche conoscere la causa reale di questa scalata sociale della figlia!), il padre dunque aveva fatto arrivare segnali pacificatori.

Intanto lei sperava che terminato il tempo delle feste sarebbe arrivato quello della riflessione, e Bianca giuocava sul fatto che era convinta di conoscere ormai bene Francesco e l'intensità della passione di lui nei suoi riguardi. Era giovanissima, ma tutto quello che le era capitato, l'avventura vissuta con la fuga da Venezia e poi tutta la sua fatica per conquistarsi un suo spazio in Firenze, aveva richiesto tutta la sua intelligenza, rendendola esperta come avesse tanti più anni dei suoi. Ora si trattava di sapere attendere; non troppo però: restare inattiva poteva dare spazio agli avversari. E lei non giudicava pericolosa questa sposa venuta dall'Austria, bensì la gente che a corte si muoveva contro di lei: avversari da temere, perché vicini a Cosimo, il padre di Francesco, e poi a tutta quanta la famiglia Medici.

Intanto però ci si vestiva in maschera! Un carnevale, quello del 1566, che pareva non conoscere soste. Dopo la grande parata per le sue nozze, ideata dallo stesso Francesco, continuarono le feste e il popolo poté goderne, visto che si tennero nelle piazze e in particolare in quella, ormai da tempo considerata la più adatta per lo spazio che offriva, di Santa Croce. Giovanna d'Austria, la moglie di Francesco, vi partecipò con più assiduità che poté. Era poi anche soddisfatta delle attenzioni che Francesco le usava e delle sue manifestazioni di devoto affetto. Poteva anche scambiare per amore il fatto che il giovane principe avesse con "puntualità" obbedito ai suoi doveri coniugali.

Non può invece, questa manifestazione di zelo maritale, avere turbato Bianca. Era accaduto infatti che, appena trascorsi i giorni delle feste per il matrimonio, Francesco era corso di nuovo da lei, giurandole di nuovo il suo immutato amore e, come a dimostrarglielo, riempiendola di doni.

Francesco I, granduca di Toscana, in un'incisione di Benoist, da un dipinto del Rubens.

Bianca andò così aggiungendo proprietà a proprietà. Piero Buonaventuri appariva negli atti di compera di poderi e case col suo nome, ma tutti sapevano come dietro di lui ci fosse il duca. Era denaro del pubblico tesoro? Ce n'era a sufficienza per rinfocolare le accuse contro questa veneziana che era venuta a turbare, dopo quelle della sua laguna, l'acque dell'Arno.

E Bianca Cappello, dopo le ansie dei giorni delle feste, si sentì di nuovo rassicurata. Ora si poteva preparare al domani.

Si è già scritto che, come marito tradito, Piero Buonaventuri si è dato facilmente pace, cercando di sfruttare a suo vantaggio quella che poteva sembrare ai più una sua disgrazia sentimentale. Il suo per Bianca non era mai stato vero amore; lei aveva rappresentato per lui, a Venezia, come il riscatto da un'umile condizione di impiegato di nessun conto in un banco d'affari fiorentino. Fare innamorare di sé una gentildonna, una fanciulla nobile e per di più di rara bellezza, aveva rappresentato un'insperata vittoria. Quello che era seguito, compreso il pericolo corso di cadere nelle mani della magistratura veneziana, era stato più che ripagato, visto come le cose si erano messe poco dopo arrivato a Firenze assieme a Bianca.

Un marito compiacente deve recitare disinvoltamente la sua parte e Piero Buonaventuri sa farlo con grande disinvoltura. Intanto viene gratificato con qualche buon incarico che il principe Francesco trova per lui all'interno dell'amministrazione. Non sarà però con il suo stipendio – anche ammesso che fosse discreto – che avrebbe mai potuto comprare – intestandoli però a Bianca – due vasti poderi nel Mugello. E, sempre nel 1566, una bella villa a Candeli: la Tana, che diverrà anch'essa proprietà della Cappello. Non sono passati tre anni che sarà di Bianca anche un palazzo di via Maggio, ristrutturato per ordine di Francesco dal Buontalenti. Lì vivrà Bianca finché, nel 1573, non si trasferirà nel palazzo dei Rucellai in via della Scala. Quello che in seguito la veneziana donerà a Don Antonio de' Medici, figlio vero o no che sia stato di lei e di Francesco.

Piero Buonaventuri potrebbe dunque vivere un'esistenza più che comoda, una volta accettato ciò che stava accadendogli, ma fosse perché era questa la sua indole o non perché voleva dimostrare che sapeva reagire con disinvoltura all'offesa subita, impiega il suo tempo correndo dietro a qualche bella donna fiorentina. La cosa non sarà pericolosa per lui, fin quando l'oggetto della sua attenzione non è una bellissima vedova: Alessandra Bonciani, che però ama essere chiamata Cassandra.

E di profezie al nero per la verità ne aveva varie al suo attivo! Il marito era uno di quei Bonciani che possedevano un palazzetto in via delle Terme, di fronte al grande palazzo dei Canacci. Un uomo di età, il Bonciani, che stravedeva per la moglie e ne era follemente geloso. Con Cassandra che non si risparmiava a giustificare questo sentimento del marito. Si sussurrava a Firenze che era stata perfino l'amante di Francesco de' Medici, prima che il

Il palazzo di Bianca Cappello in via Maggio, a Firenze.

giovane principe avesse incontrato Bianca. Se questa storia non era vera, ne erano invece effettivamente accadute altre che dimostravano l'irrequietezza amorosa di Cassandra. Prima il preferito era stato uno dei Cavalcanti, finito pugnalato da un sicario nottetempo. Si poteva sospettare che l'omicidio fosse stato ordinato dal Bonciani, ma il Bargello non aveva raccolte prove sufficienti. E poi per un marito che si vendica contro qualcuno che gli ha sedotto la moglie si poteva anche chiudere un occhio. Anche se poi c'era da chiedersi se il Cavalcanti era stato lui il seduttore o non il sedotto.

Ed ecco – sono i primi mesi del 1572 – che a riportare in scena Cassandra è lo stesso Piero Buonaventuri. La situazione attuale pareva riservargli pericoli di poco conto, visto che il Bonciani marito era scomparso dalla terra. Ma c'era Roberto Ricci, un nipote di Cassandra, innamorato della zia e che giurava che la sua famiglia non avrebbe tollerato un'altra offesa.

Il Ricci intanto decise, visto che il Buonaventuri era il marito dell'amante di Francesco de' Medici, di andare a lamentarsi con lo stesso Francesco, che chiese alla Cappello di consigliare il marito a compiere un viaggio in Francia e restarci il tempo necessario a dimenticare Cassandra e a farsi dimenticare dal Ricci. Piero però non soltanto non accettò una soluzione del genere, ma pochi giorni dopo affrontò Roberto Ricci, il nipote innamorato, per la strada e lo minacciò.

Ci fu ora una nuova richiesta da parte di quest'ultimo di un colloquio con Francesco de' Medici e rinnovate istanze che gli fosse resa giustizia. Cosa si siano detti il Ricci e il principe non lo sappiamo, ma c'è da pensare che sia stata data via libera al nipote di Cassandra, per vendicare l'offesa recata dal Buonaventuri alla sua famiglia.

Fu così che, senza che ciò fosse stato apertamente detto, fu deciso che il marito di Bianca poteva lasciare questa terra, nella quale stava dimostrando di non avere capito quali erano i suoi limiti e in quale sfera d'azione gli era permesso di restare.

E accadde che, alle prime ore del giorno 27 agosto 1572 – era ancora buio completo – il Buonaventuri, che era appena uscito dalla casa della Bonciani in via delle Terme, si accorse di essere seguito. E ciò gli accadde che era ormai nella via dei Legnaioli, non lontano dal ponte Santa Trinita, che doveva traversare per arrivare in via della Stufa, dove c'era una porta di servizio dalla quale si poteva entrare nel palazzo di Bianca, che aveva la sua facciata sulla via Maggio.

Il Buonaventuri fu assalito in via del Presto e si difese come poté, cercando di fuggire nella piazza Santo Spirito, ma raggiunto da un colpo di spada, che lo colpì sul cranio, stramazzò in terra. Il bel Buonaventuri, il rapitore della nobile fanciulla Bianca da Venezia, morì quasi all'istante. E la stessa sorte toccò a Cassandra; la notte dopo. La furia del Ricci si era veramente scatenata.

Al funerale del Buonaventuri non fu dato particolare risalto. Era stato un personaggio scomodo da vivo e poteva ora anche esserlo da morto. Fu sepolto in San Niccolò d'Oltrarno. Bianca Cappello era ora libera da ogni legame. Una vedova che poteva anche sognare un secondo matrimonio, che questa volta avrebbe potuto significare salire su di un trono. Ma c'era, come impedimento, una moglie ufficialmente consacrata: Giovanna d'Austria. Il vero ostacolo per avere Francesco, ma sperare, intensamente sperare, fa ottenere a volte ciò che si desidera. Così come accadrà per Bianca.

Quando il vivaio di una casa regnante manca di un delfino, le cose si complicano. Quello che Francesco I e Giovanna d'Austria, sua moglie, non erano riusciti ai ottenere. Principesse in abbondanza, fanciulle da poter sistemare con matrimoni che potevano anche giovare ai Medici e al loro potere politico in Toscana, ma neppure l'ombra di un figlio maschio sul quale potere contare per trasmettergli il trono. Giovanna d'Austria, così tanto devota, avrà pregato a lungo, perché le fosse fatta la grazia di partorire finalmente un maschio, ma ancora – ed era il 1576, e più di dieci anni erano trascorsi dalle sue nozze con Francesco – la divina provvidenza non aveva voluto accontentare la pia signora.

Ma ecco che proprio in questo 1576 dovevano verificarsi due eventi che parvero arrovesciare la situazione: insomma Francesco si trovò con due figli maschi: il primo partorito da Bianca Cappello; il secondo dalla moglie Giovanna. Due "delfini", uno ufficializzato da un legame matrimoniale, e l'altro che poteva godere di un pari titolo, per il fatto che ormai Bianca rappresentava per il granduca un legame, che egli deve avere ritenuto indissolubile.

Ma in questa storia dei due figli maschi apparsi all'orizzonte, si frapporranno ostacoli che delusero le speranze del granduca. Filippo, il figlio avuto da Giovanna d'Austria, morirà che ha appena compiuti cinque anni, e Don Antonio, il figlio di Bianca, sarà messo in forse che sia veramente figlio di Francesco. E – a complicare il "giallo"– neppure di Bianca.

Tutto sarebbe stato una messa in scena della veneziana per dare a Francesco "ad ogni costo" quel figlio maschio, che egli non riusciva ad avere dalla moglie.

Per la tesi dell'inganno s'è pronunciata tutta una schiera di gente, convinta che così sia accaduto, fidandosi di documenti da potersi anche ritenere inoppugnabili: testimonianze, date, confessioni, ma esiste, e resiste, ancora qualche zona di dubbio. Si sospetta insomma che qualcuno fra chi non amava Bianca Cappello – e primo fra tutti Ferdinando de' Medici, il fratello cardinale di Francesco, e poi granduca alla morte di lui – abbia costruito con artificio tutte queste prove sulla colpevolezza di Bianca.

Queste prove, inspiegabilmente tenute nascoste finché Francesco e Bianca vissero, sono contenute in una serie di documenti che Ferdinando, nelle vesti ancora di cardinale, avrebbe avuta un anno dopo la nascita di Antonio, inviatigli da Carlo Antonio Dal Pozzo, che era un suo fedele, ma anche un protetto di Francesco de' Medici, e per questo da doversi ritenere un testimone insospettabile.

Sono delle carte che contengono una dichiarazione resa in punto di morte da Giovanna Santi, una donna che era stata fra le serve del palazzo di via Maggio ed anche assai vicina alla Cappello. La Santi accolta in un ospedale a Bologna dice che è stata ferita da sicari della Cappello medesima, impaurita la veneziana che lei rivelasse come si erano svolte effettivamente le cose relativamente alla nascita di Antonio. La vera madre – dice la Santi – è stata una ragazza tenuta nascosta nel palazzo e, dopo che aveva partorito, uccisa affogandola nelle acque del fiume Arno. Aggiungeva anche che lei sapeva che Bianca aveva degli amanti.

Sul parto di Bianca e sul fatto che Antonio fosse veramente figlio della veneziana e di Francesco non fu sollevato nessun dubbio fino alla morte di Bianca e del Medici: Antonio insomma godé del riconoscimento di tutti. Si sapeva però che non era facile, anche essendo figlio di Francesco, che egli potesse seguirlo sul trono. Dapprima di questo neppure si parlò; c'era quell'altro figlio maschio: Filippo, legittimo discendente, ma della cosa si cominciò a discutere, quando lo stesso Filippo scomparve dal mondo, che aveva appena cinque anni, nel 1582.

Fu detto dapprima che un figlio non legittimo non può seguire al padre sul trono, ma si aggiunse che, nel caso di Antonio, l'essere stato riconosciuto come figlio di Francesco de' Medici da parte del re di Spagna, il monarca europeo che in gran misura aveva ancora potere e influenza politica sulla Toscana, poteva giuocare a suo favore.

Ciò che sconvolse tutto avvenne però dopo la morte di Francesco e Bianca. Ferdinando, il fratello di Francesco, preoccupato che questo nipote potesse ostacolare la sua successione, si dette da fare per trovare quelle testimonianze di cui si è detto, che facevano del giovane Antonio del tutto un intruso.

Stupefacente però il contegno di Ferdinando nei confronti sempre di Antonio. Mentre, infatti, accumulava prove della sua inattendibilità come figlio di Francesco de' Medici, si dimostrava contemporaneamente pronto a giustificare questo "intruso". Gli conserva infatti tutti i benefici di cui gode; gli attribuisce anzi nuove cariche e incarichi. Dà insomma segno di accettare quel contestato figlio del fratello, con la stessa misura con la quale i figli, nati fuori del matrimonio, sono stati trattati in Casa Medici.

Insomma Antonio restò Don Antonio! Forse neppure sospettando che il fratello di suo padre: lo "zio" Ferdinando, gli stesse preparando una trappola. Che restò vuota, perché Antonio, pago dell'ottime condizioni di vita di cui godeva, mai deve avere nutrito ambizioni di conquistarsi quel trono che era di suo padre. O, se lo ha mai pensato, niente ne è trapelato.

La morte di Giovanna d'Austria, la moglie di Francesco de' Medici, apre alla Cappello la strada ad essere granduchessa e quella del trono. Chi oserà ora rifiutare l'omaggio che le spetta?

E nessuno lo rifiuta. Anzi Venezia, la Venezia che tanto duramente ha condannato la Bianca Cappello fuggita da casa con Piero Buonaventuri, non vuole ora invece cedere a nessuno il ruolo di chi più applaude. Bartolomeo Cappello, padre di Bianca, guida il coro degli evviva. Tutta quanta la nobiltà veneta ora si unisce a lui. Il governo veneziano spera che ciò possa rafforzare i legami politici con la Toscana.

La notizia del matrimonio, prima giunta per vie non ufficiali, verrà confermata ai primi del giugno 1579. Bianca Cappello senza colpo ferire s'è conquistata uno Stato. In casa dei Cappello c'è una gioia incontenibile; partono messaggi, arrivano messaggi, pare una malattia contagiosa, con ognuno che voglia dimostrare d'esserne stato colpito; essere in qualche modo legato ai Cappello è altissimo onore.

Gli altri Stati seguono Venezia nel consenso. Papa Gregorio XIII manda anzi il suo paterno consenso. Il pontefice capisce che, in questa alleanza per vincolo matrimoniale fra Firenze e Venezia, è bene restare nel giuoco. Ci saranno degli sviluppi politici che è possibile fin d'ora prevedere. Anche Francia, Impero e Spagna hanno già manifestata la loro approvazione. Ciascuno mosso da ragioni proprie, ma tutti d'accordo. Sono loro che potevano destare qualche preoccupazione in Francesco de' Medici. Che i Savoia, i Farnese, gli Estensi e i Gonzaga si sarebbero mostrati non entusiasti, ciò era prevedibile. Anch'essi, ciascuno spinto da motivi differenti. Ma non sono pedine importanti sulla scacchiera. Bianca e Francesco avevano previsto delle difficoltà, e queste erano assai minori di quelle messe in conto.

Il giorno delle nozze nella cattedrale fu il 12 ottobre 1579; gli seguirono giorni destinati ancora ai festeggiamenti. Feste sulle piazze aperte al popolo; una privata, da ricordare come eccezionale, che si tenne nel cortile di Palazzo Pitti, dove una sfilata di carri allegorici e un simulato torneo, offrirono la possibilità ai partecipanti alla parata di sfoggiare costumi d'incredibile bellezza.

Quando, più di venti giorni dopo, ripartirono tutti coloro che erano venuti, ufficialmente o meno, delegati da Venezia, Francesco de' Medici volle che ciascuno riportasse in patria un ricordo di quei giorni fiorentini. Un dono che doveva restare a memoria di un grande avvenimento.

E Bianca fu ancora di più "figlia dilettissima" della sua Venezia. Francesco, ora suo marito, l'aveva colmata di regali. L'amore trionfava. «I due sono innamoratissimi»: così scrissero molti degli ambasciatori, presenti in quei giorni a Firenze, dei novelli sposi. Ed era cosa vera: un amore che resisteva a ogni stagione.

Non sono poi molti, gli anni da godere da parte di Bianca: sette, o poco di più, dopo le nozze che la facevano granduchessa di Toscana. Non molti, ma intensamente vissuti, con quello spirito attivo, quella voglia di fare, di intervenire, anche di prendere decisioni in proprio, abituali del carattere di lei.

Le preoccupazioni che poteva dare il cardinale Ferdinando erano già tutte previste. E poi Bianca sapeva che il fratello del marito spendeva denaro più di quanto gli fosse consentito e che, di tempo in tempo, gli occorrevano degli aiuti da Firenze. Ferdinando deve fare dunque buon viso a cattivo giuoco; Bianca sa che quando lui le manda lettere colme di partecipazioni d'affetto, è insincero; che l'odia come sempre l'ha odiata, ma intanto occorre che anche lei finga, e partecipi alla recita – ché di recita si tratta – con quelle battute che il copione adatto le suggerisce per il caso. Ferdinando, finché si può; finché non azzardi cose che avvertano di maggiore pericolo, è, nel programma di Bianca, già regolato.

Intanto pensa ad essere felice con Francesco. Poggio a Caiano; il palazzo di Seravezza così vicino al mare; la reggia fiorentina a Palazzo Pitti, sono le residenze predilette, e ancora di più quella splendida villa a Pratolino, sulla strada che va verso Bologna, la villa che Francesco le ha come dedicata nel segno dell'amore. È a Pratolino che lei e il marito trascorrono i giorni più felici. È a Pratolino che li incontrerà Michel de Montaigne, il famoso scrittore, che ci descriverà la bellezza della villa e del suo parco, entusiasta tanto da mettere entusiasmo e ammirazione in chi lo legge. Una residenza da sogno, dove lo splendore dell'interno della casa trovava una pari risposta negli esterni. Un giardino che pareva non avesse confini tanto era grande, sul quale sovrastava una statua simboleggiante l'Appennino, opera del Giambologna; così grande che il suo interno – vuoto – offriva delle stanze. Nel giardino giuochi di fontane, zampilli d'acqua, grotte "musicali", vasche con pesci dai molti colori. Un paradiso fatto per due mortali felici: Bianca e Francesco. Una Bianca ancora gran bella donna: come annota il Montaigne nelle sue pagine. E un Francesco che mostra di amarla ancora come sempre.

Bianca ha creato anche a Palazzo Pitti un suo quartiere. All'interno della corte le sue stanze, quelle personali, hanno via via assunto carattere sempre più elegante. È come se questa nobile veneziana, ora fattasi fiorentina, voglia dimostrare che l'antica lezione di cultura e di raffinatezza ereditate dalla propria famiglia, possano ora consigliarla nello scegliere il meglio. Mobili, tele da parato, quadri: tutto è stato ben selezionato e sistemato nel posto giusto, nella luce giusta. Bianca diviene intanto come un centro d'attrazione a corte. Anche i suoi avversari di sempre non possono negarle questa sua virtù di donna intelligente. Le riunioni presso di lei, nelle sue stanze, sono come un dono. Lei sa come si tiene un salotto; come sceglie-

Don Antonio, riconosciuto da Francesco I *come figlio suo e di Bianca Cappello, in un disegno di Claudio Sacchi.*

re volta volta chi invitare; come guidare la conversazione perché sia brillante e piacevole.

È elegante anche nel vestire. Tiene alla scelta delle stoffe e all'abilità delle sarte, e ha cura che sia bella la sua biancheria intima. Ricami e pizzi, lini e cotoni di gran pregio: le dame fiorentine, prima l'invidiarono, poi presero a copiarla. Si stava creando una nuova moda e la Cappello era la sua promotrice. Palazzo Pitti fu invidiato dalle corti italiane anche per questo.

Anche per questo, perché già era visto con ostilità questo Stato toscano che era cresciuto di potenza, mettendo in ombra gli Este, i Gonzaga, i Savoia; s'erano mossi con lui agli inizi con un passo che sembrava doverli fare stare alla pari, e poi s'erano visti distaccare di molte lunghezze. Ed ecco il perché del loro risentimento e della loro acrimonia. La protezione e gli aiuti politici garantiti dalla Spagna per il granducato mediceo erano essi che principalmente muovevano invidia. Firenze godeva di grande considerazione presso la potente corte spagnola, senza poi doverle essere soggetta. Il che non esclude che, in una certa misura, essa non dovesse recitare la parte di uno Stato che si sente in debito per favori ricevuti. E dire "grazie", era ormai divenuto un motivo ricorrente nei dispacci che dalla corte di Firenze erano indirizzati a quella di Madrid. Molti, di questi ringraziamenti, formali, ma in buon numero quelli "per grazia ricevuta". Insomma la Spagna, che dominava gran parte della penisola italiana, teneva a questa sorta di protezione.

Francesco e Bianca preferivano la villa di Pratolino a quella di Poggio a Caiano. Bianca la sentiva più sua; meno legata alla storia dei Medici; più vicina al suo cuore, quando ricordava che il riadattamento – nel 1573 – della residenza sulla via per Bologna, era stato voluto da Francesco, quasi ad offrirle un personale pegno d'amore, fra quel verde di piante e prati, fra quello zampillare d'acque di fontane. Pratolino era nata al tempo in cui lei era non la granduchessa, ma ancora soltanto l'amante di Francesco. Una donna riverita dalla gente solo perché incuteva timore, protetta com'era dal sovrano, ma poi segretamente disprezzata.

Che poi Bianca preferisca Pratolino a Poggio a Caiano, questo potrebbe rientrare nel novero delle profezie. Come se avesse scoperto che la villa così amata dal Magnifico Lorenzo sarà il luogo scelto dalla sorte per la fine di tutto. Ma non sappiamo se tali pensieri fossero nella sua mente in quel settembre del 1587, quando alla villa di Poggio a Caiano toccò di raccontare proprio la fine di lei e del marito Francesco. Parevano invece giorni destinati alla gioia: la stagione era bellissima e Francesco andava a caccia ogni giorno; felici poi insieme – lei e lui – la sera, nella sala dove le candele illuminavano la tavola apparecchiata con eleganza e le figure dipinte sulle pareti da Francesco Allori.

L'arrivo del cardinale Ferdinando, proveniente da Roma, insieme a un suo seguito tolse un po' del fascino di quella sorta di vacanza, ma la Cappello sapeva che era buona politica per lei tenersi il più possibile amico questo suo avversario. Quello che però la preoccupava era che Francesco, una volta unitosi a tutta questa compagnia, avrebbe di nuovo incominciato a bere e a mangiare smodatamente, cosa da cui si tratteneva quando erano soli, attento a seguire i suoi consigli e i suoi rimproveri. Il troppo mangiare l'avrebbe infatti rovinato: così avevano sentenziato i medici, ma in quei giorni al Poggio le corse a cavallo e lo stare all'aperto parevano potergli assicurare di star bene, nonostante quegli eccessi.

Invece proprio ora accade il peggio. Un'indigestione, seguita da una colica – se n'attribuisce la colpa ai troppi funghi da lui mangiati a cena – furono i primi segni dell'aggravarsi di un male che alcuni giorni dopo – il 19 ottobre – segnò la scomparsa di Francesco I, granduca di Toscana, dalla terra.

Bianca seppe tutto questo mentre giaceva a letto: infatti, due giorni dopo il marito, anche lei aveva manifestati gli stessi sintomi del male che aveva portato Francesco alla tomba. S'era dapprima ripresa, poi però di nuovo aggravata. Il male fisico s'aggiungeva al dolore per la scomparsa del marito e alle fosche previsioni per il suo futuro. Sapeva: inferma nella villa di Poggio a Caiano, che Ferdinando era già partito per Firenze, disinteressandosi completamente di lei, già mostrando di sentirsi il nuovo granduca, impartendo quegli ordini che ormai toccavano al suo ruolo.

Bianca Cappello non ebbe però troppo tempo per rattristarsi per queste sue disgrazie: il 20 ottobre, un giorno dopo il marito Francesco, anche la granduchessa morì. Anche per lei fu diagnosticato, come causa del decesso, un attacco di febbre terzana.

Né poté mancare, neppure in quest'occasione, che la cronaca si tingesse di fosco, e il veleno rifece la sua ennesima comparsa nelle più storie che s'intrecciarono dopo queste due morti, che a molti erano apparse troppo repentine.

Ferdinando, ora nuovo granduca, per sfatare ogni maldicenza a proposito aveva però ordinato l'autopsia dei due corpi, e il risultato fu di un male: per Francesco, che oggi diremmo cirrosi epatica all'ultimo stadio, e per lei di un tumore al seno: «li trovorno che l'aveva in sul petto un callo grosso tre dita, e dentro ancor lei si cominciava a guastare».

Le due diagnosi poterono contentare gli scienziati, ma non la gente del popolo. Le ipotesi su queste due morti furono molte, ma fu prediletta la storia del veleno. Si parlò infatti di cibi avvelenati; le due morti presentavano caratteristiche talmente uguali, nei sintomi e nel decorso della malattia, che si poteva pensare fossero state causate dallo stesso agente. Ferdinando, che era il solo beneficiario, il fortunato erede, dopo quella

Così appariva in un'incisione settecentesca dello Zocchi la villa di Pratolino tanto amata da Bianca e Francesco.

duplice scomparsa, fu quello su cui ricaddero i maggiori sospetti. Fantasie o verità?

A Bianca e Francesco toccarono onoranze funebri ben diverse. Il corpo del granduca ebbe un corteo, parato a lutto, di centinaia di persone; il suo corpo fu esposto nella chiesa di San Lorenzo, in abiti da cerimonia con scettro e corona deposti nella bara, e i suoi sudditi sfilarono compunti. Del corpo della granduchessa Bianca si perse ogni traccia. Lei, che era stata accusata dalle solite malelingue fiorentine di essere anche maga,

poteva ora avere fatto scomparire anche il suo corpo. Ma è più facile pensare che alla magia avesse provveduto lo stesso Ferdinando. Era arrivato per lui il momento di vendicarsi di questa cognata.

Da Venezia nessuno della sua famiglia si mosse. La Repubblica della laguna non fece sentire la sua voce, per chiedere non solo notizie, ma che fossero concesse onorevoli esequie al corpo di quella che era stata proclamata "diletta figlia" dalla Serenissima. Ferdinando infierì poi contro la sua memoria, fino al punto di ordinare che di lei scomparisse ogni traccia:

stemmi, diplomi, lettere personali; tutto quanto si trovò a Firenze che potesse segnare il suo passaggio.

Quanto al corpo di Bianca non si sa dove sia finito: forse in una delle tante tombe dei sotterranei di San Lorenzo; più probabilmente in una fossa comune. Della nobile Cappello, divenuta granduchessa di Toscana, per malìa di bellezza e altri artifici, per amore o raggiri, non resta dunque un segno in una città che l'aveva vista dominare per così lungo tempo.

Intanto i nemici di Francesco, e ce n'erano molti come d'altra parte in ogni corte che si rispetti, si sfogarono con ogni mezzo a loro disposizione. Fino al limite almeno che sapevano sarebbe stato tollerato dal nuovo granduca Ferdinando. Era sempre suo fratello, quello di cui si sparlava. Occorreva dunque capire fino a che punto si potesse osare nel denigrarlo.

Si rimproveravano a Francesco i suoi vizi. Nessuno fra la gente comune avrebbe mai capito quelle che erano le sue segrete virtù di amante della scienza, ma appare poco dettata da uno del popolo la strofa che corse per Firenze dopo la morte di Bianca e di lui:

> Qui giace un Cavatel pien di malìe
> e pien di vizi. La Bianca Cappella
> puttana, strega, maliarda e fella
> che sempre favorì furfanti e spie.

Non si fa il nome di Francesco, ma potrebbe il "poeta" alluderci già con quella memoria del "cavatel". Un olio del Perú che sicuramente aveva fatto parte degli ingredienti usati dal granduca nei suoi laboratori. Un po' stregone anche lui, come la Bianca. Che poi era gratificata – in quei versi – di ben altri "meriti".

Probabilmente non è un popolano, ma uno che vuol far credere d'esserlo, l'autore di questi feroci versi. Era, il suo testo, anche un tributo d'omaggio al nuovo granduca. Forse si trattava di un cortigiano di ieri, che cercava la strada per poterlo restare anche per il domani.

Le sfortunate Isabella e Eleonora

Di nome e di fatto: Isabella, la terzogenita di Cosimo I, sorella di Francesco, bella lo era veramente, e per di più anche intelligente. Una Medici che pareva continuare quella tradizione di famiglia che aveva visto nella madre del Magnifico Lorenzo, Lucrezia Tornabuoni, un'antesignana. Cultura che si sposa a far salotto; dotate anche di virtù casalinghe (intese però non nel solo senso di essere loro madri e spose, intente soltanto ad allevare figli e ad accudire scrupolosamente al *ménage* giornaliero della loro casa), volte quest'ultime a rendere sempre più accogliente la loro dimora, evitando il lusso inutile, ma curando l'eleganza delle residenze che erano state loro destinate da abitare. Isabella vive nel palazzo di via Larga, quello che è la più antica dimora dei Medici a Firenze; vi resterà fin quando un incendio – ma sono già gli anni Settanta – non devasterà l'edificio, ma quella data è già vicina all'altra della sua scomparsa, avvenuta il 15 luglio 1576, quando Isabella verrà uccisa dal marito: Paolo Giordano Orsini, nella villa di Cerreto Guidi. Un delitto che resta impunito, mascherata questa morte sotto la solita copertura della malattia. Si dovevano lavare i panni sporchi in casa, e Isabella era stata "legittimamente" punita dal marito, che le rimproverava una tresca con uno della stessa famiglia: Troilo Orsini, cugino di Paolo Giordano, che aveva assunto – pare per incarico di lui stesso – il ruolo di cavaliere servente di Isabella. Compresa l'incombenza di dovere, in qualche modo, sorvegliare che Isabella non si concedesse delle "distrazioni". E Paolo Giordano Orsini, pessimo marito, sempre pronto alla lite con Isabella; perennemente impegolato in storie di donne, poteva ben temere che una donna com'era lei desiderasse sentirsi amata e anche corteggiata. Troilo, innamoratosi di Isabella, causò la rovina di lei e di sé stesso: verrà infatti ucciso da sicari, mandati dagli stessi Medici, decisi a vendicare l'offesa, un anno circa dopo la morte di Isabella: nel dicembre del 1577, a Parigi, dove s'era rifugiato. Un po' seguendo la stessa via di Lorenzino de' Medici, che dopo avere ucciso il duca Alessandro era fuggito anche lui alla corte di Francia.

Isabella, prima di innamorarsi del bel Troilo, ha brillato nel panorama della buona società fiorentina come un astro di prima grandezza. Il primo ad essere convinto delle sue qualità è stato proprio Cosimo I, suo padre. È anche grazie a lui che Isabella ha ottenuto in Firenze quello spazio di potere e di favore che la circonda negli anni in cui vive. Il palazzo di via Larga, ma anche la villa Baroncelli, quella che oggi chiamiamo Imperiale, sono i centri del suo regno personale. Non ha contratto un matrimonio che le abbia concesso di essere anche lei la moglie di un capo di Stato, ma ci rimedia creandosi un piccolo impero tutto suo, dove domina incontrastata. Coltiva letteratura e musica; le sale del palazzo di via Larga paiono tornate al tempo del Magnifico. Essere ricevuti da lei; stare in compagnia di lei; frequentare il suo "salotto", è una condizione che tutti sognano di potere raggiungere nella Firenze nobile. È lei che in realtà rappresenta il potere mediceo; assai più che non lo schivo Francesco e Giovanna sua moglie, che ama la riservatezza: Isabella, estroversa e volitiva, muove le acque di tutta una Firenze viva e attiva; che cerca il divertimento, ma che anche lo vuole di gran classe. I suoi ricevimenti divengono celebri non solo in Firenze e in Toscana, ma nelle loro relazioni gli ambasciatori degli altri Stati, che sono alla corte medicea, non tacciono di questa principessa che di giorno in giorno, sempre di più, tende ad assumere un ruolo predominante nella vita sociale e culturale fiorentina.

Duchessa di Bracciano, dal feudo del marito, lei guida la corte di Pitti con un ritmo che Giovanna, la moglie di Francesco, mai riuscirebbe a imprimerle. Nella villa sul colle, quella dei Baroncelli, organizza cacce, con lei ancora in primissimo piano, sempre protagonista della recita, lei che – abile cacciatrice – dimostra che una donna può parlare d'arte e di letteratura, e non per questo non curare il suo corpo in esercizi fisici. Un'antesignana in ogni senso della parola; anche nel sapere sorridere di fronte a certi velati rimproveri, che le possono provenire dal fratello Francesco, che tuttavia le è legato da grande affetto. Rimproveri per quella che lui ritiene una di lei eccessiva libertà nel parlare e nell'agire. L'indipendenza di Isabella è completa; è lei che dirige la propria vita e che l'organizza. Il marito, a capo delle truppe pontificie, preferisce restare a Roma; lei sa che questa è una scusa per potere vivere anche lui la vita che vuole; un'esistenza dissipata, lui interessato ben poco a questa moglie fiorentina, anche se è ai forzieri dei Medici che ricorre con frequenza per pagarsi quei debiti, che sono il risultato di un modo di vivere, spendendo cifre di gran lunga superiori a quelle che erano le sue effettive entrate.

Isabella sa tutto questo, ma non se ne serve tanto per rimproverare al marito questo suo contegno, quanto per accrescere la propria indipendenza; la possibilità di condurre un'esistenza come lei desidera. Non per questo dà

Eleonora di Toledo in un disegno di Impero Nigiani.

scandalo; ama essere corteggiata, ma nessuno in Firenze può neppure sussurrare qualcosa sul suo contegno di moglie. È irreprensibile, insomma. Fino perlomeno all'arrivo all'orizzonte del bel Troilo – personaggio che sarebbe piaciuto a Shakespeare, e non soltanto per quel nome! – ardente, appassionato, innamorato pazzo, fa sentire Isabella come una dea su un piedistallo. E questa volta si tratta di quello dell'amore. Isabella, innamorata anche lei, crede che il nuovo ruolo sia di quelli da recitare in segreto; come se non sapesse che niente può restare segreto in una corte. La vendetta del marito e la morte di lei fanno scomparire dal palcoscenico fiorentino un'attrice che aveva poche, o nessuna, rivali.

Né è la sola tragedia che funesti quei giorni così oscuri per Casa Medici. Si è consumato un altro fattaccio di sangue. E il termine non stona, anche se sa di cronaca nera, perché proprio al genere appartengono questi episodi di violenza, efferati e crudeli. Pietro de' Medici, fratello di Francesco, uccide nella villa di Cafaggiolo la moglie Eleonora di Toledo, la bella spagnola che rinnovava nel nome quello della stessa madre di Pietro, il marito. Questa volta il delitto si colora di toni granguignoleschi. Eleonora è infatti strangolata con un laccio, come un animale catturato dentro la sua tana. Pietro informa il fratello Francesco dell'accaduto, dando la versione – che è quella d'obbligo! – di una morte avvenuta per malattia. Se per Isabella si parlerà di mal caduco, questa volta invece si attribuisce la morte di Eleonora a un improvviso accidente.

Solo Filippo II di Spagna e i parenti di lei vengono segretamente informati di come effettivamente si sono svolte le cose. Eleonora aveva tradito il marito con un giovane nobile fiorentino: Bernardino Antinori. E anche per l'Antinori la vendetta dei Medici non perdona. Sarà ucciso per mano di un carnefice, dopo essere stato rinchiuso alle Stinche, la terribile prigione fiorentina. Così si vendicava l'onore offeso; in Casa Medici si accolse la notizia delle due morti, che coinvolgevano tutte e due le volte direttamente uno di casa: don Pietro e Isabella, con una certa disinvoltura. Erano due omicidi, ma nel nome dell'onore da salvaguardarsi a ogni costo, dovevano ritenersi come legittimi. Compiuti, insomma, a fine di bene!

Ma questi due episodi sono di circa dieci anni più tardi di quel momento in cui Bianca sta cercando di rendere in qualche misura felice la sua posizione nell'ambiente fiorentino, e Isabella avrà in quest'impresa un suo determinato peso. Sarà infatti avvalendosi della di lei amicizia, che la Cappello conquisterà uno spazio, non facile, di credibilità. Amante di Francesco; condannata per questo dall'opinione pubblica; da disprezzarsi per questo tradimento che essa compie, e nei confronti del proprio marito e di Giovanna, la moglie di Francesco, l'avere dalla sua parte Isabella rappresenta come una attestazione che quello che le sta accadendo è perlomeno giustificato in Casa Medici. Che, insomma, questa volta – onore o non onore! – si può perdonare ai due amanti nel nome proprio dell'amore.

Isabella rappresenta per Bianca un passaporto favorevole per potere entrare salvaguardata a Pitti e vivere nell'ambito della corte medicea, senza temere danno. Forse sarebbe stata sufficiente anche la sola protezione dell'innamoratissimo Francesco, ma meglio ancora avere ottenuto il consenso da parte di una che è sua sorella. Il fatto di Isabella, che protegge Bianca, deve poi obbligatoriamente essere accettato nella cerchia dei cortigiani, come una realtà che non si può ignorare; il potere della figlia di Cosimo I è tale che nessuno avrebbe mai osato apertamente attaccare una donna che appare da lei stimata come amica.

Si è voluto, dopo, ripensare a questa amicizia. E si sono cercate risposte che chiarissero come e perché Isabella, così orgogliosa dell'essere una Medici, possa avere protetta Bianca che era causa di maldicenze che proprio contro i Medici erano rivolte. Accuse, poi, che non erano ristrette come area alla sola Firenze o alla sola Toscana, ma che correvano nelle corti d'Europa, riferite dagli ambasciatori, col rischio di recare discredito alla casata fiorentina. E questo sentimento, mostrato da Isabella nei confronti di Bianca, resta ancora con tutti i suoi interrogativi, con le sue molte possibili risposte.

La domanda base, quella che più attenderebbe risposta è come e in che misura dover credere a questa solidarietà di Isabella nei confronti di Bianca. Pare strano, infatti, che sia stata completamente sincera, considerato anche tutto il meccanismo dell'azione della figlia di Cosimo, che sempre mostra di volere, mettendosene al centro, dare vita a un movimento che tenda ad accrescere il favore rivolto verso la propria casata; a dare consistenza ancora maggiore alla loro credibilità, come nuovi arrivati sulla scena di un potere espresso da un governo; a rendere più solida ancora quella struttura che Cosimo I, suo padre, ha costruita con un sapiente succedersi di piani, simile a un architetto che via via vada edificando una sua ideale città.

La Toscana di Cosimo, retta dalla sua capitale: Firenze, è ormai da considerarsi come uno Stato solidamente intelaiato, con la stessa fantasia e arte con cui i grandi corniciai fiorentini chiudevano le tele preziose dei grandi pittori. Isabella, con la sua amicizia per Bianca, rischia di compromettere la perfetta trama di un disegno che è costato grande fatica e operosità; schierarsi dalla parte della veneziana – lei deve saperlo bene – significa avere contro tutti quelli – a corte e nel popolo – che vedono in Bianca una sorta di nemica del bene comune; una guastafeste, capitata da fuori per venire a turbare l'acque di un Arno che, secondo loro, sarebbe scorso tranquillo. Bianca, insomma, ha assunto lo scomodo ruolo di un capro espiatorio. A lei si possono con disinvoltura attribuire colpe anche senza alcun fondamento. Un Francesco, insomma, che ormai regge, al posto del padre che lo ha delegato a questo, le redini dello Stato, sarebbe stato turbato nella sua azione da questa insensata passione che lo distrae dai suoi doveri; che fa di lui un succube al volere di una donna capricciosa. E si portano a testimonianza di questo ultimo termine le non certo celate ambiziose richieste della veneziana, che pare, dopo il matrimonio di Francesco, avere ancora aumentate le sue pretese, richiedendo di volta in volta sempre di più a un innamorato che non sa più negarle alcuna cosa.

Isabella non ignora tutto questo, eppure il suo contegno nei confronti di Bianca non muta. La favorisce; la tiene fra le persone che più la frequentano; la fa partecipe dei suoi ricevimenti e della sua stessa vita, con un'insistenza che desta perlomeno stupore. Non solo poi si espone in prima persona, ma fa di tutto per convincere – anche se questa volta l'impegno è di quelli veramente difficili – il cardinale Ferdinando de' Medici, fratello suo e di Francesco, che viene raggiunto a Roma da molte lettere di Isabella, dove lei gli chiede di volere pacificare il suo animo nei confronti di Bianca. Di accettare, insomma, quello che sta accadendo: la relazione amorosa fra Francesco e la Cappello, come qualcosa almeno giustificabile. L'amore, insomma, che spinge i due ad agire in quel modo; modo che potrebbe anche apparire riprovevole, ma che deve trovare dei giudici clementi. Isabella non applaude; non dice che tutto sia come dovrebbe essere, ma insieme cerca di convincere Ferdinando a volere cercare la via della pace. In questo momento è necessario che i Medici restino uniti. Che il cardinale sappia perdonare quello che potrebbe apparirgli una debolezza di Francesco. Né Isabella usa, per convincere il cardinale Ferdinando, altri argomenti, eppure avrebbe potuto anche ricordargli – a proposito della debolezza degli uomini – che il di lui contegno a Roma non era di quelli che si addicono a un uomo che veste abiti ecclesiastici; che tutti sanno della sua vita nel lusso; dello sperpero che egli fa di molto denaro per mantenersi un *ménage* da principe; che non s'ignorano le sue relazioni amorose. Ma Isabella è troppo buona diplomatica per scrivergli questo; meglio cercare di ottenere il suo consenso senza andare a rimuovere acque che potrebbero mettersi in tempesta. E Ferdinando si adatta, o sembra adattarsi, a questo quasi imperativo di non protestare per questo legame del fratello con Bianca. Sa bene poi che ne ha tutta la convenienza; chi firma i contributi in denaro che gli vengono da Firenze è ora Francesco, per delega paterna. Cosimo I ha ormai virtualmente abdicato a favore del primogenito e Francesco, salvo alcune prerogative che si è mantenute il padre, è l'effettivo padrone della situazione politica e amministrativa in Toscana. Ferdinando capisce che è meglio non inimicarsi Bianca. Non rinuncia per questo a ritenerla dannosa per i Medici; teme di vederla in futuro gestire ancora più potere di quello che ora non le tocchi – e ha indo-

Ferdinando de' Medici, ancora nelle vesti di cardinale, in un'incisione da un dipinto di Scipione da Gaeta.

vinato! – ma contenta Isabella: che pace sia! E se non proprio pace, almeno tregua.

Ferdinando che concede un benevolo sorriso di acquiescenza; la corte di Firenze che mugugna scontenta, ma non osa contrastare una che è la figlia del granduca Cosimo; Isabella che giuoca la sua partita con disinvoltura. Si muove sulla scacchiera, come impersonasse tutte quante le pedine: lei rappresenta insieme ogni possibile figura. E quelli del dopo – noi, per esempio – cadiamo nell'inganno; né riusciamo a scoprire quale possa essere stato il suo vero programma. C'è uno studio, forse fatto non del tutto a tavolino, ma che è tuttavia svolto con puntualità. E le risposte al perché lei si sia mossa così o non così restano intatte. Insomma, si moltiplicano; tutte quante valide, e insieme tutte sbagliate. Può avere, infatti, pensato che favorire Bianca, sia anche tenersi caro Francesco, che è quello che dirige l'amministrazione delle cose fiorentine; può darsi che il favorire la veneziana abbia rappresentato per lei come il dire, a chi l'osservava, che era così potente da non tenere di conto le critiche espresse contro Bianca da un bel numero di gente che vive nella cerchia medicea; è possibile anche che la manovra sia ancora di natura più sottile; che Isabella voglia convincere Bianca che lei è dalla sua parte, proprio per poterla manovrare nella direzione che lei vuole. Ad esempio, convincerla, al momento opportuno, che un suo rientro a Venezia può giovarle, ora che può mettere sul piatto una fortuna in beni immobili e in denaro; che può, insomma, trovarsi un marito fra quei nobili veneziani che prima l'hanno messa al bando, ma che ora l'accetterebbero di nuovo fra di loro, visto che non è più la fanciulla fuggita da casa con appena l'abito che porta addosso, ma colei che tiene in scacco uno dei principi più accreditati in Italia: un Medici che ha potere e ricchezza.

Può, insomma, offrirsi la soluzione in più maniere, in più sfumature, neppure esclusa quella che si sia trattato di vero affetto; di vera simpatia. Che Isabella si sia sentita veramente vicina a questa Bianca: comune anche in ambedue il desiderio di essere considerate donne di rango; emergenti: come verrebbe voglia di dire con un termine caro alla nostra stagione. E le due emergono veramente! Non c'è ricevimento, non c'è cerimonia, non c'è festa, che non le veda presenti. Bianca è resa forte dal fatto che tutti conoscono la sua influenza su Francesco, ma anche dall'avere al suo fianco Isabella.

La morte d'Isabella toglie a Bianca una protezione nell'ambiente di corte. È anche vero che in quel momento lei ha conquistato ancora più potere, che Francesco ha fatto capire a tutti che recare offesa a lei è uguale che farla a lui, ma la scomparsa di Isabella resta pur sempre qualcosa che può danneggiarla; il partito di chi vuole la sua rovina nell'ambiente della corte è forte, e in quell'estate tragica del 1576, quando Isabella scompare uccisa dal marito, Bianca perde un'alleata. Una protettrice di rango.

Eleonora de' Medici
e un matrimonio perlomeno straordinario

Si vede che era destino che il governo di Francesco fosse complicato da un altro episodio che suscitò scandalo e fece sorridere l'Italia del secondo Cinquecento. Questa volta protagonista il sesso, e due attori che furono in maniera diversa coinvolti nella commedia di gusto assai boccaccesco che fu recitata: Eleonora, figlia di Francesco de' Medici e il suo promesso sposo Vincenzo Gonzaga duca di Mantova. Ma dietro il sipario che s'apre sulla vicenda, la suggeritrice delle battute da dire è la stessa Bianca Cappello che ora, siamo nell'anno 1583, giuoca il suo ruolo di granduchessa, regolarmente sposata da Francesco de' Medici. Ma vediamo i fatti.

Si deve incominciare con l'annullamento di un matrimonio, che è stato accordato dal papa Gregorio XIII, nel gennaio del 1583. Si scioglievano le nozze fra il duca di Mantova Vincenzo Gonzaga e la principessa Margherita Farnese. Per colpa di lei – che era stata giudicata da un'opportuna visita di illustri clinici, inadatta a procreare per grave difetto fisico – il duca Vincenzo era dunque di nuovo libero, con la povera sposa – ora ripudiata – che era andata a chiudersi in convento. I Farnese strepitano irati; c'è il sospetto che il duca Vincenzo abbia accusato la moglie per scagionarsi invece di un difetto che è tutto suo. Sarebbe lui insomma che non è atto a generare. La cosa si complica poi, perché proprio in quei giorni si è svolto un fitto scambio di lettere e di incontri per combinare un nuovo matrimonio per Vincenzo. La prescelta è la sedicenne figlia di Francesco de' Medici, Eleonora. A Firenze ci si mostra indecisi: credere ai Gonzaga o ai Farnese. Colpa di lui o di lei? Le parti si dividono; c'è perplessità. Alimenta il fuoco la bella veneziana: Bianca Cappello, che cova del risentimento contro i Gonzaga per averla loro osteggiata, quando stava per arrivare al matrimonio con Francesco, dopo la morte di Giovanna d'Austria, e che ora si schiera fra i dubbiosi.

Alimenta anche lei la tesi che questo Gonzaga, che accusa una donna di non essere stata adatta a procreare, sia lui invece che non possiede le qualità fisiche per farlo. Nelle lettere, scambiate in quei giorni fra Firenze e Mantova, non si risparmia in particolari. Da Firenze, anzi, si sta chiedendo un'assicurazione tale che garantisca a Eleonora de' Medici di non sposarsi con un uomo impotente. Qui non si tratta della prova del fuoco, come in un processo per eresia; ora Vincenzo deve sottoporsi a uno scontro non con le fiamme, ma con una donna. Sarà scelta per lui una fanciulla vergine – ci si dovrà assicurare che sia veramente in quella condizione di pulzella – ed egli dovrà dare pubblica prova che è adatto al compito che tocca a un uomo che sia uomo veramente.

I Gonzaga, che prima hanno protestato, ora s'adattano alla prova. Quello con Eleonora de' Medici è un matrimonio che interessa alla loro politica. Vincenzo è come uno che si prepari a una giostra. Qui non deve però vincere il migliore, ma gli si chiede soltanto che sappia fare funzionare quella speciale lancia che in simile torneo va usata. Per giudici della prova, ecco nomi di illustri prelati, di medici, di scrutatori, di sorveglianti lo stato della fanciulla prima e dopo; una vera giuria che si trasferisce in una villa assai appartata nel territorio di Venezia, luogo neutrale, mentre è già stata scelta la fanciulla, che ha accettato, o ha dovuto accettare, di sottoporsi come cavia all'esperimento. Qualche cronista pare ne abbia anche scoperto il nome: si tratterebbe di una bastarda di Casa Albizi. Ma non è un dato sicuro. Belisario Vinta, fedele del duca Francesco I, è il delegato a riferire puntualmente, giorno dopo giorno, come si stiano svolgendo le cose. È il febbraio del 1583 e l'esperimento va avanti per vari giorni. Il cardinale Cesi di Bologna rappresenta il giudice *a latere*. Non sospettabile di parteggiare per l'una o l'altra parte. Le prime missive d'informazione recano dubbi. I primi studi compiuti sul membro virile del duca di Mantova dicono che tutto è a posto, solo che una fistola vicina pone qualche dubbio sulla sua possibilità di potere emettere del seme per procreare. Il cardinale Cesi scrive che egli sospetta che il duca possa anche essere ammalato di "mal francese". Una blenorragia che lo tormenterebbe da lungo tempo. Subito intervengono i medici accreditati, dimostrando che Vincenzo ha effettivamente sofferto di tale male, ma che ora ne è perfettamente guarito. A Firenze si cerca di nascondere alla giovane Eleonora a quali prove sia sottoposto il suo futuro sposo. Intanto la fanciulla che serve all'esperimento è ancora intatta. Il duca Vincenzo, così lui dice, soffre di disturbi al ventre, né può agevolmente pensare a fare all'amore in quella condizione di salute. Si recita una *pochade* in più atti che potrebbe trovare posto sul palcoscenico più spiritoso del mondo.

Mentre dunque si sta attendendo che il duca Vincenzo si senta in perfetta forma per accettare lo scontro con la fanciulla, si insiste nel compiere accertamenti clinici sulla condizione del suo membro virile. Ne abbiamo i risultati comunicati per lettera a Francesco, che attende a Firenze con ansia il definitivo verdetto. Bianca Cappello, anche lei puntualmente informata, deve fare buon viso alla notizia che tutto appare proprio al suo posto. Il du-

Eleonora de' Medici in un disegno di Impero Nigiani.

ca Vincenzo Gonzaga è adatto a «dare piacere ad ogni femmina chessivoglia». Ma – è sempre Bianca che insiste – che tutto appaia al suo posto va bene, tuttavia occorre che sia offerta anche la prova pratica del tutto funzionante.

Finalmente ecco che il duca di Mantova si sente in forma. In una missiva datata il 16 di marzo del 1583, il Vinta avverte il granduca Francesco che la prova pare riuscita. Che però gli darà maggiore sicurezza un altro scontro, che egli sta progettando per il duca Vincenzo, per i giorni di poi. Intanto dà ampi particolari su come si sia svolta la prima parte dell'impresa amatoria. Il Vinta è uno che ama la precisione. Niente manca nella sua lettera di un puntuale ragguaglio: «Venne il principe, sì come s'era rimasto, alle quattro ore di notte per star con la giovane, che era preparata, lavata e ripulita in ogni parte di maniera, da farne venir voglia ad un uomo di stucco...». E Vincenzo di stucco non doveva essere, perché proprio di fronte al suo fedele gentiluomo di camera e allo stesso Vinta, si mette a letto con la fanciulla e, per niente timoroso dei due che lo stanno studiando in ogni suo movimento, dà una dimostrazione tale per cui la fanciulla non resta più vergine, e ammette anche dopo d'essere stata, aldilà del gran dolore da lei provato, pienamente soddisfatta.

Chi ha seguito tutto il meccanismo dell'accoppiamento, ha con grande attenzione controllato perfino che non fosse ad artificio adoperato alcun trucco, combinato in antecedenza fra la fanciulla e il duca. Ci si è dati la pena di andare a controllare che il duca fosse effettivamente penetrato nella donna.

La prima prova è dunque soddisfacente, e anche per la seconda tutto fila liscio. C'è dopo questa una visita suppletiva, fatta sul principe e sulla fanciulla medesima. Si vuole essere certi di questo e di quello; si fa un vero interrogatorio: diretto questa volta a lei, per un ulteriore controllo sulla sua sincerità. Se ha sofferto, se ha provato gioia, se ha sentito questo o quello, se ha penato, se ha riso. Quante volte poi lei abbia sperimentato la virilità di Vincenzo. Fino alla conclusione, che il duca di Mantova è "a posto", e che solo la maldicenza dei Farnese ha messo in giro la calunnia della sua impotenza.

A Firenze ci si sente soddisfatti. Bianca Cappello sperava forse di poter dimostrare che Vincenzo era veramente impotente: sarebbe stato il dispetto massimo da fare ai Gonzaga. Ma si contenta anche di questa umiliazione cui li ha sottoposti, costringendoli ad accettare una simile prova. Il matrimonio viene così fissato; ci si scambiano elenchi di invitati; si parla di feste e celebrazioni. Eleonora può ora essere sicura che s'unisce a un vero uomo. Più sperimentato di così, non era possibile. Nelle corti italiane si scambiano lettere di ambasciatori. Il legame Medici-Gonzaga è stato rassicurato da una fanciulla vergine. L'eroina del fatto, la più vera protagonista,

Vincenzo Gonzaga in un disegno di Impero Nigiani.

è rimasta incinta e viene fatta sposare ad un giovane addetto di Casa Medici: con una buona dote, e con l'assicurazione per lui di fare carriera. Tutto procede come nei buoni romanzi d'appendice. I genitori, Francesco e Guglielmo, dalle loro sedi ducali, si scambiano congratulazioni a vicenda. Parlano di dote; si inviano anche dei doni.

Siamo ormai all'aprile del 1584. Ci resta un elenco dei gioielli destinati in dote a Eleonora de' Medici. Croci d'oro e catene tempestate di pietre preziose; collane le cui perle assommate assieme ci danno cifre da capogiro, orecchini di diamanti e anelli numerosi con pietre di gran valore. Il tutto garantito nel suo costo e purezza di materiale prezioso, da due esperti orafi. Che poi sono stranieri: Iacopo Biglielt e Giorgio Distoleff, ambedue tedeschi. Cinquemila scudi sono stati valutati i soli gioielli. Il duca di Mantova può dire che è stato ben premiato per quelle fatiche veneziane. La "prova" è riuscita in ogni senso.

Cristina di Lorena

A Francesco I era seguito sul trono di Toscana il fratello Ferdinando. Dovette per questo lasciare la porpora di cardinale e chiedere per questa sua rinuncia il consenso del papa Sisto V. Era il novembre del 1588 e come messo per rimettere al papa la sua richiesta Ferdinando mandò in Vaticano il vescovo Niccolò Tornabuoni che fu accompagnato per assolvere questo incarico da un imponente corteo. Come a ricordare al pontefice che la richiesta di perdere uno dei suoi cardinali gli proveniva da un Medici che aveva scelto di porsi a capo di uno Stato.

E il nuovo granduca si preparò – e lo fece – ad essere un avveduto sovrano, ispirandosi alla figura del padre Cosimo I. Aveva amato il fratello Francesco, ma non l'aveva apprezzato per la sua condotta politica e per quel suo essere stato come soggiogato da Bianca Cappello, prima sua amante e poi sua moglie e granduchessa.

Il nuovo granduca non era più giovane, ed ora quasi quarantenne avrebbe dovuto scegliersi una moglie: un sovrano ha bisogno di eredi ai quali passare lo scettro. Le candidate non furono molte; i tempi stringevano. La prescelta fu Maria Cristina di Lorena, nipote di Caterina. Lei era, con i suoi ventiquattro anni, più giovane di Ferdinando di quindici anni, ma il dopo dimostrerà che questa differenza di età non pesò minimamente a rendere meno fortunata questa unione. Insomma si trattò – e non sempre era accaduto o accadrà in Casa Medici – di un matrimonio indovinato.

Cristina di Lorena arrivò a Firenze nell'aprile del 1589, dopo quasi due anni dal contratto di nozze stipulato a Parigi. Avevano ritardata la sua venuta l'agitata situazione politica francese e la scomparsa della regina Caterina.

Cristina si era imbarcata a Marsiglia su una nave della flotta toscana, protetta da altri vascelli poiché erano sempre da temersi degli attacchi di legni pirati. Il viaggio era stato per niente buono, con il mare sempre agitato e la pioggia che era caduta senza sosta, costringendo la futura granduchessa di Toscana a restare chiusa nella sua cabina. Quando la nave che la portava calò l'àncora nel porto di Livorno, la nobile signora francese era più che provata. Così la videro quei funzionari della corte medicea inviati dal granduca per rendere omaggio alla donna che stava per diventare sua moglie. Poi da Livorno si mosse un piccolo corteo composto di gente che viaggiava in carrozza e d'altra che cavalcava. Tutto era stato studiato a Firenze nei minimi particolari, perché Cristina ne ricevesse la migliore impressione. Quanto a chi l'incontrò, lei riscosse subito un notevole successo: fu apprezzata la sua gentilezza e una sua naturale semplicità; il suo aspetto era quello di una donna che non si poteva dire bella e che, eppure, piaceva alla gente.

Il matrimonio avvenne nel duomo di Firenze e seguirono alla cerimonia giorni e giorni di festeggiamenti. Queste nozze di Ferdinando de' Medici con una francese mostrarono una novità rispetto al passato: veniva infatti mutato quell'indirizzo che fino ad allora aveva segnato per i Medici matrimoni con donne spagnole o austriache.

Queste nozze non furono dunque bene accolte dalla corte spagnola e le relazioni fra i due Stati si raffreddarono, tanto che per rimediare a tutto questo, Ferdinando farà sposare nel 1608 suo figlio Cosimo con Maria Maddalena d'Austria, sorella della regina di Spagna, il che servì a riportare pace fra la Toscana e la Spagna, dopo che a preoccupare la corte di Madrid c'era stato, voluto da Ferdinando, anche un altro matrimonio con una scelta francese: quello, nel 1600, di Maria de' Medici con il re di Francia Enrico IV.

Tornando ai giorni delle nozze di Ferdinando con Cristina, il granduca volle che se ne parlasse in tutte le corti d'Europa, ed ecco il perché di quei festeggiamenti che si protrassero per più di un mese e che costarono decine e decine di migliaia di ducati. Si vede che il forziere a cui attingevano i Medici si era di nuovo riempito, dopo che fin dal tempo di Piero, lo sfortunato figlio del Magnifico, la ricchezza della famiglia era andata via via assottigliandosi.

Il matrimonio tra Ferdinando e Cristina fu fra i più prolifici nella storia dei Medici: nove furono i loro figli; primogenito Cosimo, nato nel 1590, che succederà al padre; ultima Claudia, nata nel 1604, che sarà prima moglie di Federico della Rovere duca di Urbino e poi, rimasta vedova, dell'arciduca Leopoldo d'Austria. Una vita la sua che si può dire all'insegna dell'imprevedibile. La sua storia è compresa nelle pagine di questo libro.

Ferdinando I de' Medici è un buon capo di Stato. Il suo modello politico è suo padre Cosimo; egli sa riappropriarsi del comando nei vari uffici dell'amministrazione, comando che era stato delegato da suo fratello Francesco a funzionari di corte. Al suo fianco la moglie Cristina collabora con grande impegno. L'impresa scelta dal granduca come simbolo della sua opera fu quella di un'"ape regina", volendo significare il suo attento interesse verso il popolo, e forse fu proprio Cristina di Lorena a meritarsi que-

Scipione Pulzone: ritratto di Cristina di Lorena. Firenze, Uffizi.

Ferdinando I, granduca di Toscana, in un'incisione di L. Errani da un dipinto di Scipione da Gaeta.

sto titolo. Mentre lui era instancabile nel visitare le città del suo Stato, lei provvedeva ad amministrare certi beni di famiglia, avendo cura del buon mantenimento delle ville medicee e di quel Palazzo Pitti divenuto, nello spazio di poco più di mezzo secolo, una vera reggia dove i tesori d'arte andavano moltiplicandosi.

Ferdinando I de' Medici muore il 7 febbraio del 1609; sale ora al trono il diciannovenne Cosimo. Cristina di Lorena si trova declassata da moglie a vedova del sovrano. Ha allora inizio, mescolata di toni fra scontro e collaborazione, quella opprimente tutela che lei e Maria Maddalena, la moglie di Cosimo, esercitano sul giovane granduca. Sono due donne di grande volontà e Cosimo II è invece un debole; l'amministrazione dello Stato torna ora nelle mani di funzionari scelti dalle due signore. Ha avuto inizio una gara senza esclusione di colpi.

Cosimo II è spesso malato; vive il più possibile a Palazzo Pitti e le città toscane, abituate alle frequenti visite di suo padre Ferdinando, devono abituarsi a questo ultimo granduca che se ne sta rintanato nella gabbia dorata di Pitti. Una volontaria prigionia che però è di breve durata: il 23 febbraio 1621, Cosimo II muore. Ha soltanto trentun anni, e gli seguirà sul trono il figlio Ferdinando II. Le due Signore: Cristina e Maria Maddalena, continuano a tessere la tela di una politica che non si contenta di fare amministrare alla meglio quello Stato di Toscana che la sorte ha posto, nel bene e nel male, nelle loro mani: prima con Cosimo II e ora con Ferdinando II che, quando muore il padre, ha soltanto undici anni. E Firenze vede ora al governo due reggenti: una nonna, Cristina di Lorena e una madre, Maria Maddalena. Una francese e una austriaca, come a dire che lo Stato si è fatto, perlomeno in questa misura, europeo.

Cristina di Lorena muore nel 1637, all'età di settantadue anni: un traguardo difficile a raggiungersi in quella sua stagione. L'"ape regina" ha veramente operato senza sosta.

Maria de' Medici regina di Francia

Eleonora, Anna, Lucrezia, e poi lei, Maria, a chiudere quella collana di figlie che Giovanna d'Austria aveva messe al mondo, e che aveva deluso Francesco I de' Medici che aspettava finalmente un maschio. Ce n'erano state due ancora di femmine nate a Palazzo Pitti: Romola e Isabella, ma avevano scelto di partirsene non appena arrivate nel mondo. A corte s'era portato il lutto. Giovanna, la madre, aveva pianto. Francesco sarà stato consolato dalla dolcezza di Bianca Cappello.

Giovanna, di sangue granducale, austriaca in ogni sua fibra, severa nei costumi, religiosa fino a sconfinare a volte nel bigotto, odiava quella fortunata avversaria in amore. La accusava di avere irretito il marito Francesco. Un debole che non sapeva difendersi da quella malefica influenza che la veneziana aveva su di lui. A scapito – e questo glielo rimproveravano non soltanto la moglie, ma anche molti della corte medicea – del suo ruolo di capo di uno Stato. La Toscana, insomma, avrebbe sofferto danni d'ogni tipo a causa di questa avventuriera veneziana: questa era la comune convinzione. Non mancava che di rendere colpevole la Cappello anche delle calamità naturali, delle carestie, della cattiva amministrazione, del fisco che gravava sulla popolazione con tasse sempre crescenti: la veneziana pagava, per essersi innamorata del figlio di Cosimo I, un altissimo prezzo.

Maria – nata nel 1573 – ha sei anni, quando sua madre, trentenne, muore. Trentenne è anche Bianca Cappello. Ora la veneziana ha campo libero e Maria assiste alla celebrazione del matrimonio fra suo padre e Bianca. Vede con gli occhi di bambina gli archi di trionfo nella Firenze addobbata come un teatro; apre gli occhi stupita sui costumi indossati dai veneziani, quei nobili che sono venuti nel nome del Doge per applaudire Bianca Cappello.

Maria ancora bambina ha avuto occasione di ascoltare le voci di dispetto, d'ira, di disillusione, di sua madre Giovanna, quando era ancora in vita. È però ora, dopo il nuovo matrimonio del padre, che scopre cosa voglia dire odiare una persona. Si sostituisce insomma, nel suo risentimento contro Bianca Cappello, alla madre. Per nove anni, finché Bianca non muore, Maria vede in lei l'intrusa che s'è infiltrata là dove finora la presenza della moglie l'aveva tenuta lontana. Palazzo Pitti è caduto nelle mani dell'ardimentosa veneziana. Emula di Marco Polo, anche lei ha conquistato una terra prima proibita. Le grandi sale della residenza medicea e il giardino di Boboli sono ormai spazi dove lei può legittimamente muoversi.

Maria deve poi recitare da sola quel suo ruolo di accusatrice. Nel 1582 è infatti morto suo fratello Filippo, all'età di cinque anni: unico maschio dato da Giovanna a Francesco, su cui si posava ogni speranza per poter continuare a trovare un diretto successore al trono. Delle sorelle: due sono morte appena nate; Anna morirà nel 1584, all'età di quindici anni; Lucrezia, scomparsa a due, quando era ancora viva la madre Giovanna. Eleonora non vive più a Firenze, da quando s'è sposata con Vincenzo Gonzaga, duca di Mantova. Quindi è proprio da sola che Maria deve subire l'incontro e lo scontro con la Cappello. Né la veneziana è donna da lasciare che, chi non l'ami, trovi troppo spazio per potersi muovere.

Maria vive una fanciullezza triste. C'è a consolarla una parente: Francesca Orsini, che è incaricata da Francesco di prendersi cura di lei. E l'Orsini lo fa con amore. Cerca di sostituirsi alla madre scomparsa e in lei Maria trova chi effettivamente riesce a capirla. L'Orsini ha un figlio, Virginio. Di lui la cronaca dirà che è stato il primo innamorato di Maria. Se è accaduto, non deve però essersi trattato di qualcosa di più che di un amore fra due ragazzi. Un'infatuazione di quelle che non lasciano traccia.

Quando – è il 19 ottobre 1587 – Francesco I muore, proprio mentre è in vacanza nella villa di Poggio a Caiano, grande è il dolore di Maria. C'è però da pensare che un pari dispiacere non abbia provato alla notizia che proprio il giorno dopo la scomparsa del padre, sia morta anche Bianca Cappello. Forse, la tredicenne Maria avrà pure sentito sussurrare a corte che poteva anche essere accaduto che il padre e la veneziana fossero morti per veleno. Gli amici della Cappello sono convinti che il cardinale Ferdinando, fratello di Francesco, non avesse trovato modo migliore per cancellare questa scandalosa unione – così lui la considerava – fra il fratello e Bianca, che non questo mezzo.

Intanto il cardinale Ferdinando, che si preparava a lasciare l'abito religioso, per mettersi l'ermellino e la corona da granduca, "consigliò" alla corte di Pitti di non più pronunciare il nome della Cappello, che egli mai aveva considerata sua vera cognata. Quel ruolo apparteneva – ora e sempre – all'arciduchessa Giovanna d'Austria. Madre di Maria e prima moglie di Francesco. Maria non chiese di meglio che di dimenticare Bianca Cappello. L'aveva considerata un'usurpatrice; colei che aveva reso impossibile la vita a sua madre, togliendole il marito.

A Pitti si tenne il lutto per Francesco, e anche Maria vestì di nero o di cremisi. Si consolava, in quel clima di tristezza, dedicando gran parte del suo tempo alle cose che preferiva: la musica, fra queste. Maria era brava nel suonare il liuto e la chitarra, e aveva fino dalla prima infanzia voluto ascoltare ogni concerto che fosse dato a Pitti. Dal padre aveva però ereditato anche l'amore per le scienze. S'interessava di botanica, seguendo da vicino proprio quell'Orto Botanico che suo nonno Cosimo I aveva fondato a metà del Cinquecento. Sempre dal padre aveva imparato a distinguere un metallo dall'altro. Come compagna d'infanzia Maria ha una ragazza che ha qualche anno più di lei: Leonora Dori. Figlia della sua balia, quella cui era stata affidata, appena nata, dalla madre che non aveva più latte da offrire a questi figli che le erano nati uno dopo l'altro. Leonora entra a Palazzo Pitti uscendo dalla sua modesta casa di via Maggio.

La Dori muterà il suo cognome – nel momento in cui sarà granduca Ferdinando, fratello di Francesco – in Galigai. Autorizzata dallo stesso granduca a prendere quel nome, che apparteneva a un'antica e nobile famiglia fiorentina. Ferdinando avrà, probabilmente, voluto in cambio che lei lo aiuti a esercitare la sua influenza su Maria, che non era personaggio facile a condursi per mano.

Le nozze di Maria con Enrico di Navarra richiesero non poco lavoro di diplomazia. Si trattò a più tavoli: come in una partita di poker, si rilanciarono cifre e si cercò di bluffare. Si parlò di dote e di denaro; si finsero concorrenti che avrebbero raddoppiata la posta; si adempì insomma a tutte quelle schermaglie che ormai parevano codificate nel "galateo" d'ogni contratto di nozze tra famiglie regnanti.

Ferdinando e i Medici avevano "investito" sul regno di Enrico di Navarra quasi un milione di ducati. Come su un cavallo che si spera possa vincere una corsa. Il risultato ora li stava premiando: Enrico IV si dimostrava all'altezza delle loro speranze, ma occorreva il suo matrimonio con Maria per dare quel distintivo di assoluta sicurezza all'impresa.

Intanto occorreva s'ottenesse il divorzio di Enrico da Margot, la figlia di Caterina: lo si poteva ottenere grazie alle pressioni che si erano potute fare sul papa Clemente VIII, che era ormai convinto del fatto che Enrico di Navarra aveva solennemente abiurato dal suo credo d'ugonotto, per tornare ad essere un devoto figlio della Chiesa romana. La difficoltà maggiore, l'essere il re di Francia un eretico, era dunque superata.

Maria, a Pitti, stava ora attendendo che le si dicesse cosa s'era deciso. Paziente come si conviene a una brava ragazza, e per di più a una principessa che sa bene che le favole d'amore sono, nel suo caso, condizionate da ragioni di Stato. Non era più una fanciulla; aveva visto sfumare altre proposte; le aveva rifiutate o erano stati quelli che lei avrebbe anche accettato, a rifiutarle.

Gli anni da lei passati a Firenze prima di partirsene rappresentano più di un quarto di secolo; non sono certo pochi. Ebbene, cos'ha fatto Maria in quegli

Un ritratto giovanile di Enrico di Navarra, il futuro re di Francia Enrico IV.

anni? Com'è vissuta? Quali sono stati i suoi svaghi e le sue amicizie? Dobbiamo fidarci più di notizie che ci giungono dagli storici o dai cronisti della corte francese, che non da testimonianze italiane, per seguire Maria dalla fanciullezza all'età nella quale fu "scelta" come moglie del re francese.

Per Maria fino a quella data si va avanti a piccoli lampi, come a scatti di fotogrammi isolati.

Prendiamo, ad esempio, quella storia di un suo amore giovanile per Virginio Orsini. C'è sicuramente del vero nella notizia, ma poche sono le note sicure. In un resoconto romanzato, di alcuni secoli dopo, un fantasioso scrittore francese – peraltro rimasto anonimo – volle dare a intendere di saperne molto, ma se rileggiamo le sue pagine ci accorgiamo che non solo confonde persone e luoghi, date e particolari, ma che egli cerca ancora una volta soltanto di rinverdire l'antica polemica contro le regine "fiorentine", che avrebbero portato in Francia non solo malgoverno politico, ma anche corruzione morale. Caterina e Maria de' Medici unite insomma di nuovo in un giudizio che ricalca a memoria quello più volte ritrovabile nella storiografia francese: sia nel loro secolo, che in quelli successivi.

Questa sua storia d'amore, o di quello che lei ha potuto credere fosse amore, con Virginio è soltanto una nota che muove l'acque per la verità un poco stagnanti dell'attesa. L'attesa di lei di trovarsi nelle vesti d'una che va a fare da regina in Francia. Un avvenimento che avrebbe inebriato ogni ragazza nobile d'Europa, perfino la figlia di un monarca, ma che assume proporzioni eccezionali nel caso d'una – com'è Maria – che è "soltanto" una Medici. Che ha, nata in questa famiglia di ex mercanti, l'unico vanto di avere avuta per madre una donna di sangue reale: quella Giovanna d'Austria, regina di Boemia e d'Ungheria, figlia dell'imperatore Ferdinando I e nipote del grande Carlo V.

Ma più di questo suo rango, assai di più, ha giuocato nelle trattative del suo matrimonio con Enrico IV il potere del denaro. Ferdinando I de' Medici poteva vantare crediti dalla Francia, con la possibilità dunque di porsi come il candidato migliore fra le varie famiglie europee che cercavano di raggiungere lo stesso obiettivo.

Enrico IV, ora poi che aveva stretto accordi con la Chiesa di Roma, togliendosi di dosso la sua veste di protestante, era un partito di primissimo ordine. Re di Francia, e poi virtualmente senza dovere temere, dopo il definitivo tramonto dei Valois e la scomparsa di Enrico di Guisa, di alcun avversario che potesse contrastargli il passo. La gara per sostituirsi alla prima moglie Margherita, detta Margot, la figlia di Caterina dalla quale Enrico stava divorziando, era come una sorta di palio. Correvano in molti; in tutta l'Europa, ivi compresa la Francia che, può anche darsi in nome del fatto che una sposa della stessa nazione è di maggiore garanzia che non una straniera, aveva posto al filo di partenza molte candidate.

L'aprile 1600 mise in agitazione la corte di Palazzo Pitti: Maria, la figlia di Francesco I e di Giovanna d'Austria, era candidata a sposare un re. Era la prima volta che accadeva in Casa Medici un matrimonio regale. Caterina era stata sì regina di Francia, ma quando s'era legata in matrimonio con Enrico, il figlio di Francesco I, lui non soltanto non era ancora re, ma neppure era il Delfino del monarca francese. Lo sarebbe divenuto dopo per la morte del fratello primogenito, ma al momento delle nozze Caterina aveva sposato soltanto un principe di sangue reale e non uno che attendesse il trono.

Intanto, pronunciata la sentenza di divorzio a favore di Enrico IV da parte del papa Clemente VIII, i negoziati per il matrimonio di Maria de' Medici erano quasi conclusi. Si stavano ormai limando gli accordi sui molti punti; ci si scontrava ancora su argomenti che avevano aspetti tutti economici. Enrico IV e i suoi incaricati a Firenze inoltre non volevano si ripetesse più (come era già accaduto con Caterina de' Medici) che il seguito, che Maria si sarebbe portato dietro da Firenze, fosse così numeroso da creare una piccola sua corte all'interno di quella di Parigi.

Conduce le trattative per il Medici Baccio Giovannini, uomo espertissimo in quelle che sono le relazioni diplomatiche. La richiesta della dote per Maria fatta dai francesi è altissima: un milione di scudi d'oro. Ferdinando vorrebbe subito dire di no, ma è consigliato dal Giovannini di lasciare trascorrere qualche giorno ancora. Riflettere sopra le cose è sempre saggio. Il granduca di Toscana ricorda al suo ambasciatore a Parigi che già la Francia è debitrice, verso di lui e la sua famiglia, di quasi due milioni di scudi: fra somme prestate e interessi maturati attraverso gli anni.

Il tempo porta effettivamente consiglio: a Parigi i ministri di Enrico IV scendono dal milione a seicentomila scudi.

Ai primi giorni del marzo 1600 si stipula l'accordo con le firme. Avviene a Parigi; trecentocinquantamila scudi in oro saranno pagati il giorno dopo le nozze; duecentocinquantamila verranno invece dati a Girolamo Gondi, destinati direttamente a Enrico. Maria rinuncia a ogni pretesa sui beni medicei in Toscana; Enrico IV le garantisce una rendita di ventimila scudi d'oro all'anno. Ora Maria non ha che da attendere il giorno delle nozze.

Enrico IV conosceva l'aspetto della sua futura moglie da un piccolo dipinto che ritraeva la Medici, però all'età di diciassette anni. Quello che vide gli piacque. Maria nel frattempo aveva forse perduta un po' della luminosità della sua carnagione di fanciulla, ma ancora – a venticinque anni – poteva dirsi una bella donna.

Il dipinto, o quello che gli poté riferire Charles de Neuville (che si era appositamente fermato a Firenze ritornando da Roma, dove s'era perfezionata la pratica di divorzio di Enrico) rassicurarono Enrico che non stava per legarsi con una donna non bella. Intanto Antoine de Frontenac, suo came-

Le nozze di Maria nella bella incisione di Jacques Callot (Firenze, Gabinetto Disegni e Stampe degli Uffizi).

riere personale, fu mandato a Firenze per portare una lettera alla futura sposa. Missiva piena di complimenti e di promesse. Promesse di amore, di fedeltà perfino. Fatte da Enrico c'era da dubitarne, ma Maria ne fu ugualmente contenta.

Il matrimonio dovette però essere rimandato di qualche mese. Era la solita nemica dell'amore: la guerra, a scombinare i programmi. E questa volta chi obbligava Enrico IV a scendere in campo non erano i soliti conflitti interni della Francia, fra ugonotti e cattolici, ma uno Stato che da tempo ormai mostrava ambizioni, che erano nettamente superiori a quelle che erano le sue forze politiche e militari. Era il ducato di Savoia, che sperava negli aiuti da parte degli spagnoli; aiuti che però non arrivarono, se non in misura tale da non portare alcun sostegno alla causa del piccolo Stato.

Enrico si muove da Lione con un esercito che conta trentamila uomini, sufficiente per chiudere la partita rapidamente. Invia messaggi a Maria dove esprime il suo dolore per questo imprevisto ritardo alle loro nozze. Maria si sente orgogliosa: il re di Francia le scrive parole d'amore, e insieme l'informa di come vanno le operazioni militari. Che il duca di Savoia sia presto sconfitto! Che la corte di Palazzo Pitti preghi per la fidanzata impaziente! E le preghiere sono ascoltate, perché già a settembre il duca di Savoia è praticamente battuto.

Ora si può veramente celebrare questo matrimonio.

Maria sta studiando la lingua francese. Ha imparato lo spagnolo con facilità; così però non è per questa nuova lingua. Anche nel domani la scriverà e la parlerà non troppo bene.

A Parigi, quando si è parlato di un matrimonio di Maria de' Medici con Enrico IV non poche sono state le perplessità. È che si teme di riavere una seconda Caterina. Timore che nasce senza un metro di giudizio onesto; detto spesso per partigianeria; sollecitato dalla voglia di essere "francesi" a ogni costo.

Ben diversi i sentimenti espressi a Firenze. C'è in questa attesa del matrimonio di Maria un clima di euforia; a Pitti si vivono giorni di trionfo. Una seconda Medici è chiamata a reggere come regina la Francia! Si slargano le mura della città sull'Arno e Firenze si fa europea. Un'occasione del genere muove un intero esercito di sarti, di ricamatrici, di parrucchieri, di orafi, di maestri nell'arte di fabbricare scarpe.

A rappresentare Enrico per il matrimonio arriva a Firenze Roger de Bellegarde, e da Roma il cardinale Pietro Aldobrandini. Il Bellegarde, scudiero di Enrico IV, condivide con il suo re l'amore per le donne. È il bel Roger che reca a Maria gli omaggi del suo sposo, che sta attendendola impaziente di conoscerla da vicino, dopo che di lei ha potuto godere soltanto ciò che ha visto nel ritratto mandatogli a Parigi. Bellegarde sa come si parla a una donna e Maria ne rimane estasiata. Sta vivendo una sua personale fiaba e ormai crede nelle fate e nei loro prodigi. Ha visto crescere all'intorno l'interesse verso la sua persona; si sente un'eroina da romanzo; una fanciulla cui la sorte ha concesso il miracolo. Gli applausi la fanno protagonista su quel palcoscenico che è una corte.

Intanto Firenze accoglie gli ospiti: è arrivato, dopo il de Bellegarde, Nicolas Brulart de Sillery nelle vesti di ambasciatore di Enrico IV, lo sposo; stanno anche giungendo ambasciatori da tutte le corti d'Italia e anche d'Europa. Particolare importanza pare abbia il ruolo del cardinale Aldobrandini: egli è la voce – in una corte poi cattolica, qual è quella di Pitti – del sommo pontefice. Si sa che gli è stato anche affidato il compito di dare avvio a una serie di trattative diplomatiche, che vanno ben oltre questo sia pure augusto matrimonio, e che riguardano invece i rapporti fra Francia e Spagna, ivi compreso quello Stato di Savoia, dove proprio in quei giorni il re di Francia sta conducendo una guerra.

Il matrimonio per procura viene celebrato il 5 di ottobre, nella cattedrale fiorentina. È lo stesso cardinale Aldobrandini che officia la messa. Un rigido protocollo fatto di spostamenti e relative sistemazioni – chi a destra e chi a sinistra del messo pontificio – dà alla cerimonia quel tanto di sacrale, quale ci s'aspetta quando si sposa una che sarà regina ed è ufficialmente rappresentato un papa: sono i due poteri, uno in cielo e l'altro in terra, che si stanno congiungendo anche loro in matrimonio. Il Rubens ha descritto l'avvenimento in una sua grande tela: *La consegna dell'anello* o *Il matrimonio per procura a Firenze*, col suo solito stile. Il quadro appartiene a quelli che Maria chiederà al pittore, quando – regina di Francia – vorrà che l'artista descriva la sua storia di donna che ha ottenuto il trionfo in una serie di tele, destinate al suo palazzo del Lussemburgo.

Paolo Pietro Rubens, che ha già presi degli appunti – era presente quel giorno del matrimonio per procura a Firenze – offrirà dell'accaduto una visione magniloquente con una Maria de' Medici che ha lo strascico nuziale sorretto da un amorino, con alla sua sinistra Cristina di Lorena, moglie di Ferdinando I di Toscana e la sorella di Maria duchessa di Mantova. Una tela che ci appare assai retorica.

Di ben altra forza invece l'incisione di Jacques Callot: *Le nozze di Maria*, dove la composizione del gruppo ottiene quel tanto necessario di fastoso, senza però mai scadere nel kitsch.

Il corteo nuziale si era mosso da Pitti e fra un'ala di folla aveva attraversato il ponte a Santa Trinita: cavalieri e carrozze; più di un centinaio gli ammessi a parteciparvi; più altrettanti servi in divise gallonate in oro e argento. Lei: Maria, vestita di bianco con ricami in oro, e il granduca Ferdinando anch'egli in un abito bianco, di seta pesante con sopra un mantello di velluto listato anch'esso in oro. L'anello che era stato inviato da Enrico IV: un diamante di grande valore, gli fu consegnato durante la cerimonia, perché lo desse alla sposa. E il rito fu perfezionato da questa “fede”, che era cosa da re e da regine. Dall’alto del colle di Belvedere si spararono a salve un centinaio di colpi di cannone. Era il saluto di Firenze alla regina Maria.

Seguono i festeggiamenti. A ritmo incalzante. Alle otto della sera del giorno stesso del matrimonio, c’è un gran pranzo nella sala grande di Palazzo Vecchio. Giovanni del Maestro, maggiordomo del granduca Ferdinando I, nelle sue *Memorie*, ci descrive ogni particolare di questo banchetto, che appartiene di diritto all’elenco di quelli fra i più celebri che mai si siano avuti.

I preparativi per il convito avevano avuto inizio che era ancora metà settembre; il del Maestro pare, quando ci descrive i vari momenti del suo lavoro, un architetto di quelli usciti dalla scuola del Quattrocento fiorentino. Niente sfugge al suo controllo; non un solo particolare viene trascurato. Tutto è inteso come spettacolo; come una rappresentazione a glorificare Maria ed Enrico sposi, ma che insieme sia come il promemoria delle fortune d’una casata, qual è quella dei Medici, che – per la seconda volta – sono riusciti a fare ottenere a una delle loro donne il trono di Francia.

Gli “ingegni” delle tavole furono disegnati da Bernardo Buontalenti; Emilio de’ Cavalieri preparò le musiche che allietarono il pranzo, e anche servirono per lo spettacolo che sarebbe seguito. Pietro di Tacca e il Giambologna offrirono la loro arte di grandi scultori, questa volta non per lavorare il marmo o preparare la cera per fondere il bronzo, ma per modellare invece grandi statue di zucchero: monumenti “golosi” che adornarono la sala del banchetto.

Famosi pasticcieri fiorentini erano stati incaricati di preparare il “materiale” adatto per costruire questi perlomeno straordinari simulacri. La confetteria ora collaborava con la scultura! Entrarono nel *cast* di questa preparazione anche esperti di lavori in ferro: a loro fu affidato il compito di preparare le lamine sagomate che avrebbero “retto” – come un’anima rigida – le forme zuccherine.

Fra due finestre occupò grande spazio una credenza a forma di piramide, dove fu esposto un museo di famiglia: furono infatti in mostra le suppellettili le più preziose che i Medici tenevano nelle loro residenze, ora riunite come a ricordare tutta una loro storia di collezionisti. Grandi quadri allegorici ricordavano che i legami fra la Francia e la Toscana erano stati, nell’andare del tempo, sempre improntati all’amicizia.

La lista delle vivande è frutto della fantasia – inesauribile, perlomeno a scorrere l’elenco! – sempre di Giovanni del Maestro. Cinquanta piatti fra “caldo” e “freddo”; i nomi scelti per segnare ogni portata potrebbero dare il titolo a racconti di fiabe: «Torta di più colori», «Turbanti sfogliati con animali sopra», «Cagnolini francesi da mangiare in bianco», «Galli d’India affagianati in foggia d’idra», «Castelli fatti di salame», «Pasticcio ad uso di drago con carne», «Rose di biscotto».

Maria de' Medici regina di Francia, in un dipinto di Frans Pourbus il giovane, conservato alla Galleria degli Uffizi (Gabinetto fotografico Soprintendenza per i beni artistici e storici di Firenze).

Prima del pranzo si era danzato e anche Maria aveva partecipato alla festa, che si teneva in una sala vicina a quella del banchetto. Dai candelabri migliaia di candele illuminavano a giorno lo splendore delle vesti d'uomini e donne, e davano particolare risalto agli apparati.

Ora alla tavola principale si erano seduti Maria insieme al cardinale Aldobrandini, la duchessa di Mantova (sua sorella), la granduchessa Cristina di Lorena, il granduca Ferdinando, il de Bellegarde. Alle tavole vicine presero posto gli invitati; la cena si svolse con un ritmo adatto a chi decida che le ore passate a tavola sono le più dolci. Poi, quando stava per concludersi l'andare e venire di paggi che servivano, calò nella sala, all'improvviso, l'oscurità. Una schiera di servi aveva spento le tante candele, e dall'alto del soffitto scesero allora due nuvole di colore rosa, dalle quali apparvero – come per miracolo – una Giunone, che aveva in testa una corona tempestata di brillanti e reggeva nella mano destra uno scettro, e una Pallade, che era circondata nella persona dalle multicolori luci dell'arcobaleno. Le due dee cantarono lodando gli sposi e quando uscirono di scena ecco di nuovo riapparire, con la stessa rapidità con cui erano scomparse, tutte le luci delle candele. Maria: regina come Giunone, saggia come Pallade, aveva ottenuto il massimo delle lodi. La sala rimandava la sua immagine moltiplicata da specchi sapientemente disposti. Dopo il pranzo si danzò ancora, mentre venivano serviti marzapani, fragole, cialdoni, canditi di frutta, dolcetti con marmellate, pistacchiate.

Un confettiere fiorentino – di nome Coriolano – aveva avuto l'incarico di preparare tutte quelle delizie. A lui era stato anche chiesto di preparare alcune casse di dolci, che sarebbero state imbarcate sulla nave che doveva portare Maria da Livorno a Marsiglia. Dovevano questi dolci servire per le colazioni a bordo, ma anche per mostrare ai francesi, non appena sbarcata Maria a Marsiglia, che Firenze era all'avanguardia anche nell'arte della pasticceria.

In attesa che Maria s'imbarcasse per la Francia si susseguirono le feste in suo onore. Ogni famiglia nobile fiorentina cercò di onorare la Medici. Più di tutti s'impegnarono i Riccardi nella loro casa di Gualfonda (oggi via Valfonda). Da loro le celebrazioni in onore di Maria raggiunsero toni di vera apoteosi. Nel giardino di questa splendida residenza – era un po' freddo però, e i francesi se ne lamentarono, quasi a casa loro godessero, in ottobre, di un clima ancora estivo! – nel giardino di Gualfonda, dunque, si radunarono tutti quelli che erano stati gli ospiti della serata memorabile di Palazzo Vecchio, per assistere a quegli spettacoli che i Riccardi avevano accuratamente preparato.

Ci furono giostre di cavalieri armati all'antica, gareggianti, che corsero il *Saracino*; sfilate di carri allegorici; cortei di fanciulle e fanciulli in costumi vari, che cantarono su musiche espressamente preparate per l'occasio-

Maria de' Medici nelle vesti di Minerva in un'incisione di Duthé da un dipinto del Rubens.

ne; damigelle che offrirono a Maria de' Medici canestri d'argento ricolmi di frutta, come a ricordarle che lasciava una Firenze, e insieme una Toscana, ricca di simili delizie. Si tenne anche una finta caccia, e mentre Diana, rappresentata da una bella fanciulla, percorreva sopra un cocchio i viali del giardino, vennero liberati molti animali: cinghiali e lepri che fuggirono via inseguiti da mute di cani. Centinaia di colombi alzandosi nel cielo furono l'ultimo saluto di una Firenze che applaudiva la Medici.

Il 16 ottobre fu il giorno della partenza di Maria. Cinque galere del papa, cinque dell'Ordine dei Cavalieri di Malta, sei fiorentine, una francese, e – navigando protetta da questa scorta – quella "reale", che portava Maria in Francia. Quest'ultima nave era stata costruita appositamente per la solenne occasione, meglio dire che su uno scafo già in cantiere a Livorno erano state fatte speciali modifiche, fino a rendere la barca una sorta di vascello delle meraviglie.

Il vascello aveva infatti assunto l'aspetto come di un palcoscenico, dove si dovesse danzare un balletto in onore degli dèi: la prua era stata tutta dorata e le fiancate dipinte con fregi argentati; sulla tolda erano state poste due insegne: quelle di Francia e di Toscana, con stemmi in rubini e diamanti. Le cabine erano state tappezzate in seta e oro; le decorazioni delle sale da soggiorno e da pranzo in avorio ed ebano.

Il segretario di Stato Belisario Vinta era stato incaricato di informare Ferdinando, granduca di Toscana, di come si sarebbe svolto il viaggio e di riferirgli sulle accoglienze che avrebbero ricevute appena arrivati in Francia. Nel nome del pontefice si era imbarcato il cardinale Colonna. Il Bellegarde stava intanto informando Maria e il suo seguito quale sarebbe stato il cerimoniale da seguire, una volta arrivata a Marsiglia. Nei giorni in cui sarebbe avvenuto l'incontro di Maria col marito Enrico IV.

Quando la piccola flotta di navi arriva a Marsiglia, Maria è l'unica a non essere stanca. È fin d'ora che dà prova di quella sua forza e di quella sua resistenza alle fatiche, che mostrerà negli anni che verranno. Eppure non s'era trattato di una traversata tranquilla; il pericolo dei pirati che infestavano quei mari, dove la flotta nuziale era passata, e poi due tempeste che avevano messo a dura prova i marinai e anche lo stomaco dei viaggiatori, avevano dato al lungo viaggio toni da avventura. Il mare, veramente brutto, aveva costretto la flotta a fare una sosta a Portofino, ma perdurando il maltempo era stata la stessa Maria a chiedere che si ripartisse. E il 26 di ottobre le navi si rimisero in viaggio. Ci si ferma a Genova e poi ad Antibes, dopo si tocca Tolone, dove Maria riceve la visita di alcuni plenipotenziari, che vengono a rendere omaggio alla nuova regina di Francia.

Il venerdì 9 novembre c'è l'arrivo a Marsiglia. La città è pavesata di bandiere e di drappi alle finestre; dai forti si sparano colpi a salve e tutti pare abbiano lasciato il loro lavoro, tanta è la folla assiepata per le strade: dal porto fino al palazzo che accoglie la Medici, i marsigliesi applaudono alla regina cattolica. Loro convinti cattolici, in un Sud della Francia dove erano invece i protestanti ad essere i più numerosi.

Enrico ha intanto inviato un messaggio: non sarà a Marsiglia, ma egli incontrerà Maria fra pochi giorni, a Lione. Occorre che la sposa si dia pace: sarà compensata, dal non vedere il marito, dai tributi d'affetto e dagli onori che Marsiglia le destinerà. Cristina di Lorena, la moglie di Ferdinando, insieme a Belisario Vinta, s'incontrano con i funzionari del tesoro di Stato, e consegnano la dote pattuita per Maria.

Poi mentre la granduchessa riparte per l'Italia, con destinazione Livorno, il Vinta invece resta. Dovrà accompagnare Maria fino a Lione, per l'incontro con lo sposo Enrico. Il Vinta resta anche perché non vuol tornare a Firenze senza una ricevuta, firmata di suo pugno dal re di Francia, con la quale si attesti che egli ha avuta la dote di Maria. Per ora l'hanno fatto i suoi funzionari, ma la prassi richiede la garanzia reale. Tanto più poiché si tratta di una cifra altissima di denaro.

Il 9 dicembre – Maria è già arrivata a Lione da qualche giorno – alle ore nove della sera, ecco che viene annunciata a Maria una grande sorpresa: Enrico IV è arrivato. Era impaziente – egli dice, come per scusarsi di non aver seguito alcun protocollo – di vederla e parlare con lei. Desiderava questo incontro con tutte le sue forze. Spinto dall'amore, aggiunge. Cenano assieme; veramente Maria l'ha già fatto, ma ora si siede di nuovo a tavola con lui che la guarda estasiato, dicendole che nessun ritratto avrebbe mai potuto dirgli quanta fosse la di lei bellezza.

Più tardi vengono mandati via tutti i presenti al pranzo e la notte è ora di Enrico e Maria.

Il 17 dicembre, nella cattedrale di Lione, avviene la cerimonia del matrimonio, dopo quello per procura stipulato a Firenze. Il re veste di seta bianca, listata in oro e ha in capo un piccolo tocco guarnito di diamanti. Maria indossa un abito di velluto, bianco anche per lei, su cui ha posto un gran mantello del colore della iris fiorentina: di un viola cupo, guarnito di gigli di Francia tessuti in oro e di pietre preziose. È bella: più bella di quelle dame di corte che sono presenti alla cerimonia e che passano per essere delle autentiche bellezze.

Dopo la cerimonia nella cattedrale, c'è un gran banchetto che si tiene nelle sale dell'arcivescovado di Lione. Qui non c'è stata la mano del cerimoniere fiorentino di Palazzo Pitti. Il menu è un po' tirato via. Buoni cibi, ma niente di raffinato. Ma tutti possono vedere coi loro occhi che Maria, vicina a Enrico, lo sta guardando con occhi innamorati.

È un buon inizio. Ma soltanto il domani dirà se il futuro corrisponde alle promesse di questo giorno di Lione.

E il domani non fu veramente dei migliori. Maria de' Medici fu odiata dai francesi con la medesima passionalità con la quale avevano odiata la regina Caterina.

E Maria non possedeva né l'intelligenza né l'ardire di colei che l'aveva preceduta. In più aveva scelto come suoi confidenti la solita Leonora Galigai, e poi suo marito Concino Concini, ambedue alla caccia di denaro e d'onorificenze. Odiati dalla corte per le loro malefatte.

Quando nel 1610 Enrico IV morì, Cosimo II governava la Toscana e mandò le sue condoglianze a Maria. Era addolorato – scriveva – perché la morte di suo marito era come la scomparsa di uno che è di famiglia. E poi la fine di un monarca che muore pugnalato da un fanatico mentre viaggia in carrozza per recarsi a una festa, lascia impressionato ognuno che eserciti lo stesso mestiere. Quasi un avvertimento della fragilità di un trono, così sempre esposto alla furia di mille avversari.

Cosimo II non scrisse però niente di quanto gli avevano riferito nel tempo i suoi ambasciatori da Parigi: cioè che il contegno di lei, di Maria, era ritenuto dai francesi offensivo contro perfino il buonsenso; che la consideravano una donna carica di presunzione; ambiziosa fino alla follia; che poi spendeva cifre da capogiro, procurandosi il denaro non dal suo personale patrimonio, ma richiedendolo ai tesorieri dello Stato. Maniaca dell'etichetta, della formalità, del cerimoniale, per tutto quello che riguardava gli onori che essa voleva fossero tributati alla sua augusta persona.

Per questa sua condotta erano ormai in pochi a non odiarla, e alla palese inimicizia del cardinale Richelieu, si era anche aggiunta quella dello stesso suo figliolo, Luigi XIII.

Il pugnale del fanatico Ravaillac che uccide Enrico IV pare però giuocare una carta a favore di Maria. Il parlamento le affida infatti la reggenza, anche perché non si può dichiarare Luigi, allora di poco più di nove anni, sovrano a tutti gli effetti. Il Concini e Leonora Galigai hanno ora ancora di più consolidato il loro potere. Maria non fa ormai più niente senza i loro consigli. Lui ottiene il marchesato d'Ancre, acquistandolo con i soldi dei francesi: quelli versati nelle casse dello Stato per ben altri fini, che non per soddisfare le ambizioni sfrenate di questo ingordo italiano. Così si pensa a corte, né la reazione a questo contegno di Maria e dei suoi "soci" si fa troppo attendere. Lei riesce miracolosamente a tenere la reggenza fino al 1617, e sarà allora proprio suo figlio, Luigi XIII, ora nuovo sovrano di Francia, che provvederà a fermarla. Viene rinchiusa allora in una sorta di prigione dorata, con un'azione che però sa tutta di arresto in piena regola. Maria è infatti ora "trattenuta" nel castello di Blois, guardata a vista da una scorta armata, che apparentemente è incaricata di proteggerla da chissà quali oscuri nemici, ma che ha soltanto il compito di sorvegliarla, perché non possa fuggire.

Si prepara intanto la fine degli intriganti Concini. Dieci anni infatti dopo

Enrico IV *insieme a Maria de' Medici e ai figli in un dipinto del Pourbus.*

L'assassinio di Enrico IV *e, in alto, il supplizio inflitto al suo uccisore (Gabinetto delle Stampe della Biblioteca Nazionale di Parigi).*

Leonora Galigai in un ritratto dei primi del Seicento.

il matrimonio con Leonora, il Concini verrà ucciso da alcuni gentiluomini. Era il 24 aprile del 1617, e si trattò di un vero e proprio agguato.

È Luigi XIII che non ha voluto più avere d'intorno questo pericoloso fiorentino. Né viene risparmiata Leonora Dori Galigai: arrestata con l'accusa di esercitare la stregoneria, la donna non può più essere protetta da Maria. La regina è caduta anche lei in disgrazia, e sta subendo anche lei l'arresto. Leonora, mandata in una cella della Bastiglia, vi morirà pazza. Finiva così una stagione: i francesi, che hanno accusato di machiavellismo tanti fiorentini, non fecero eccezione per i Concini.

Ma Maria riuscì a evadere. Una fuga rocambolesca che può essere posta negli elenchi di quelle celebri. Con qualche pizzico anche di comico, poiché quando lei si calò dalle finestre delle sue stanze, la corda che doveva sorreggerla rischiò sotto il suo peso di rompersi. L'avventura si concluse però felicemente. Nella sua prima parte, perché poi fu tragica nel seguito.

Maria fugge dalla Francia; lei rifiuta, ancora carica di quell'orgoglio che l'ha condotta a questa condizione, aiuti da Firenze. Non intende tornare in Toscana nelle vesti di una regina respinta dal suo popolo; preferisce quest'esilio. Non ha però alcun mezzo economico. La ritroveremo ad Anversa che vive con ciò che le passano i figli. Poi devono esserle venuti a mancare perfino quei pochi denari che riceveva da loro, ed ecco Rubens, il "suo" pittore, che l'aiuta quando lei va a rifugiarsi a Colonia. La morte deve esserle sembrata una liberazione.

Una Medici non certo fortunata. Causa lei stessa delle sue sciagure: così si è detto da molti, ma va considerato ancora una volta il delicato momento che la vide sul trono. Lei non possedeva la forza, la volontà, l'ostinazione severa e costante di una Caterina. Erano fatte di pasta diversa, anche se provenivano dalla medesima casata. Eppure i Medici devono a Maria un distintivo onorifico, che non è certamente da poco: Maria ebbe come figlio Luigi XIII re di Francia; l'altro suo maschio fu Gastone duca d'Orléans; una delle sue figlie andrà sposa al re Filippo IV di Spagna, e un'altra ancora al re d'Inghilterra, Carlo I. I Medici con la loro prole stavano spargendosi a macchia d'olio. Da una di loro era nata gente che stava regnando sull'intera Europa.

Nessuno si ricordò, a Parigi, o volle ricordarsi, che la povera Maria aveva portato in dote somme favolose insieme a dei gioielli straordinari. Fu detto che aveva dilapidato il suo e il denaro dello Stato con delle spese sconsiderate, ma non sono mai stati offerti dei conti precisi.

Può ben darsi che per la povera ex regina esiliata nella casupola di Colonia, nella miseria più nera, ci fossero ancora molti suoi personali denari in forzieri cui era suo diritto attingere.

La sua salma: perfino quella, non fu dapprima accettata, perché riposasse nel sonno eterno nelle tombe dei re. Solo dopo morto il Richelieu, alcuni – rimastile amici – ottennero che il suo corpo fosse tumulato nella chiesa di Saint Denis. Accanto a quello del marito.

Maria Maddalena d'Austria: una moglie regale

Cosimo II de' Medici, figlio di Ferdinando I e di Cristina di Lorena, godrà di poca fama e di poca vita. Nato nel 1590, morirà infatti nel 1621 a trentun anni: un granduca che, quasi sempre malmesso come salute, deve lasciarsi guidare da una moglie: Maria Maddalena, che poi è in lotta aperta con la madre di Cosimo II: Cristina di Lorena, che non intende lasciare spazio alla nuora più che intraprendente, visto che in fatto di amore per il potere lei riesce perfino a superarla.

È veramente passato il tempo non dico di Piccarda Bueri, moglie di Giovanni di Bicci, o di Contessina de' Bardi, moglie di Cosimo il Vecchio, non dico dunque di loro, ma perfino di donne come Lucrezia Tornabuoni, madre del Magnifico, o delle due Orsini: Clarice moglie del grande Lorenzo e Alfonsina sposata al loro figlio Piero; ora in famiglia Medici si sono andate a cercare mogli appartenenti a casate o che regnano o che con i regnanti hanno stretti legami di parentela. Ed ecco che per Alessandro, duca di Penne, che è il primo a governare lo Stato toscano dopo avviatosi il Principato, entra in scena come moglie Margherita d'Austria, figlia di Carlo V imperatore; ecco che Cosimo I sposa Eleonora di Toledo, figlia di un viceré spagnolo; ecco che il loro figliolo Francesco I si lega in matrimonio con Giovanna d'Austria, sorella di un imperatore; ecco Ferdinando I, il fratello di Francesco, che s'è tolto per regnare la veste di cardinale, che sposa Maria Cristina di Lorena che è nipote della regina Caterina, nata da una figlia di lei: Claudia, che è sposata a Enrico di Lorena. E ora ecco come moglie di Cosimo II Maria Maddalena d'Austria, nata a Graz nell'ottobre del 1587, dall'arciduca Carlo, tanto regale lei da discendere da una casata che ha avuto fra i suoi l'imperatore Carlo V, il che significa l'uomo più potente nell'Europa del Cinquecento.

Maria Maddalena d'Austria deve avere ereditato nel sangue il gusto del potere da tali antenati, né si risparmia dall'esercitare il comando quando, ormai granduchessa a Palazzo Pitti, deve – e c'è da credere lo faccia con grande entusiasmo – governare nel nome d'un marito: Cosimo II, le cui forze sono andate via via scemando, minato com'è il figlio di Ferdinando I da un male che non gli dà tregua.

Maria Maddalena d'Austria in un disegno di Impero Nigiani.

Eppure agli inizi del legame tra i due, Cosimo e Maria Maddalena, c'era stato qualche tempo felice. Avevano scoperto di avere in comune l'amore per il lusso e per quegli apparati e funzionari che fanno di una corte un luogo privilegiato. E hanno giuocato senza alcun risparmio a recitare nel ruolo di grandi regnanti nonostante non lo concedessero le misure geografiche dello Stato di Toscana. Anche se occorre dire che a questo rimediava, e bene, quella straordinaria ricchezza che ancora faceva dei Medici una delle famiglie grandi dell'intera Europa.

Il matrimonio fra Maria Maddalena e Cosimo è stato concluso dopo lunghe trattative; il granduca Ferdinando I de' Medici deve valutare, nel caso faccia sposare il figlio a Maria Maddalena, quali saranno le reazioni di Parigi da sempre antagonista di Madrid, da dove caldeggia queste nozze il re Filippo III, che ha sposato Margherita, sorella di Maria Maddalena. In Francia è andata a fare da regina Maria de' Medici figlia di Francesco I, e tutto ciò è servito a stringere dei legami che occorre non dimenticare.

I primi contatti nei quali si parla di questo matrimonio sono del 1602: Cosimo ha dodici anni e Maria Maddalena quindici. La schermaglia fra Firenze e Madrid, fra Firenze e Graz si protrarrà nel tempo fino al contratto matrimoniale che viene firmato a Madrid nel giugno del 1608. I due fidanzati hanno avuto il tempo di crescere di età: ora Cosimo ha diciotto anni e lei ventuno. Nel contratto si parla di dote da versarsi da parte della famiglia di Maria Maddalena, ma anche di quanta servitù addetta alla sposa dovrà essere assicurata da Firenze.

Il matrimonio per procura avviene a Graz nell'agosto del 1608. Rappresenta Cosimo de' Medici un Orsini: Paolo Giordano, giovane elegante e di gentili maniere. Si è evidentemente voluto dimenticare la morte di Isabella de' Medici uccisa dal marito: un Orsini anch'egli. Riguardo al matrimonio, Cosimo ha dovuto farsi rappresentare da un procuratore, impedito, come ha scritto a Maria Maddalena, di recarsi personalmente a Graz perché indisposto. Il 22 settembre Maria Maddalena si mette in viaggio e giunge via mare, imbarcandosi a Trieste, nel porto di Ravenna. È accompagnata da un grande seguito: ha già, con convinzione, iniziato a recitare in quel ruolo di regina che pensa debba competerle. Arriverà in Toscana il 15 ottobre e il 18 c'è il suo ingresso ufficiale in Firenze: seguono celebrazioni e festeggiamenti a non finire: Maria Maddalena trova meraviglioso il Palazzo Pitti.

Ferdinando I de' Medici muore nel dicembre 1609; ora granduca è suo figlio Cosimo II e Maria Maddalena è la nuova granduchessa di Toscana. Ha inizio quella sorta di duello, che può anche a volte assumere l'aspetto di una tacita complicità, che vede schierate la stessa Maria Maddalena da una parte, e dall'altra sua suocera Cristina di Lorena. Si contendono l'effettiva direzione dello Stato toscano ora guidato dal debole Cosimo II. La prima

Cosimo II *in un'incisione di Adriano Haluech.*

nel sacro nome di un matrimonio consacrato a tutti gli effetti; la seconda in quello dei diritti di una madre da sempre ritenuti insostituibili.

Sarà uno scontro che durerà fino alla morte, nel 1631, di Maria Maddalena, ormai scomparso Cosimo II nel 1621. Il loro matrimonio lo si può anche dire felice: Cosimo è un uomo gentile d'animo e mite di carattere. Si sono poi trovati in perfetto accordo – egli e Maria Maddalena – nel volere attorno a loro – lo ripetiamo – una corte che sia come testimonianza di una loro ricchezza e del loro amore per le cose belle. A Pitti la servitù è numerosissima; Maria Maddalena provvede ogni giorno a istruirla su come muoversi e come poterla contentare. È una padrona esigente, ma gentile. Non lesina il denaro; sa ricompensare chi la serva bene.

In fatto di figli la coppia dei granduchi non si è risparmiata. I mali di Cosimo non pare siano stati di alcun ostacolo all'esercizio del suo ruolo di marito: Maria Cristina, nata nel 1609; Ferdinando, nel 1610; Giovan Carlo nel 1611; Margherita nel 1612; Mattias nel 1613; Francesco nel 1614; Anna nel 1616 e Leopoldo nel 1617 seguono con ritmo annuale (fatta eccezione per il 1615): una notevole *performance* dei due sposi. A Ferdinando toccherà il trono; Giovan Carlo e Leopoldo seguiranno le orme di altri Medici dello ieri e saranno cardinali; Mattias e Francesco scelgono d'essere soldati e comandano truppe in molte parti d'Europa; Margherita sposa un Farnese e Anna Ferdinando Carlo d'Austria figlio di Claudia de' Medici. A ognuno un suo ruolo; a ognuno una sorte: la Signora di Graz non poté dirsi che soddisfatta.

Gli anni che la sorte concede a Cosimo sono pochissimi. Dal 1620 in poi poche sono le ore nelle quali riesce ad alzarsi dal letto. Maria Maddalena gli è vicina e cerca più modi per rendere al marito meno tristi quei suoi giorni di malattia. Cosimo morirà il 28 febbraio 1621, all'età di trentuno anni.

Gli succede il figlio Ferdinando II, ma egli ha appena undici anni; Cosimo, considerata l'età del figlio, ha provveduto nel suo testamento a nominare reggenti fino alla maggiore età di quello Maria Maddalena e sua madre Cristina di Lorena. Ed è stata una decisione pessima! Infatti le due signore, mutando completamente quelle disposizioni che erano state prese circa un secolo prima da Cosimo I, cioè dell'affidare molte delle cariche dello Stato ad amministratori scelti fra gente di grande competenza, intendono ora governare con un Consiglio di reggenza da loro scelto e dove ognuna di loro sistema dei propri candidati. Scelti fra l'alto clero e la grande nobiltà: un vero disastro politico, che si riflette poi gravemente sulle stesse finanze dello Stato.

La corte di Palazzo Pitti complica ancora quell'etichetta di perbenismo che si mescola però alla più ostentata delle eleganze nel vestire e negli incontri. Maria Maddalena pare voglia salire sempre su di un trono più so-

Gruppo di famiglia: Maria Maddalena d'Austria, Cosimo II *e il figlio Ferdinando (Firenze, Galleria degli Uffizi).*

lenne; nella Villa Imperiale del Poggio – da lei comprata dalla famiglia degli Orsini e fatta ristrutturare e ampliare – ha voluto fosse posto in facciata lo stemma degli Asburgo, e una lapide dove un «Villa Imperialis...» che avvia l'epigrafe è chiaramente intesa a ricordare al mondo che la splendida casa è luogo prediletto proprio da lei: Maria Maddalena, Signora Imperiale.

Seguono ancora, dopo la morte di Cosimo II, i giorni dello scontro fra lei e Cristina di Lorena, la suocera, ma le due si troveranno d'accordo nello scegliere per il giovanissimo Ferdinando II una moglie.

La scelta era caduta su Vittoria della Rovere, figlia di Claudia de' Medici e di Federico della Rovere Signore di Urbino. Si firmò un contratto di nozze stilato da esperti notai e si attese. Ed effettivamente – come si vedrà in altra parte di questo libro – l'attesa non fu breve. Il fatto era che l'anno di questo perlomeno straordinario contratto matrimoniale è il 1623, e a quella data Ferdinando II aveva dodici anni, mentre Vittoria, la figlia di Claudia, nata nel 1622, neanche compiuto un anno. E la sposa lattante si preparò a entrare in Casa Medici come granduchessa di Toscana. Così come accadrà se si avrà la pazienza di aspettare.

Maria Maddalena, la Signora Imperiale, morì nel 1629 all'età di quarantadue anni.

Claudia de' Medici e sua figlia Vittoria

Figlia di Ferdinando I e di Cristina di Lorena, Claudia de' Medici era nata il 1604, ultima dei nove figli dell'ex cardinale Ferdinando e della nipote della regina Caterina. La veste ecclesiastica, abbandonata dopo la morte del fratello Francesco I e dell'odiata Bianca Cappello, dava però buoni frutti: Ferdinando sarà un buon principe, attento nel seguire le vicende del suo Stato e anche ben visto dai suoi sudditi. Il che è cosa piuttosto rara nel mondo della politica.

Cosimo II aveva per Claudia, sua sorella, deciso per un marito più che discutibile: Federico della Rovere duca d'Urbino era uomo corrotto e violento; sempre infatuato di aver nuove conquiste femminili e dilapidatore di denaro. Il matrimonio venne celebrato nell'aprile 1621, nella Villa Imperiale. Cosimo II fa da padrino; Claudia è una donna di rara bellezza; è nata nel 1604 ed al momento di sposarsi ha diciassette anni.

Probabilmente qualcuno l'ha avvertita che colui che sta sposando è un uomo da tenersi invece alla larga, ma lei può avere contato sulla propria avvenenza e poi sperato che la cattiva fama del marito sia stata ampliata dalle voci di gente malevola. Quando però lei arriva a Urbino presto si rende conto di come sarà triste la sua condizione; il marito conduce a palazzo le sue amanti e le fa vivere assieme a loro con una disinvoltura degna di migliore causa. Claudia è incinta, ma ciò non le risparmia le più crudeli umiliazioni; il saggio e vecchio duca Francesco Maria della Rovere, padre di Federico, cerca come può di consolarla, ma le offese recatele dal marito colpiscono talmente la giovane signora che deciderà di lasciare Urbino e trasferirsi a Pesaro assieme a Vittoria, la figlia appena nata. Una bambina che non può certo indovinare che reciterà in Casa Medici in un ruolo di particolare importanza.

Quando Claudia tornerà a Urbino sarà la morte del marito a darle finalmente respiro. Federico della Rovere muore il 28 giugno 1623 per un male che non fu possibile diagnosticare, tanto che si parlò di veleno. Ma se fu così, coloro che avrebbero voluto vederlo morto erano però molti e sarebbe difficile il potere indicare un nome. Corse voce che sarebbero stati i Medici da Firenze a ordire una sorta di silenziosa congiura, offesi da come Federico si comportava con Claudia e decisi a vendicarsi. Ora nel palazzo di Urbino restano Francesco Maria della Rovere, Claudia e la bambina Vittoria; per poco però, ché Claudia torna a Firenze e assieme alla figlia va a vivere nel monastero della Crocetta.

Intanto però le cose sono andate complicandosi per Urbino e per i della Rovere, ed è bastato a produrre una sorta di cataclisma politico l'elezione al pontificato del cardinale Maffeo Barberini che aveva preso il nome di Urbano VIII. Il Conclave votò il suo nome il 6 agosto 1623, circa un mese dopo che Federico della Rovere era morto a Urbino. E proprio per Urbino il papa Barberini fece conoscere qual era la sua idea: lo Stato retto dai della Rovere – così aveva deciso Urbano VIII – doveva tornare alla Chiesa, visto che proprio dalla Chiesa era stato concesso in feudo ai della Rovere, doveva ora tornare a chi aveva nel passato concesso quel feudo. Era una vera espropriazione ai danni di Claudia e di sua figlia Vittoria, un'offesa verso i Medici che dal futuro matrimonio di Ferdinando II e della stessa Vittoria avrebbero ottenuto quelle terre che erano invece richieste da Urbano VIII.

Inutile fu la protesta fiorentina, per ricordare che Urbino era doppiamente uno Stato da essere amministrato dai Medici: prima, perché Vittoria ne era la legittima duchessa, e poi anche perché una Medici ancora, Caterina, era stata la figlia di Lorenzo duca d'Urbino, e il ducato le era stato tolto con le armi da un altro papa, Adriano VI, che l'aveva posto nelle mani d'un suo parente, Francesco Maria della Rovere.

Come si può vedere, la situazione si stava complicando, e avrebbe richiesto da parte di Firenze un gesto audace, con l'occupazione militare del ducato d'Urbino e il mettere il papa di fronte a un fatto compiuto. Ma le cose andarono diversamente: Ferdinando II era ancora troppo giovane, Cristina di Lorena e Maria Maddalena d'Austria troppo bigotte per osare di ribellarsi a un papa. E fu così che Urbano VIII fu il primo a muoversi e a mandare un contingente di truppe, per salvaguardare i suoi diritti – come disse – non appena il della Rovere fosse venuto a morte.

Vittoria della Rovere crebbe così nel convento della Crocetta, ora lei senza più Urbino, ma rassicurata dall'accoglienza fiorentina che tutto sarebbe lo stesso andato bene per il suo matrimonio di domani. Firenze intanto, per quel rispetto che si doveva alle decisioni di un pontefice, accettò formalmente che Urbino fosse della Chiesa. L'accordo fatto stabiliva anche che sarebbero toccati ai Medici alcuni dei beni che formavano il patrimonio del ducato, ma poi quando venne il momento si dovette rinunciare – salvo le suppellettili, i quadri e i mobili del palazzo ducale – anche a questa sia pur magra consolazione.

Quando – ormai tredicenne Vittoria della Rovere – si poté perfezionare

Claudia, figlia di Ferdinando I *e madre di Vittoria della Rovere, in un'incisione di Adriano Haluech.*

l'atto di nozze fra lei e l'ormai ventiseienne Ferdinando II (anche se per ora i due, prima di convivere assieme, dovevano aspettare ancora qualche anno), Urbano VIII aveva tolto alla giovane sposa ogni speranza di potere ricevere come dote, per trasmetterlo al marito, il ducato di Urbino, che era saldamente nelle mani della Chiesa.

Maffeo Barberini, il papa Urbano VIII, pareva proprio avesse completamente rinnegato il fatto d'essere lui stesso fiorentino, nato nella città di Dante da una famiglia che proveniva dalla Val d'Elsa. Trasferitosi a Roma s'era sentito talmente interprete del ruolo di pontefice da essere romano in tutto e per tutto, nel nome del suo Stato che aveva come capitale Roma medesima.

Su Urbino era apparso inflessibile, e la sua avversione contro i Medici l'aveva ormai così apertamente dichiarata che, anche se ostacolato da sua nonna Cristina di Lorena che confondeva religione con politica, Ferdinando II tentò di ricorrere – chiedendo il suo intervento – allo zio materno, fratello di sua madre Maria Maddalena d'Austria, che era imperatore, al quale lo legava oltre l'affetto il fatto che – curiosamente – non solo avevano lo stesso nome – Ferdinando – ma uguale era anche quel "secondo" che li distingueva nei loro rispettivi assi ereditati come capi di Stato.

La lotta era ora aperta e appariva senza tregua. Mentre infatti Ferdinando, l'imperatore, cercava di fare sentire la sua voce a rabbonire il bollente spirito di Urbano VIII, il pontefice inflessibile – convinto come di stare compiendo una crociata – stava istigando i preti e i frati che agivano in Toscana, a non cedere in alcuna controversia che li vedesse opposti al granduca Ferdinando II, anche se, visto quel clima bigotto che a Pitti si stava respirando, di liti coi religiosi non ne apparisse l'ombra.

Era anche in quel momento che si consumava la tragedia del povero Galilei e la sua odissea di perseguitato dall'ottusità di un potere religioso, che volle condannare in lui l'inoppugnabile verità di una scienza, che non poteva assurdamente dare ragione a delle caparbie, quanto errate affermazioni dogmatiche.

Ferdinando II, dopo suo padre Cosimo II, non ebbe – già lo abbiamo detto – il coraggio di reagire, di difendere insomma Galileo a costo di correre lui stesso il pericolo dell'Inquisizione, né gli fu sufficiente l'essersi – in seguito – mostrato vicino al Galilei condannato alla segregazione nella villa di Arcetri, per non attirarsi le critiche di chi l'avrebbe voluto vedere difendere lo scienziato a spada tratta, e di altri ancora che giudicarono politicamente questa sua rinuncia, come una prova della debolezza del suo Stato.

La guerra fatta di dispetti e di ripicche, di colpi di mano e di ambasciate irose, fra Urbano VIII e Ferdinando sfociò alla fine in un conflitto di gente armata, quando – era già morta Cristina di Lorena, che aveva finora tenuto a freno il risentimento di Ferdinando medesimo – nel 1643 il granduca di Toscana inviò un contingente di truppe contro Castro, un ducato posses-

Il principe Ferdinando in età giovanile. Incisione tratta da un dipinto del Sustermans.

so dei Farnese, posto vicino a Viterbo, che Urbano VIII aveva strappato agli stessi Farnese, per poi darlo a reggere ai cardinali Francesco e Antonio Barberini, suoi stretti parenti.

Diecimila uomini al comando di Mattias, il fratello di Ferdinando II – il nuovo stratega di famiglia – dopo una serie di controversie, di giorni fausti e infausti, mentre la Toscana alleatasi a Venezia non riceveva gli aiuti promessi, riuscirono a far sì che, con una pace firmata a Venezia il 31 marzo del 1644, le cose tornassero come prima. Che insomma Castro fosse ancora dei Farnese, mentre Urbano VIII era deluso nei suoi ambiziosi propositi.

Non s'era visto ormai da molto tempo lo Stato di Toscana in guerra e, come sempre accade di fronte a questa novità, ci furono voci contrastanti: chi applaudì il giovane principe che osava ora sfidare un pontefice prepotente; chi obiettò invece che l'impresa era inutile, e poi costosa; ben oltre la misura che consentivano le entrate dello Stato che s'erano negli ultimi tempi assai ridotte. Operazione avversata poi anche da coloro che erano portatori di obbligazioni dello Stato, poiché, avendo raschiato ormai il fondo del barile del pubblico tesoro, Ferdinando aveva ora dovuto ordinare che fossero diminuiti i tassi, da pagare per quei debiti contratti dal suo governo con molti di quei borghesi o nobili, che avevano investito il loro denaro in quel prestito di Stato e che videro ora ridotti gli interessi a cifre quasi inesistenti.

Intanto Vittoria della Rovere stava crescendo. La ex sposa bambina, assolutamente indifferente al ruolo impostole dalle circostanze politiche, d'essere una moglie che aveva visto la sua dote – il ducato d'Urbino – sfumare nelle nebbie, non dava prova neppure di essere una consorte che si preoccupasse troppo del bene dello Stato diretto dal marito. Le cronache ce ne riferiscono come di una donna frivola, tutta presa nell'esibire abiti lussuosi, e occupata per la maggior parte del suo tempo in impegni mondani. Ma bisogna ricordarci anche della sua età: Vittoria è, quando comincia a vivere col marito come una moglie deve fare, appena diciottenne, ed è stata fino allora in una sorta di ritiro conventuale, in attesa di un evento che abitualmente viene considerato felice, ma che può essere apparso alla ragazza come qualcosa di impostole dalle circostanze, e poi privo di ogni fascino. Ora poi ancora di più, dopo che s'era liso nella sua fantasia con tutti quegli anni di attesa, trascorsi dal giorno "ufficiale" del suo matrimonio con Ferdinando.

Va detto questo, perché poi scopriremo che essa fu invece da altre fonti considerata come donna saggia, timorata di Dio, attenta ai suoi impegni; pronta a dividere col marito gioie e dolori. Due suoni dunque di diverse campane che potrebbero però essere stati tutti prodotti dallo stesso strumento. Accade infatti che attraverso gli anni si modifichino gusti e costu-

Vittoria della Rovere in un disegno di Impero Nigiani.

mi: Vittoria può bene essere stata da giovanissima in un modo, e poi – donna matura – in un altro. Forse non era simpatica; né faceva niente per modificare questa prima impressione in chi lei stava incontrando; i suoi litigi col marito erano poi divenuti l'argomento preferito dalle malelingue di Toscana e anche di fuori. Ogni tanto si spandeva perfino la voce che lei stesse ormai per separarsi dal consorte; che i loro rapporti coniugali erano ormai finiti, ma molte di tutte queste voci appartengono alla moda assai cortigiana di far pettegolezzo.

La vita fra lei e Ferdinando non fu però di quelle felici; li divideva il fatto di non essersi scelti, ma d'essere stati uniti nel più balordo dei modi, con quel fidanzamento assurdo fatto con lei in fasce e con le labbra bagnate dal latte della balia.

S'aggiunga poi che pare incominciare con loro, in Casa Medici, la malasorte dei pochi figli, come il presagio di quella successiva completa impossibilità della famiglia ad avere discendenti, che li seguissero sul trono di Toscana.

Ferdinando e Vittoria infatti videro morire appena dopo nati i primi due figli, Cosimino nel 1639, che era vissuto soltanto pochi giorni, e poi una bambina di cui si ignora perfino il nome, quasi si sia voluto lasciare ancora legata al cielo questa figliola, che era stata terrena neppure per un giorno. C'è infatti una scritta sulla lapide della tomba che accoglie le sue spoglie, che tradotta dal latino così avverte dell'accaduto: «Che chi legge non chieda il mio nome. Sono stata figlia del granduca di Toscana, battezzata dopo essere entrata nella vita, cercai subito e felice le vie del cielo».

Finalmente al terzo parto, ecco però un erede che per ora rassicura circa la successione: lo si chiama Cosimo, come a mostrare che in famiglia Medici si crede ancora in questo nome così fortunato per le sorti politiche della casata. E quel nome, perlomeno in fatto di lunga vita, portò ancora una volta veramente bene al nuovo arrivato ché – nato nel 1642 – Cosimo III vivrà fino al 1723, giungendo a toccare il traguardo allora altissimo di più di ottant'anni.

Il matrimonio di Ferdinando con Vittoria doveva dare, molti anni dopo, un altro figlio: Francesco Maria, nato nel 1660, poi cardinale e – come vedremo – curiosamente coinvolto anch'egli in un'avventura matrimoniale che gli tolse l'abito religioso nella speranza di mostrarlo come un Medici finalmente prolifico, in un'operazione che andò però totalmente fallita.

Intanto si erano dipanate le sorti della vita delle sorelle di Ferdinando II: Cristiana, Margherita e Anna, e a ciascuna era toccato un diverso destino. Il primo esempio è di quelli amari, e toccò subirlo alla povera Cristiana, che morì a ventitré anni appena, dopo il fallimento di ogni tentativo di darla in sposa a qualcuno: lei deforme e malatissima. Morì nella villa di Poggio Imperiale nel 1632. Era vissuta sempre in solitudine; vergognandosi di mostrarsi al mondo; aveva trovato conforto solo nella preghiera, aiutata dalla nonna Maria Cristina, che le era stata assai vicina.

Per Margherita, di tre anni più giovane di lei, la sorte era stata invece assai favorevole. Margherita appartiene alla schiera dei Medici fortunati. Sposatasi con Odoardo Farnese, lei appena quindicenne, aveva subito conquistata la piccola corte di Parma con la sua bellezza e con la sua intelligenza. Anche lei, come accadrà a Claudia a Innsbruck, fu pronta, alla morte del marito, ad assumersi il compito di amministrare lo Stato, ancora troppo giovane il loro figlio Ranuccio per rivestire cariche di governo.

Margherita, in questa sua reggenza, dimostra la stessa saggezza che l'ha vista amministrare quegli affari della corte Farnese, che finora il marito stesso le aveva affidati. È una donna che ha ottenuto il successo per le sue doti naturali di bellezza, di fascino personale, ma anche per il suo interesse agli studi, che la vide protagonista a Parma di molte imprese culturali; lei amantissima del teatro e della musica; lei che volle avere vicini artisti raffinati; lei cultrice di quell'eleganza che non divenne però mai esibizione di lusso o sfoggio di inutili orpelli. Morirà nel 1679: unica superstite dei figli di Cosimo II de' Medici.

Per Anna, la più giovane delle sorelle di Ferdinando II, ci fu invece un matrimonio fuori d'Italia, che parve combinato in famiglia per rafforzare i legami già esistenti con l'Austria. Anna, ormai trentenne, venne fatta sposare al cugino Ferdinando Carlo, arciduca d'Austria, figlio anche lui di una Medici: proprio di quella Claudia, madre di Vittoria, sposatasi in seconde nozze con Leopoldo d'Austria.

Una storia di unioni che stanno ancora una volta a segnare ormai una rete intricata di maglie dai legami politici, operata su scelte volta per volta ritenute le più adatte per conservare e accrescere il potere.

Anna non ha niente della bellezza di sua sorella Margherita, ma è gaia, vivace e sa adattarsi alla nuova condizione che ora le impone la residenza di Innsbruck, senza che rimpianga Firenze e il clima mediterraneo. La sua storia è quella di una Medici che non ottiene certo il successo di una Caterina di Francia, ma che sa stare alla pari di sua zia Claudia, di appena dodici anni più vecchia di lei, che ora è divenuta sua suocera.

I tre fratelli Medici: Leopoldo, Giovanni Carlo e Ferdinando, hanno intanto arricchito la Galleria degli Uffizi e di Pitti. Fu quasi una gara fra loro, dove emulazione e desiderio di mostrarsi alla pari l'uno con l'altro, li vide offrire – per questo loro privato museo – i loro personali patrimoni d'opere d'arte, destinati a una rassegna organizzata con un sicuro taglio, che sarebbe divenuta nel prossimo futuro una ricchezza del mondo intero, così come verrà destinata per volontà dell'ultima dei Medici, Anna Maria Luisa, l'Elettrice Palatina.

Fu un lavoro che richiese mezzi in denaro e molta fantasia; i tre fratelli rivelarono grandi doti di organizzatori; ed ecco che gli Uffizi vengono da loro ampliati, ecco che le sale di Palazzo Pitti, destinate alla raccolta, vengono aumentate di numero; ecco ordinato un puntuale lavoro alla ricerca anche di quelle opere d'arte, una volta appartenute alla famiglia, ora disperse per varie vicissitudini. Leopoldo porta come suo contributo, oltre a un gran numero di quadri – si ricordino tutti quelli di scuola veneta – anche la sua personale cura nel seguire i lavori di ampliamento e di sistemazione dei locali destinati alle gallerie. È sua l'idea di dare vita a quella sezione degli autoritratti, che vide in gara i pittori del tempo, e poi di quelli che seguirono, per essere presenti in quella che fin da allora si capì sarebbe divenuta una delle più importanti rassegne del genere.

Ferdinando II volle anche donare alla pinacoteca tutta la sua ricchissima raccolta di oggetti preziosi, lui collezionista di tanti generi: dagli orologi agli scrigni in legno pregiato; dai cammei ai boccali e alle anfore: una schiera di pezzi rari, dove l'arte degli orafi s'era sposata a quella di chi operava nel campo delle pietre dure; il virtuosismo di artisti maestri nel lavorare l'oro e l'argento, a quello di chi sapeva trattare ametiste, agate, onici, topazi. Era una collezione che da sola poteva bastare a dare vita a un intero museo.

Nel campo dei dipinti, la collezione medicea s'era anche arricchita di quei quadri che Vittoria della Rovere aveva avuto come eredità da suo padre Federico. Quando, delusi i Medici nella speranza di ottenere il ducato di Urbino, dovettero contentarsi che la figlia di Claudia riuscisse a ottenere da Urbano VIII che le fossero concessi perlomeno quei mobili, suppellettili e dipinti che adornavano le stanze del palazzo di Urbino.

E un corteo di carri era arrivato a Firenze per uno sgombero veramente "di lusso". Era un patrimonio di cose d'inestimabile valore, fra cui alcune tele che destano nel mondo meraviglia e ammirazione sconfinate: il ritratto di Giulio II opera di Raffaello; le due *Veneri* e la *Maddalena* del Tiziano; le tele di Piero della Francesca, di Sebastiano del Piombo, del Barocci. Firenze perdeva un piccolo Stato, ma la Galleria degli Uffizi conquistava un impero nel nome dell'arte. Il cambio fu sicuramente a favore di Firenze.

Il matrimonio fra Ferdinando e la giovanissima Vittoria non era però così fortunato come la galleria messa su dalla casata. I due non riuscivano, né riuscirono mai, a legare. Vivevano poi in un mondo – qual era ormai quello formato dalla corte di Palazzo Pitti – che mostrava straordinari aspetti di contrasto, offrendo volti molteplici, nell'aggiungersi di manifestazioni così dissimili fra loro, da mai poterci offrire un reale possibile ritratto dell'insieme. Ai toni dell'opera seria, si mescolavano infatti motivi da operetta; alle misure del dramma nobiliare, quelle ben più dimesse di un *vaudeville* da teatrino ambulante.

Ferdinando e Vittoria sono un po' lo specchio di questo confuso insieme,

Il cardinale Leopoldo de' Medici in un'incisione di Adriano Haluech.

che si muove con loro a dare vita a questo variopinto corteo di gente, tanto dissimile nei gusti e nelle abitudini di vita, che va di seguito al granduca e alla moglie con ritmo ineguale. Vittoria mescola lusso e frivolezza con la bigotteria; si circonda di gioiellieri e sarti, come di preti e frati che tiene a corte come a rassicurare se stessa e gli altri che è donna pia e timorata di Dio. È prodiga e avara nello stesso tempo; quieta e inquieta; quando pare abbia scoperto un approdo, eccola di nuovo muoversi per chissà quali altre spiagge. Vuole e disvuole; pecca forse del fatto che tutta la sua vita di fanciulla è stata spesa in attesa di questo ruolo, che l'attendeva, di granduchessa, che ora pare recarle molto meno frutto di quello che lei aveva sperato.

Ferdinando anche lui naviga in acque difficili a mostrare il fondo. Ha ricevuto un'educazione di buon livello; è colto, preparato ad essere un buon principe; ama le cose d'arte e di cultura; sa vivere con la gente; vuol bene alla gente, ma c'è – c'è stato – qualcosa che ha viziato gli anni in cui s'è compiuta la sua stessa educazione. Maria Maddalena e sua nonna Cristina devono averlo ossessionato col terrore del peccato, fino a persuaderlo che allora veramente il peccato possedesse un suo fascino particolare. Accade spesso così, che il gusto della perdizione convince infinita gente di essere invece gradito al palato.

E fu così che Ferdinando divenne un vizioso, pur conservando molte di quelle buone doti, che tutto il suo carattere pareva anticipare. Di lui la cronaca curiosamente parla come di un dissoluto, quanto di un onest'uomo che ha interi i tratti del vero gentiluomo.

Maria Maddalena – sua madre – gli si è detta scandalizzata di quel vizio della pederastia, che sta facendo proseliti a corte, sostenendo come occorresse punirlo con severe sanzioni, e Ferdinando non ha esitato a risponderle che il primo a subire quelle pene sarebbe allora dovuto essere proprio lui: suo figlio.

Comprensibile sgomento della madre, che forse effettivamente niente sapeva di tali abitudini del figlio, o abile manovra di lei per farlo giungere a una diretta confessione, da cui forse potesse anche sorgere la sua redenzione da quel vizio?

Non è facile ottenere una risposta a quest'interrogativo, né è poi così importante averla. Il fatto è che queste abitudini di Ferdinando certamente non lo disponevano ad essere quel consorte e padre di famiglia, così come l'avrebbe voluto Vittoria, sua moglie.

E Vittoria non deve essere stata all'oscuro di queste "distrazioni" che Ferdinando si concedeva, anzi pare – sempre le solite cronache mondane ce ne informano – che una volta il granduca sia stato sorpreso proprio da lei, mentre era in affettuosi rapporti con uno dei più bei paggi della corte medicea. La nota ce ne riferisce anche il nome: Bruto della Molera. Un Bruto

Giovanni Carlo de' Medici in un'incisione di Adriano Haluech.

però che non passerà alla storia per avere ucciso un Cesare, ma al racconto – un po' da fumetto – di uno che da un Cesare si è lasciato invece carezzare.

Che poi, dopo tale episodio, Vittoria abbia negato l'accesso alle sue stanze private a Ferdinando può anche essere avvenuto, ma accaduti del genere non impedirono però che la coppia dei granduchi avesse dei figli, anche se si trattò di una prole non fortunata. I primi due nati infatti, un maschio e una femmina, come abbiamo visto, morirono appena partoriti, e poi gli altri due, Cosimo e Francesco Maria, non furono accompagnati nella vita da troppa buona fortuna, anche se si può imputare direttamente alla loro condotta di non avere mai essi favorito l'intervento – in bene – di quella divinità, così privilegiata perfino nelle pagine d'uno storico severo com'era stato il Machiavelli.

I due sposi ebbero i primi tre figli nello spazio di tre anni: dal 1639 (Vittoria aveva allora diciassette anni) al 1642, anno in cui nacque Cosimo che, data la scomparsa del primo maschio – quello nato nel 1639 – si trovò ad essere il discendente predestinato al trono. Il quarto di loro – Francesco Maria – nacque nel 1660, venti anni dopo che Vittoria aveva partorito Cosimo. E le solite malelingue di corte stabilirono che proprio per quei vent'anni o giù di lì la regale signora avesse proibito il proprio letto a quel Ferdinando notoriamente malato d'amor greco, dopo che era stato sorpreso dalla moglie con quel Bruto di cui si è già raccontato.

Può essere accaduto anche così, ma la verità relativa a questa coppia, è che i due non hanno niente che li attragga fra loro; né certo la loro unione era stata voluta dall'uno o dall'altro, esprimendo un sia pur minimo parere, vista la storia di quella promessa di matrimonio, compiutasi coi due contraenti ancora in fasce. Che poi potessero essere stati successivamente attratti da particolari doti di bellezza, scoperte l'uno nell'altro, starebbe a contrastarlo quello che ci mostra il ritrattista ufficiale di Casa Medici di quel momento: Giusto Sustermans. Vittoria, bamboccиona e ingrassata; dai lunghi capelli di fanciulla, ma col volto arrotondatosi come se gli anni trascorsi vi avessero soffiato dentro tanta banalità, che ci si presenta nelle tele del pittore, o quel Ferdinando che sempre lo stesso artista ha effigiato con quei leggeri baffetti che, tracciati come due virgole, non riescono a coprire due labbra pienotte, e con quegli occhi poi inespressivi come i tratti del resto del volto, non offrono certo della coppia granducale un ritratto che entusiasmi.

Vittoria è fra le donne di Casa Medici una fra le meno fortunate. La malasorte ha incominciato ad accanirlesi contro fino da quando, lei di appena un anno, ha dovuto lasciare quella Urbino sulla quale avrebbe dovuto regnare; Firenze l'ha accolta nel convento della Crocetta in una lunga attesa per un matrimonio senza amore. Si aggiunga che sua madre: Claudia, sposatasi in seconde nozze con l'arciduca Leopoldo d'Austria, l'ha lasciata ancora in culla, e di lei negli anni che sono seguiti si è preoccupata poco o niente. Qualche lettera; qualche invio di piccoli doni: è veramente poco per una bambina.

Vittoria della Rovere, moglie di Ferdinando II de' Medici, morirà nel 1695 all'età di settantatré anni. Sua madre Claudia è scomparsa nel 1648, ancora giovane, all'età di quarantaquattro anni.

Una moglie francese: Marguerite-Louise d'Orléans

Figlia di Gastone, duca d'Orléans, nipote di Maria de' Medici e del re Enrico IV, Marguerite-Louise apparteneva all'alta nobiltà francese ed era fra le prime nella lista delle fanciulle da fare sposare a quei principi europei che erano in attesa di salire su un trono. Il cardinale Pierre de Bonsi, che rappresentava a Parigi il granduca di Toscana Ferdinando II, fu incaricato dei preliminari per questo matrimonio, ma prima gli furono richieste dettagliate informazioni che riguardavano l'aspetto fisico e il carattere della diciassettenne figlia del duca d'Orléans.

La risposta fu sorprendentemente positiva: Marguerite-Louise era bella e buona; paziente e remissiva. E sarà su quest'ultima citata sua dote che più tardi dalla reggia di Pitti si potrà accusare il Bonsi di essere stato cattivo informatore, o per non conoscere la reale situazione, o in malafede. Nell'uno e nell'altro caso che fosse, quanto aveva riferito circa il carattere della nobile fanciulla era stato determinante per convincere il granduca Ferdinando II che Marguerite-Louise sarebbe stata la moglie ideale per suo figlio Cosimo, che non possedeva eccezionali doti di carattere.

Marguerite-Louise si era trasferita assieme alla madre e ai fratelli dal castello reale di Blois a Parigi andando ad abitare in quel palazzo del Lussemburgo, fatto costruire da Maria de' Medici. Il contratto di nozze richiese lunghe e non facili trattative e fu firmato nel gennaio del 1661. Senza che Marguerite-Louise nascondesse d'essere contraria a trasferirsi in Toscana, affermando che per lei lasciare Parigi e ciò che tale città le offriva era cosa che non avrebbe accettata se non le fosse stata imposta con la forza. La verità era che Parigi oltre agli svaghi la interessava perché si era innamorata del principe Carlo di Lorena.

Tutta la situazione si era fatta difficile; il Bonsi garantiva da Parigi che le cose stavano andando per il meglio, ma intanto si andava sempre più facendo forte la resistenza di Marguerite-Louise ad accettare un matrimonio con un Medici. Sosteneva che tutta quanta la Toscana non valeva un solo quartiere della sua Parigi e aveva trovata un'alleata in sua madre Marguerite di Lorena. Da Firenze Ferdinando II cercò l'aiuto del re di Francia Lui-

Marguerite-Louise d'Orléans in un disegno di Impero Nigiani.

gi XIV; gli si chiedeva di intervenire per domare la ribelle fanciulla. E il re intervenne. Sarebbe stato meglio se Marguerite-Louise gli avesse disubbidito. Ma lei disse che si piegava alla volontà del sovrano. E fu così che in Casa Medici si svolse la storia del peggior matrimonio che mai ci fosse stato in famiglia.

A Firenze si seppe che i preparativi già messi in atto per festeggiare le nozze del figlio del granduca non erano stati sprecati. Ci si poteva preparare a sfilate e giorni di gioia; ognuno avrebbe partecipato: popolo e nobiltà, anche se in modi diversi. Ma la gente comune è da secoli che ha appreso il modo di contentarsi.

Marguerite-Louise si imbarcò a Marsiglia su una galera agli ordini del principe Mattias, fratello di Ferdinando II; la nave era accompagnata da una piccola flotta di altre cinque; armate anche per resistere a un eventuale attacco di pirati. Era la tarda primavera del 1661; il matrimonio per procura era stato celebrato il 17 aprile. Marguerite-Louise alla partenza pianse nel lasciare l'adorato Carlo di Lorena che l'aveva accompagnata per tutto il viaggio da Parigi a Marsiglia. Quando le navi uscirono dal porto Marguerite-Louise soffrì le pene dell'inferno: stava lasciando la sua terra e l'uomo che amava. Deve essersi giurata che avrebbe assaporata la vendetta; chi l'aveva costretta a tutto questo erano, secondo lei, Ferdinando II e anche quel suo figliolo Cosimo, che lei aveva dovuto accettare come marito. Il 12 giugno 1661 la nave dove lei era imbarcata entrò nel porto di Livorno. Era per Marguerite-Louise il primo impatto con una terra che mai avrebbe amata. Anzi, odiata con ogni sua forza.

Livorno accolse la sposa francese con grande ricchezza di apparati; la città fu illuminata nella notte da centinaia di fiaccole, e alle finestre delle vie dove passò il corteo che accompagnava la sposa, erano stati appesi arazzi e drappi di seta.

Il giorno 15 giugno Marguerite-Louise entrò in Firenze attraversando lo splendido giardino di Boboli: il giardino di Palazzo Pitti, il suo giardino ormai. La accompagnavano il marito Cosimo e suo padre Ferdinando II, e un corteo di un centinaio fra cortigiani e servi. La sposa francese non fu vista sorridere; già stava recitando nel suo ruolo da ora il preferito: quello dell'eternamente scontenta della vita.

Il 20 giugno 1661 furono celebrate le nozze nel duomo di Firenze; prima della cerimonia i fiorentini poterono assistere alla sfilata del corteo che dalla Porta San Gallo accompagnava la sposa fino alla cattedrale; circa duecento partecipanti: nobiltà e clero; le guardie svizzere al servizio del granduca; il granduca e suo figlio Cosimo; Marguerite-Louise era su una lettiga scoperta tirata da bianche chinee; alcuni giovani delle migliori famiglie fiorentine tenevano alto un baldacchino di seta trapunta d'argento che doveva proteggere la sposa dai raggi del sole d'estate.

Cosimo III *de' Medici in un disegno di Impero Nigiani.*

Sulla prima notte di nozze corsero a Pitti fra quelli della corte sommessi e malevoli sussurri: Cosimo di era dimostrato uno scadente amante; lo dicevano le cameriere personali di Marguerite-Louise. Evidentemente cose apprese dalla loro padrona che già aveva messo in moto una inesorabile macchina di protesta. Può anche darsi che qualcuna delle dame francesi del seguito della principessa, che erano a conoscenza di molte cose, abbiano pensato che questo principe fiorentino, per la verità un po' goffo nel comportamento, non poteva neppure essere paragonato a un Carlo di Lorena. E qualche "esperimento" prematrimoniale era più che certo che Marguerite-Louise l'avesse avuto con il bel duca francese.

Quel clima di non felice imeneo non impedì che seguissero a quello delle nozze giorni e giorni di festeggiamenti: balli, pranzi, corse di cavalli barberi. Si danzò nelle strade e nelle piazze: il popolo applaudiva a dei sovrani così benefici da pensare anche al suo divertimento. Nel chiuso dei palazzi nobiliari si svolgevano intanto feste però riservate; arredatori di grande prestigio erano stati incaricati di dare a questi ricevimenti principalmente il tono del grandioso. Era una gara; come una segreta battaglia a chi vincesse il torneo se non del bello sicuramente dell'eccezionale. Cosimo e Marguerite-Louise cercarono di essere presenti il più possibile; fu un vero *tour de force* che stancò terribilmente lui, ma che parve neppure scalfire lei.

"Festa degli omaggi" con la nobiltà che sfilava dinanzi al granduca; spettacoli nel giardino di Boboli; ancora sfilate per le vie della città; balli e pranzi nei palazzi privati: la sarabanda del "Viva gli sposi" parve non avere fine. La principessa francese però accettò tutto questo senza troppo entusiasmo. Il suo cuore – lo diceva alle dame di compagnia venute con lei da Parigi – era rimasto in Francia. Né si sarebbe mai adattata a vivere così.

Finiti i giorni delle feste, la vita a Pitti riprese col suo piuttosto monotono ritmo. I due novelli sposi si vedevano raramente. Cosimo non faceva niente per convincere Marguerite-Louise che la loro vita in comune poteva anche divenire piacevole. Vivevano in un palazzo da re e Firenze era una città splendida. Da parte sua lei gli fu da pari; si andò di giorno in giorno scavando un solco sempre più profondo che li divise. E ai giorni dell'indifferenza reciproca dovevano seguire quelli degli scontri feroci, delle ripicche, delle liti giuocate come fossero in un torneo e ciascuno dei due cercasse di usare dei colpi segreti con cui ferire l'avversario.

Ora Ferdinando capiva che le informazioni avute dal suo plenipotenziario a Parigi che illustravano la "docilità" di Marguerite-Louise erano completamente false e che lui aveva scelto per il figlio Cosimo la moglie meno adatta. Che perlomeno, non gli restò che questo da sperare, che i due mettessero al mondo un po' di quella prole che occorreva ai Medici per continuare domani a regnare.

Ed ecco, a soddisfarlo perlomeno in questo, che il 6 agosto 1663 Marguerite-Louise partorì un figlio al quale fu dato il nome di Ferdinando. Si sperò che potesse essere come Ferdinando il "III" della casata a regnare. Che le cose sarebbero andate diversamente, in quel momento non lo si poteva indovinare e si fece festa a Pitti e in Firenze per più giorni. Il popolo poté partecipare bevendo e mangiando senza spendere un soldo, tutto offerto dal beneficiente suo granduca. Non c'era che dire grazie a tanta benevolenza. Marguerite-Louise affidò a una balia il bambino e programmò un orario di pochi minuti al giorno in cui lei ci sarebbe stata assieme. Da Parigi le avevano mandato una levatrice francese; si vede che si fidava poco delle italiane. Trascurando il fatto che da secoli ormai nasceva una prole in casa Medici e che nessuna delle donne di famiglia aveva avuto di che lamentarsi per essere stata trascurata partorendo.

Intanto di giorno in giorno la diciannovenne principessa si mostrava sempre più irrequieta. Mordeva il freno come una cavalla bizzarra, né poteva certo essere ridotta alla ragione da suo marito Cosimo, debole com'era di carattere. Intervenne allora il granduca Ferdinando, pensando che la nuora fosse sorretta dalla numerosa schiera delle sue cameriere francesi, le licenziò in blocco, sostituendole con delle toscane.

Allora sì che si scatenò Marguerite-Louise! Che seppe perfino resistere a quegli ordini di farsi obbediente che le giungevano dal re Luigi XIV, che anche le ricordava come una dama del suo lignaggio non potesse mostrare di sé un aspetto per molti riguardi offensivo nei confronti di quella famiglia Medici alla quale era ormai legata dal suo essere sposata al successore del granduca Ferdinando. E Luigi XIV inviò da Parigi volta a volta più suoi funzionari: gente sulla cui nobiltà e autorità Marguerite-Louise non poteva trovare niente da eccepire, perché svolgessero opera di convincimento sulla capricciosa signora.

Fallirono tutti nella loro impresa. Non solo; anzi Marguerite-Louise riuscì a convincerli di essere lei dalla parte della ragione e di come sia il suocero che il marito facessero di tutto per avvilirla. Insomma, che fosse riferito a Luigi XIV che le sue non erano bizze, ma lamentele fondate su basi di verità. Ma il re non si fece convincere e rincarò anzi i suoi rimproveri, accompagnandoli a ordini. Ma fu come cozzassero contro una muraglia indistruttibile: Marguerite-Louise mostrava di possedere una eccezionale forza di carattere. Sempre più irremovibile nelle proprie convinzioni, volle rendere ancora più irrespirabile il clima a Pitti vietando le proprie stanze al marito, e quando fu pregata di ritirarsi nella villa di Lappeggi, e poi in quella di Poggio a Caiano, se ne mostrò felice. Tutto fuorché la vicinanza di un marito che lei non sopportava.

Non desisteva intanto dall'inviare messaggi in Francia. Pregava Luigi XIV di permetterle di tornare a Parigi. Si sarebbe rinchiusa in un convento e non

La Villa medicea di Lappeggi in un'acquaforte dello Zocchi.

avrebbe frequentato quel mondo che pure lei diceva di tanto amare. La risposta del re fu quella di prima. Le ordinava di restare a Firenze e di essere una moglie saggia.

Non si sa se per obbedire al suo re o perché s'era annoiata nella sua vita solitaria, eccola, nell'ottobre del 1665, tornare a Firenze e trattare una resa onorevole col granduca suo suocero. Parve volere far pace anche col marito e le sue stanze gli furono riaperte. Risultato di questa per lo meno provvisoria riconciliazione fu che nell'agosto del 1667 Marguerite-Louise mise alla luce una bambina alla quale venne dato il nome di Anna Maria Luisa. Sarà nel domani quella Elettrice Palatina che ebbe gran peso in quello che fu l'ultimo atto della recita medicea.

Due figli dunque, ma ancora un vivaio insufficiente a rassicurare il granduca Ferdinando per una discendenza. In Casa Medici fino ad allora il futuro del trono era stato garantito sempre da proli numerose. Unica eccezione il momento di Francesco I, figlio di Cosimo I, che era morto senza avere avuto figli maschi, salvo lo sfortunato e poco vissuto bambino dato alla luce dalla sua prima moglie: Giovanna d'Austria. Il figlio avuto da Bianca Cappello: Don Antonio, non poteva essere un successore al granducato in quanto la veneziana lo aveva partorito anni prima di essere legittimamente granduchessa. In quel frangente però la situazione politica europea era ben diversa da questa della seconda metà del Seicento, e poi era stato possibile a Ferdinando, fratello di Francesco I, di togliersi di dosso la veste di cardinale e farsi granduca.

Dopo la nascita di Anna Maria Luisa la bonaccia cessò e il mare, agitato dalle smanie di Marguerite-Louise, tornò di nuovo in tempesta. Ricominciarono le liti fra i due sposi e le intemperanze della capricciosa signora francese. Il granduca Ferdinando pensò allora che era cosa saggia chiedere al figlio di mettersi in viaggio per l'Europa. E Cosimo, figlio obbediente, accettò questa soluzione che effettivamente non risolveva niente dei rapporti fra lui e la moglie, ma che perlomeno avrebbe sospeso lo stato di guerra che c'era fra loro.

Nell'ottobre del 1667 ecco dunque che Cosimo, accompagnato da una piccola schiera di funzionari e servi, parte per la Germania; da qui arriva ad Amsterdam, poi ad Amburgo. Fu accolto dovunque con tutti gli onori e fu veramente all'altezza del compito di rappresentanza che gli era stato assegnato. Quando dopo circa nove mesi Cosimo rientrò in Firenze, suo padre poté congratularsi con lui per i successi ottenuti nel suo viaggio. Per Marguerite-Louise fu invece come non fosse più tornato. Cosimo lei voleva cancellarlo come presenza. Meglio che fosse lontano, ma anche se si trovava nel Palazzo Pitti meglio che lei potesse convincersi che non esisteva.

La situazione si stava facendo ancora più insostenibile e, pochi mesi dopo che il figlio era tornato, il granduca pensò che fosse cosa intelligente il

Cosimo III, *Granduca di Toscana, nelle vesti di Gran Maestro dell'Ordine di Santo Stefano.*

rimetterlo di nuovo in viaggio. E Cosimo lasciò di nuovo Firenze e la Toscana.

Alla fine del settembre 1668 eccolo in Spagna, e furono molte le città da lui visitate, anche qui accolto così come si deve fare per un principe di rango. Dalla Spagna passò in Inghilterra, dove incontrò il re Carlo II. Da là passa in Francia ed è a Parigi, dove dovrà sostenere l'impegno più difficile: l'incontro con Luigi XIV, il monarca perennemente invitato da Marguerite-Louise a concedere il suo ritorno in Francia. Cosimo otterrà un successo personale e Luigi XIV in una lettera a Marguerite-Louise si dirà stupito che lei non apprezzi quelle qualità che suo marito possiede. Ce n'è a sufficienza per scatenare ancora di più l'ira della Orléans.

Nel 1670 Cosimo, ormai tornato a Firenze, successe al padre Ferdinando scomparso il 27 maggio di quell'anno. Ora Marguerite-Louise era ufficialmente granduchessa, ma il suo potere e la voglia di esercitarlo si scontrarono con le pari intenzioni di Vittoria della Rovere, la vedova di Ferdinando II, sua suocera. Fu una lotta aperta fra due primedonne in scena a dire le battute più a effetto; Vittoria aveva dalla sua il vantaggio d'essere circondata da cortigiani fedeli e poi di sapere giuocare sull'accondiscendenza del figlio che la vedeva come una sua difesa da una moglie che lo aveva fatto, e lo faceva, dannare. E a Palazzo Pitti la vita si fece ancora più impossibile.

A fare sperare in una tregua ecco nascere, il 24 maggio 1671, il secondo maschio dato alla luce da Marguerite-Louise. Breve tempo di pace, poi di nuovo la francese sogna Parigi e insiste presso Luigi XIV. Dice di essere gravemente malata; il re le manda da Parigi un suo medico di fiducia. Risultato della visita: la granduchessa era sana e vegeta. Visto fallito quest'ultimo espediente, decide la fuga da Pitti: non sarà Parigi la sua meta, ma la villa di Poggio a Caiano. Il marito accetta la cosa quando già è avvenuta; provvede però a farle dispetto obbligandola ad essere sorvegliata in ogni suo movimento.

Siamo nel dicembre 1672. La *telenovela* va avanti per due anni ancora: nel giugno del 1674 il re Luigi XIV acconsente al ritorno di Marguerite-Louise a Parigi. Lei ha vinta la sua battaglia. Dovrà risiedere però in un convento, ma troverà il modo di farlo divenire un suo privato palazzo dove fa salotto. Ora tocca alle monache dannarsi. E forse per loro è cosa ancora più grave che non per lo sfortunato Cosimo III de' Medici. Si chiude così la storia di un matrimonio.

Violante di Baviera

Entra in scena Violante col compito di recitare nel ruolo della moglie vittima delle circostanze; trascurata dal marito, ma che nobilmente sa ricambiare il suo non amore con una totale dedizione, assistendo lui gravemente malato per anni, senza un solo lamento, convinta del bene che prova per lui; senza mai lamentarsi; senza mai mostrare insofferenza.

Protagonista in questo che può ben dirsi un dramma: il principe Ferdinando, il primogenito di Cosimo III e di Marguerite-Louise d'Orléans. Intelligente e colto, Ferdinando morde il freno in quell'ambiente di Pitti che si alimenta della bigotteria del granduca suo padre: la schiera di ecclesiastici che vive a corte lo disgusta, ed eccolo il più spesso che può trasferirsi in quella stupenda villa di Pratolino che Francesco I aveva fatto costruire come omaggio all'amatissima Bianca Cappello. Qui Ferdinando farà costruire un suo teatro e vi farà eseguire opere importanti, chiamando a dare vita a questi spettacoli musicisti e cantanti tutti più che noti. Alessandro Scarlatti comporrà cinque opere proprio per quel teatro voluto dal principe mediceo. Che si era ispirato e per la struttura del suo teatro e per gli spettacoli che vi si dovevano dare al mondo teatrale di Venezia, città da lui amatissima e nella quale si recava il più possibile, il che equivaleva a dire tutte le volte che suo padre Cosimo III lo riforniva dei denari necessari – e non erano pochi – occorrenti a un principe per garantirsi quel seguito che gli era necessario, tutta gente che avrebbe dovuto essere alloggiata negli alberghi veneziani, particolarmente cari nel periodo del carnevale, momento che coincideva con quello delle nuove rappresentazioni teatrali.

Distratto da questa sua passione, alla quale è da aggiungersi lo straordinario amore che Ferdinando dimostrava per certi suoi favoriti: prima il famigerato Cecchino, e poi per un certo Petrillo, soprannominato De Castris: *nomen omen*!, condotta questa che gli veniva rimproverata sia dal padre che da tutta la corte, come disonorevole per il buon nome di lui al quale sarebbe dovuta toccare la successione al trono in Toscana. Ma i rimproveri non scuotevano per niente Ferdinando. Fu più che un'impresa faticosa convincerlo a sposarsi. Accettò barattando la promessa con la concessione, da parte di suo padre Cosimo, di permettergli un nuovo soggiorno a Venezia.

E ora seppe che per moglie gli era stata destinata Violante di Baviera, dopo che erano fallite le trattative per la figlia del re del Portogallo. Violante era invece figlia dell'Elettore Ferdinando di Baviera e di Adelaide di Savoia, ma anche sorella della Delfina di Francia. Il matrimonio avrebbe accontentato Germania e Francia, andando ad aggiungersi a quell'ormai alto numero di nozze medicee che segnavano scelte parallele: da Giovanna d'Austria, moglie di Francesco I, a Cristina di Lorena, moglie di Ferdinando I; da Maria Maddalena d'Austria, moglie di Cosimo II a Marguerite-Louise d'Orléans, moglie di Cosimo III.

Violante di Baviera aveva soltanto quindici anni e non si poteva certo dire bella con quel suo aspetto ancora da bambina, ma era colta e gentile; la corte e il popolo l'accolsero con simpatia. Era il gennaio del 1689 e c'era un freddo insopportabile quando furono celebrate le nozze nel Duomo, la cui facciata era stata ricoperta d'intonaco e poi affrescata con molta abilità da alcuni eccellenti arredatori bolognesi, più che esperti nel preparare apparati per feste. Violante era arrivata a Firenze da dieci giorni, né esiste una spiegazione plausibile per questo ritardo nel celebrare il matrimonio, se non il tergiversare di Ferdinando, che cercava ancora con ogni mezzo di mostrare la sua insoddisfazione per quella unione. Sapeva bene che non gli era concesso di evitare di sposarsi, ma voleva ancora dire al mondo che a quelle nozze egli era stato costretto.

Quanto a Violante, lei aveva provato per Ferdinando fin dall'inizio un amore che rimarrà saldo fin che lui visse, e dopo finché lei visse. Era commovente vedere come questa ragazzina cercasse di riuscire gradita allo sposo e insieme ai di lui familiari e all'intera corte di Pitti. I festeggiamenti che accompagnarono le nozze la resero felice, come a significarle che aveva trovato una nuova famiglia e una nuova patria. Ferdinando non le sembrava fosse felice, ma avrebbe fatto che nel domani lo fosse: una buona moglie riesce a fare miracoli.

Ma il miracolo non avvenne. Un terribile male: la sifilide, attaccò il corpo di Ferdinando. La malattia pare essere il frutto di una sua notte veneziana con una prostituta, ma ciò che vale per la nostra storia è che ogni speranza nel domani cessò di esistere nel cuore di Violante. Quel male fu la fine dei suoi sogni; quel male del marito la rese improvvisamente più che adulta. Come le pesassero addosso anni e anni di vita. Non per questo si arrese: stette vicina al marito curandolo, mentre il suo terribile male gli toglieva di giorno in giorno le forze, mentre il suo corpo si andava impiagando. Il principe Ferdinando morì il 30 ottobre 1713. Violante ormai più che legata al mondo fiorentino e toscano scelse di non tornare in patria; le fu dato un appartamento a Palazzo Pitti e la bella villa di Lappeggi. Quan-

Violante di Baviera, sposa di Ferdinando de' Medici, in un disegno di Impero Nigiani.

Ferdinando de' Medici, figlio di Cosimo III, *in un'incisione di Adriano Haluech.*

do però si seppe del ritorno a Firenze di Anna Maria Luisa, l'Elettrice Palatina, Violante capì che sarebbe stata sovrastata dal carattere imperioso della cognata e comunicò al suocero che si sarebbe trasferita a Monaco alla corte del fratello, ma – anche per richiesta di Gian Gastone de' Medici – fu pregata di rimanere e, visto che vivere a Palazzo Pitti le avrebbe imposta la vicinanza dell'Elettrice, Violante fu nominata governatore di Siena.

Nel 1725 Violante fu a Roma per le celebrazioni del Giubileo; tanta fu l'ammirazione che l'augusta signora riscosse nel mondo dei porporati che il papa Benedetto XIII, anch'egli convinto delle straordinarie doti di cultura e di umanità della vedova di Ferdinando de' Medici, le concesse l'onorificenza della Rosa d'Oro.

Lasciato il suo incarico a Siena, Violante tornò a vivere a Firenze, nel suo appartamento a Palazzo Pitti. Era stata convinta a questo suo ritorno dal grande affetto che le portava Gian Gastone. Assieme formarono un'alleanza che li schierò contro l'Elettrice Palatina, che non si risparmiava nel recitare nel ruolo di primadonna.

Violante muore nel maggio del 1731.

Anna Maria Francesca di Saxe-Lauenburg moglie di Gian Gastone de' Medici

Questa volta fu un Medici ad andare a vivere in casa della moglie, e poi in un posto lontano da Firenze e di nessuna attrattiva: Reichstadt, vicino a Praga. Allora poco più che un paesotto di campagna, dove il palazzetto abitato dalla "principessa" non aveva niente che potesse dirsi regale. Per Gian Gastone de' Medici trasferirsi dallo splendido Palazzo Pitti in quella più che triste residenza dove viveva la moglie, Anna Maria Francesca di Saxe-Lauenburg, significò precipitare dalla luce nelle tenebre. Quanto a quel suo matrimonio, egli si era comportato da vero sprovveduto, ciecamente accettando una scelta infelice fatta da sua sorella Anna Maria Luisa che aveva guidata tutta l'operazione dal suo palazzo – questo bello! – di Düsseldorf, anche lei sicuramente fuorviata – visto l'affetto che aveva per il fratello – da errate informazioni. E infatti era stato un inganno in cui l'Elettrice Palatina era caduta, fidandosi però un po' troppo di quella intuizione che riteneva essere una delle sue doti maggiori.

La sposa era veramente il peggio che si potesse trovare: una vedova tutto fuorché bella, tutto fuorché intelligente, tutto fuorché di buon carattere. Una virago che avrebbe resa la vita del povero Gian Gastone la peggiore che si possa immaginare.

Il matrimonio fu celebrato nella cappella del palazzo di Anna Maria Luisa de' Medici a Düsseldorf senza troppo far festa: un suo ritratto dunque più che veritiero fino dal suo inizio. La sposa apparve a Gian Gastone ancora più brutta di quello che non pensasse. Era il giorno 2 del luglio 1697 e due mesi dopo gli sposi partirono alla volta di Reichstadt. Era stato infatti inutile, quando si era stipulato il contratto di nozze, convincere la futura sposa a trasferirsi nella reggia di Pitti. Furono insomma accettate da parte di Firenze condizioni inspiegabili, come se quel matrimonio significasse per i Medici e per la loro casata un qualcosa di eccezionale. Forse politicamente lo sperare che, prima con il matrimonio del principe Ferdinando, con questo di Gian Gastone e l'altro di Anna Maria Luisa, la Toscana avrebbe goduto degli appoggi degli Stati germanici. Un'illusione che sarà fra non molto smentita quando il granducato mediceo fu mer-

Gian Gastone de' Medici (disegno di Impero Nigiani).

ce di scambio ai tavoli di un'Europa che mutò sovrani e confini geografici di Stati e Stati.

La vita di Gian Gastone a Reichstadt era un inferno, simile a quello che il suo concittadino Dante aveva disegnato nella sua *Commedia*, ma qui neppure il coro di voci sia pur diaboliche gli avrebbe fatto compagnia: la solitudine fu la sua condanna più terribile. La moglie, che poi non fu effettivamente mai sua moglie, gestiva il palazzetto dove vivevano come fosse una fattoria delle campagne toscane, interessandosi solo a litigare con i contadini; preoccupandosi solo quando uno dei molti cavalli della sua scuderia s'ammalava.

La Boemia fu come l'anticipo della tomba per il secondogenito di Cosimo III. Lo avvilì talmente questa esperienza, fiaccò così il suo carattere, deluse tanto il suo spirito, che quando decise di abbandonare questa insopportabile consorte, e di ritornarsene a Firenze, era ormai tardi per lui. L'esperienza di quegli anni infelici doveva pesare sul suo futuro; il suo già fragile carattere non aveva retto a quell'impatto.

Cosimo si raccomandava a Gian Gastone perché nascessero dei figli, ma quello si difendeva, avvertendo il padre che sarebbe stato ben difficile che il suo matrimonio con questa austriaca potesse dare frutti. Che lei non desiderava insomma di fare da moglie; né che lui ha la forza di poterla seguire nei di lei continui spostamenti. Fra cacce e cavalcate; fra escursioni sui monti e viaggi in slitta sulla neve, Anna Maria Francesca è una donna che non si lascia avvicinare. Gian Gastone, giovane di ventisette anni, conclude – nelle sue lettere al padre – di sentirsi anche adatto a fare sì che i Medici abbiano dei discendenti, ma che gli è impossibile convincere la moglie a prestarsi a quello che occorre perché ciò accada.

Una situazione che aveva del comico, ma quest'ironia non poteva far sorridere il granduca di Firenze. E tanto più dovette preoccuparsi, quando si vide arrivare un messaggio di Gian Gastone, che lo avvertiva che il figlio aveva deciso per un viaggio a Parigi. Accampava a scusa una visita: necessaria, non si sa perché, a sua madre Marguerite-Louise. Cosimo III rispondeva che non riusciva a capire questo improvviso interesse da parte del figlio per una madre che lo aveva abbandonato quando aveva pochi anni, e che aveva finora dato segni di ricordarsi di lui solo attraverso poche lettere. Ma Cosimo III capiva anche troppo bene che questo inaspettato viaggio del figlio era dovuto alla impossibilità di sopportare ancora l'ambiente di Reichstadt e Anna Maria Francesca, e non a un affetto che lo spingesse verso sua madre lontana.

Dopo due viaggi, Gian Gastone ritornerà a Firenze nel 1705, lui dice per sempre, ma due anni dopo eccolo ripartire per la Boemia. Come il castello di Reichstadt esercitasse su di lui un misterioso fascino. La birra e il vino sono la sua consolazione; la moglie lo lascia fare, indifferente che lui viva o muoia. Gian Gastone tornò dunque a Firenze – questa volta veramente per sempre – nella primavera del 1708. Ha tempo per vedere morire suo zio Francesco Maria, nel 1711, e poi suo fratello Ferdinando nel 1713.

Eleonora Gonzaga Guastalla, ovvero l'estrema speranza

Senza una sicurezza di potere avere dei successori; un figlio, Ferdinando, destinato a morire per sifilide; l'altro maschio, Gian Gastone, che era tornato a casa, avvilito dal matrimonio con una virago austriaca, malato anche lui; la figlia Anna Maria Luisa, stessa sorte: nessun erede, e poi non sarebbe valso un nipote per parte di lei, da far salire sul trono; avrebbero detto no i "padroni" d'Europa: questa era la disastrosa condizione di Cosimo III, granduca di Toscana. Peggiore cosa non poteva toccare a un sovrano.

E fu allora che un cardinale, ora felice di ciò che gli stava concedendo il buon Dio, che avrebbe fornito alla storia semplicemente un nome, e niente di più, si ritrovò anche lui nei panni di un protagonista. Un eroe, anche se al negativo.

Il candidato destinato all'operazione è quel buontempone di Francesco Maria, ormai cinquantenne, fratello di Cosimo III. Si spera insomma che questo gaudente, che trascorre il suo tempo non certo dedicandosi a pratiche religiose, ma nel bengodi da lui personalmente organizzato nella bella villa di Lappeggi, scopra una sua linfa segreta per generare un figlio. E ci si rifà, proprio con termini di augurio per la felicità dell'operazione, a un episodio della stessa storia dei Medici, ricordando come – circa un secolo prima – Ferdinando, figlio di Cosimo I, avesse rinunciato al cardinalato per assumere le redini dello Stato, seguendo a Francesco I prematuramente morto. Ed era stata tanto coronata da successo l'operazione di allora, che l'ex cardinale fattosi granduca aveva avuto da Maria Cristina di Lorena un nugolo di figli. Una vera felice messe, che aveva rassicurato la casata che tutto sarebbe ancora continuato in fatto di potere.

Non altrettanto soddisfatti dovevano dichiararsi i Medici di questo secondo esperimento; questa volta ogni speranza andò delusa. Il gaudente Francesco Maria non trovò dunque per la sposa procuratagli quell'ardore necessario per fare un figlio, o fu lei stessa che si rifiutò, scontenta di essere stata unita a quest'uomo che non amava? La cronaca parrebbe indirizzarci verso questa seconda risposta.

Peccato, perché Eleonora Gonzaga Guastalla poteva anche essere il segnale che, dopo tante straniere, si era pensato di ricorrere a una consorte tutta italiana, e anche che si sperava con questa scelta di ottenere migliori risultati che non quelli che Violante di Baviera e Anna Maria Francesca di Sassonia avevano saputo offrire coi matrimoni di Ferdinando e Gian Gastone.

Ma la tutta italiana Eleonora confermò che la sorte si volgeva ormai contro la famiglia dei Medici. Non tollerò infatti la bella signora – come le cronache ci riferiscono – neppure la presenza di questo Francesco Maria che le avevano imposto come marito. Odioso – come lei lo trovava – sotto ogni riguardo: fisicamente e intellettualmente. Il che, a dire la verità, parrebbe un giudizio di lei assai parziale, poiché se è vero che le gozzoviglie e il troppo amore per la tavola avevano trasformato Francesco Maria da quel gentile giovane che era stato in una sorta di barilotto di grasso, la sposina non poteva negare che fosse un uomo di spirito e di buone maniere. Ma la ragione spesso non è a corredo dell'amore, ed Eleonora si rifiutò di consumare con quell'odiato marito il matrimonio.

Eppure la pregarono in ogni maniera; intervennero perfino quelli di casa sua: che lei pensasse al bene superiore dello Stato; che – anche se controvoglia – lei si sacrificasse. Ma non ci fu niente da fare: nella villa di Lappeggi i due sposi novelli passavano le giornate evitandosi scambievolmente. Ormai si dovevano odiare; lei – a stare a certe voci – pare si distraesse con qualche amore coi funzionari del marito; lui bevendo ancora di più di quello che non facesse prima.

Magari se quelle evasioni, che pare la Gonzaga si concedesse, fossero state almeno fruttuose! Si sarebbe accettato volentieri il figlio di chiunque, purché nato in casa, e da potersi ufficialmente proclamare frutto di un incontro fra i due sposi ufficiali. Ma Eleonora non volle contentare i Medici, neppure usufruendo di questa straordinaria concessione. Insisteva anzi nel mandare lettere accorate di protesta per le sue disgraziate condizioni al padre, il duca di Guastalla, chiedendo il suo aiuto per essere tolta da un così triste modo di vivere.

Non dovette però patire a lungo. L'anno dopo il matrimonio – era il 1711 – Francesco Maria, il cardinale che aveva dovuto lasciare gli ordini nella speranza d'essere il salvatore della casata, moriva. Si spegneva con lui ogni speranza. Ora i Medici non potevano veramente più offrire un loro discendente. Era quello che in molti Stati d'Europa si sperava. Il boccone della Toscana era appetitoso e in più amavano sedersi alla tavola e averlo come piatto personale.

Il cardinale muore; e resta così per Pitti una terza vedova. Eleonora si univa a Violante di Baviera e ad Anna Maria Luisa. La moglie di Gian Gastone, dopo la fuga del marito, vedova per la seconda volta, aveva invece

Francesco Maria de' Medici in un ritratto di D. Campiglia.

detto che mai si sarebbe allontanata dal suo amatissimo castello di Reichstadt.

La vedova dell'ex cardinale s'ingrassò e passò da un amante all'altro; con una disinvoltura che dette scandalo. Una donna con quelle "qualità" avrebbe ben potuto accontentare il granduca Cosimo: Francesco Maria valeva un suo sacrificio, sull'altare di dare un discendente ai Medici. Ma non andò così; spesso la storia dà risposte imperscrutabili.

Una grande protagonista: Anna Maria Luisa de' Medici Elettrice Palatina

Abbiamo scritto di Marguerite-Louise e del suo capriccioso carattere; delle sue bizze e infine del suo addio a Firenze e alla Toscana, per tornarsene in quella sua prediletta Parigi. Il ruolo di madre – anche di questo abbiamo parlato – non lo sentì mai come suo, e il rapporto coi figli fu di pura formalità. Né i figli cercarono di ottenere più di questo sentimento che lei mostrava di avere verso di loro, principalmente perché ogni loro gesto di possibile amore rimase sempre puntualmente deluso.

Anna Maria Luisa nacque l'11 agosto 1667. Sua madre non si era risparmiata in sfuriate d'ira per dire che lei avrebbe continuato negli svaghi che le piacevano e che non rinunciava ad essi in considerazione che doveva partorire. La fortuna dovette assisterla, e insieme assistere la bambina che nasceva, perché il parto andò bene e la neonata si mostrò in piena salute. Sarà affidata a una schiera di persone che ne dovranno avere cura; quanto a sua madre, saranno rarissime le occasioni in cui potrà incontrarla. Molto vicina a lei sarà invece la nonna Vittoria che è come se, in questa nipotina, scoprisse il modo di dire agli altri, e forse anche a se stessa, che c'è in lei una grande possibilità di amare. Se il suo matrimonio con Ferdinando II è stato un fallimento, ecco ora come una luce inaspettata che illumini quelle stanze di Palazzo Pitti, dove lei ha dovuto vivere tante ore tristissime. A questa nonna alla quale andrà l'affetto di Anna Maria Luisa va aggiunto lo zio: il cardinale Francesco Maria, al quale lei si sentì molto legata e con il quale tenne una fitta corrispondenza quando, sposata, visse a Düsseldorf.

Essere una Medici, ha riempito d'orgoglio Anna Maria Luisa fanciulla. Ha scoperto che la famiglia alla quale appartiene è famosa da secoli. Ancora prima di avere ottenuto il Principato. I nomi di Cosimo il Vecchio e di Lorenzo il Magnifico hanno gran parte in questo trionfo della casata. Loro: i Medici hanno mosso le leve di una Europa politica; hanno ottenuto sempre rispetto e ammirazione. Ed è orgogliosa l'Anna Maria Luisa giovinetta a pensare che due donne, Medici come lei, sono state regine di Francia. I volti di Caterina e Maria incontrati nelle tele della grande galleria di famiglia, lei ha pensato le abbiano affidato un alto compito. Non dovrà deluderle.

La vita a Pitti è allietata nei giorni in cui si può uscire all'aria aperta dalla splendore del giardino di Boboli: un giardino veramente da re! Anna Maria Luisa assieme alla nonna Vittoria percorrono i larghi viali, si sperdono nei labirinti erbosi: Vittoria della Rovere, cinquantenne, è ingrassata nella pigrizia della corte, ma sa stare accanto alla nipote. È da lei che Anna Maria Luisa saprà molte cose che riguardano sua madre Marguerite-Louise. Vittoria non avrà avuto alcun bisogno di colorire gli accaduti: la "francese" vi aveva provveduto in proprio; Anna Maria Luisa non può non avere ascoltate le voci della corte "scandalizzata" per le follie di Marguerite-Louise.

La giovane principessa intanto ha diviso il suo tempo fra lo studio e gli esercizi all'aria aperta. Impara perfettamente la lingua francese, e discretamente la lingua tedesca; è brava in latino e mostra grandi attitudini per la musica e il canto. Cosimo III, suo padre, che l'adora, è particolarmente felice per queste doti della figlia; è lei che gli rende i giorni accettabili in quel clima di Pitti dove sua moglie Marguerite-Louise imperversava con le sue stranezze. Sa però bene che dovrà giungere il giorno del distacco; occorrerà trovare uno sposo per la figlia che sia di alto grado, così come spetta a una donna Medici. E Giovanni Guglielmo di Sassonia, Elettore Palatino, sarà lo sposo per Anna Maria Luisa. Gode di grande autorità e prestigio in Germania; il suo palazzo di Düsseldorf può stare alla pari con Palazzo Pitti. Giovanni Guglielmo è rimasto vedovo dopo la morte di sua moglie Eleonora Maddalena, sorellastra dell'imperatore Leopoldo I; questo nuovo matrimonio l'entusiasma; si è innamorato della Medici appena visto il dipinto che la ritrae, mandatogli da Firenze. E ancora di più questo suo entusiasmo si accresce, quando la incontrerà di persona.

Il matrimonio per procura fu nell'aprile 1691; il 7 maggio Anna Maria Luisa, accompagnata da suo fratello Gian Gastone, partì per incontrare il marito; era accompagnata da alcune persone di fiducia che le sarebbero state vicino a servirla a Düsseldorf e da un seguito di addetti alla sua persona per la maggior parte tedeschi; Gian Gastone l'accompagnò fino a Verona.

Il suo impatto col nuovo ambiente che avrebbe incontrato le era stato facile anche per la lingua; lei conosceva già bene il tedesco, quando era arrivata a Düsseldorf nel luglio del 1691, dopo un viaggio che era durato circa tre mesi. Non perché lei avesse dovuto procedere con lentezza, per le difficoltà opposte dal fango che era sulle strade, ma per quel programma già ben prestabilito, denso di inviti e di soste, che era seguito al suo matrimonio per procura, avvenuto con gran fasto nel Duomo di Firenze. Era accaduto il 21 aprile dello stesso 1691, e poi lei – partita – si era fermata a

Anna Maria Luisa de' Medici in un'incisione di D. Campiglia.

Bologna, dove aveva incontrato quel seguito che l'avrebbe accompagnata fino alla residenza del marito; fra di loro anche chi sarebbe rimasto al suo servizio, compresa quella fedelissima Dorotea Függer, la donna che poi le sarà vicina, come governante, per quasi tutta la sua vita.

Il marito l'aspettava a Innsbruck; erano state preparate grandi feste per l'arrivo della Medici a Düsseldorf, ma lui forse può avere desiderato di rendersi subito conto se questa moglie – che arrivava così da lontano – fosse veramente somigliante a quel piccolo ritratto di lei, che gli avevano portato da Firenze tempo avanti, perché si decidesse a chiederla in sposa.

Nel dipinto gli era apparsa come una donna alta, dalla carnagione bianca, dai capelli neri e dagli occhi dolci, con dei denti bianchissimi che lei mostrava con un lieve sorriso fra le labbra ben disegnate. Giovanni Guglielmo effettivamente si fidava dei pittori: tutti sapevano della sua passione per le cose d'arte, fu però lieto di constatare di persona, e con un po' d'anticipo sulla data ufficiale dell'incontro con Anna Maria Luisa, che chi l'aveva ritratta era rimasto fedele all'immagine che aveva di fronte.

Non ne fu deluso; i quattro giorni passati quasi sempre a cavallo, fatta eccezione di poche ore per dormire, cui era stato costretto per trasferirsi da Düsseldorf a Innsbruck, non gli erano pesati, quando aveva visto venirgli incontro, nella residenza di Eleonora Maria, la regina vedova di Polonia, questa sposa avuta per procura. Anna Maria Luisa de' Medici era veramente una donna di raffinata bellezza e poi di grande stile. Giovanni Guglielmo può anche, segretamente, essersi domandato come mai lei avesse tardato tanto a trovarsi un marito: i ventitré anni che aveva erano infatti già oltre l'età abituale di una principessa per essere data in sposa, ma conosceva anche molti di quei retroscena, che ora gli avevano concesso d'essere il prescelto dalla Medici. C'erano stati infatti, in precedenza, già dei candidati, volta a volta però respinti o dalla sorte o da lei medesima. Lei si era sentita donna che mai avrebbe accettato di legarsi a un qualche principe italiano, che fosse signore di un piccolo Stato. Per lei poi – in Casa Medici – si mirava in alto, ma scegliere un re come suo sposo, come era parso attuabile nel 1686, quando si era pensato di farla unire al re del Portogallo, era risultato difficile, ché la dote richiesta i Medici non erano stati in grado di offrirla, ora poi che l'antica ricchezza dei forzieri di famiglia, aveva lasciato il posto a quel solo denaro che si poteva ricavare dalle tasse dei sudditi. Dieci anni avanti – lei ancora quasi bambina – c'era stata perfino la possibilità di vederla promessa come moglie al Delfino di Francia, figlio di Luigi XIV, ma anche in questo caso tutto era andato in fumo. Si era detto allora che l'impresa era fallita, proprio per la gelosia mostrata dalla stessa madre di Anna Maria Luisa: quella Marguerite-Louise d'Orléans che, dopo essere stata a Firenze sposa di Cosimo III e avergli dato, non certo lei felice che accadesse, tre figli, fra cui Anna Maria Luisa, aveva cercato con ogni mezzo a sua disposizione di tornarsene a Parigi, convinta che vivere in Firenze fosse troppo noioso per una dama come lei, abituata ad altri lussi e a frequentare ambienti molto più chic.

Che però lei fosse avversa ad un eventuale trasferimento in Francia della figlia, per sposarsi con il futuro re, apparirebbe forse incomprensibile, ma l'animo umano è assai sfaccettato. Non è facile potere ora capire quali fossero i sentimenti che agitarono quello di Marguerite-Louise d'Orléans. Forse stava ricordandosi del potere esercitato da Caterina de' Medici, due secoli prima, come regina di Francia; forse dell'autoritarismo di Maria: anche lei una Medici che, ancora come regina, aveva dominato Parigi con molta imprudenza. Ma Marguerite-Louise temeva forse più di tutto che, una volta arrivata Anna Maria Luisa, lei fosse costretta a sentirsi nella condizione d'una nobile signora, ormai non più giovane, cui spettasse soltanto il compito di applaudire alla fortuna toccata in sorte a una figlia. Comunque stia la cosa, il Delfino di Francia non fu poi il promesso d'Anna Maria Luisa. Un matrimonio d'altra parte – la sorte decide da sola nelle vicende umane – che non le avrebbe mai consentito di raggiungere il grado di regina, poiché il candidato al trono premorì al padre nel 1711.

Anna Maria Luisa restò dunque in attesa di quel principe azzurro che doveva arrivarle da molto lontano. E l'Arno si trasferì sul Reno, in svantaggio – come grandezza – il fiume toscano, rispetto al grande fratello, ma c'era anche Firenze che andò a Düsseldorf, e questa volta la carta era a favore della città dei Medici. Düsseldorf, che aveva a suo unico vanto di essere un porto franco, e quindi una via di commercio fiorente, era infatti soltanto una cittadella, fortificata nel Medioevo, con appena sette o ottomila abitanti. Ma Giovanni Guglielmo di Neuburg, lo sposo accettato da Anna Maria Luisa, era un uomo di potere: Elettore Palatino, un grado altissimo in Germania, fratello dell'Imperatrice, e anche erede di molti possessi: i ducati di Jülich e di Berg, le contee di Mark e di Ravensberg, fra quelli di maggiore consistenza territoriale e politica.

Il marito di Anna Maria Luisa aveva, quando lei lo sposò, trentatré anni; non era bello, ma era uno cui piaceva vestirsi con eleganza; che coltivava la musica e la buona lettura; che s'interessava d'arte e cercava, nei limiti che gli erano consentiti, di atteggiarsi a mecenate. Era vedovo di una prima moglie, e questo particolare sarà forse dispiaciuto ad Anna Maria Luisa, nel timore che il suo matrimonio potesse apparire agli occhi della gente quasi come un ripiego. Lei considerata, insomma, come una principessa, ormai con qualche anno in più di quelli abitualmente scelti per andare a nozze, che va a consolare i giorni di un vedovo, sconosciuto poi nell'ambito del mondo fiorentino.

Era come l'antifavola per eccellenza; era il prosaico che dominava; né sarà mancata qualche punta maligna. Specie da quegli antimedicei che ancora vivevano in città, mai decisisi attraverso i secoli a rinunciare ai sogni repubblicani di un'ormai lontana Firenze. Ma Anna Maria Luisa aveva ugualmente accettato.

Giovanni Guglielmo quando impalmò questa Medici – una scelta che qualcuno nel suo paese gli rimproverò – era ancora cresciuto di grado: gli era morto infatti il padre, l'anno prima, ed egli era stato insignito del grado di Elettore di Pfalz, il che – nell'assai complicato giuoco della Germania di allora – voleva dire essere potente quasi quanto l'imperatore.

Anna Maria Luisa va quindi in moglie a un personaggio importante, e Giovanni Guglielmo può ora dimostrare ai suoi sudditi, specialmente a quelli più restii a convincersi che egli avesse ben scelto, che questa moglie fiorentina era una donna di molte doti e virtù.

La corte di Düsseldorf era composta da nobili che esercitavano l'arte della mercatura, che facevano affari, che operavano nel settore del commercio: adatti quindi ad accettare una Medici, che portava – come eredità – tutta la tradizione di un'antica ricchezza, ottenuta con le stesse operazioni da loro esercitate.

L'ammirano poi, dopo averla conosciuta, anche come una che non sceglie di rinchiudersi in casa, timorosa del freddo e della vita all'aria aperta; lei invece grande cacciatrice; lei che cavalca come non avesse fatto altro nella sua vita; lei forte nella persona e buona mangiatrice, che ricorda loro qualcuna delle donne decantate dalla pittura tedesca del tempo. E poi è bella; con quella sua persona statuaria, ma anche flessuosa; col segno degli esercizi all'aperto; maestosa forse, ma non da incutere timore in chi l'incontri; sempre poi desiderosa di apparire "familiare"; pronta a conversare, con insieme quel riserbo che indica in lei la voglia di una *privacy*, che le conceda di gustare la vita di casa.

Fra la madre e la figlia, tra Marguerite-Louise che vive a Parigi e Anna Maria Luisa sistemata a Düsseldorf, non riprende neppure ora una qualsiasi forma di dialogo: Marguerite-Louise è come se volesse dimenticarsi di avere avuto dei figli da un marito che le è stato odioso. Neppure quando il povero Cosimo, morto Ferdinando II, era stato a capo dello Stato di Toscana, lei s'era commossa. Nessuna cosa per lei valeva la Francia: restava una Orléans in tutte le sue fibre; felice d'essere a Parigi, così come sempre l'aveva sospirato da fanciulla, quando Luigi XIV pareva avesse l'intenzione di farla sposare al Delfino.

Forse se Anna Maria Luisa avesse avuto un figlio da Giovanni Guglielmo, si sarebbe potuto sperare che i Medici godessero ancora di anni di potere. Non accadde così, ma neppure erano vere quelle voci che, con maligna insistenza, la seguivano fin dal suo ritorno da Düsseldorf dopo la morte del marito: che lei fosse stata da lui "impestata" di sifilide. Era – ahimè! – ormai un male "alla moda", e non solo fra la gente della sua famiglia, ma

Ferdinando de' Medici, figlio di Cosimo III e fratello di Anna Maria Luisa, in un disegno di Impero Nigiani.

nel mondo intero; ma attribuire il suo non avere avuto figli a questa ragione, era una cosa infame. Una pena in più per lei, che tanto già aveva sofferto per essere sterile.

E chi aveva messo in giro tali voci, neppure aveva voluto ricordare con quanta assiguità lei si fosse sottoposta a tutte le cure possibili, per cercare di poterne avere, e che persino suo fratello Gian Gastone era andato a trovarla, quando lei – nel 1698 – si trovava ad Aix-la-Chapelle, nelle antiche terme di Aquisgrana. Illusa che quelle acque, tanto amate dall'antico Carlo Magno, riuscissero a compiere il miracolo di dare ai Medici un discendente; delusa ormai com'era ogni speranza, che Ferdinando o Gian Gastone, i suoi fratelli, potessero loro offrire un successore.

Dei due fratelli lei sente più vicino Gian Gastone; Ferdinando – estroverso e sempre distratto da tanti interessi – le ha dedicato meno tempo; con Gian Gastone invece è stato diverso: loro due s'intendevano bene. Ed è stato proprio sotto la spinta di quella simpatia, che durava fin da allora, che lei, come sorella, s'era sentita il dovere come di proteggerlo, e che per liberarlo da quello stato di isolamento, in cui la informavano che era caduto, lei – ormai a Düsseldorf – aveva avuto, ahimè!, l'infelice idea di quel matrimonio sfortunato.

Düsseldorf era anche la sua più felice fonte di ricordi. Ora, nei suoi momenti di tristezza, vi attingeva a piene mani. La sua vita a Düsseldorf trascorre con una rapidità inaspettata. La gente intorno a lei le dà un senso di quiete: là è scomparso quel clima teso, che spesso ha dovuto subire a Pitti. Erano – a Firenze – pesati su di lei i contrasti fra il padre Cosimo III e quella capricciosissima madre che l'aveva data alla luce.

Anna Maria Luisa ha goduto di Düsseldorf, come fosse rinchiusa in una custodia di bambagia. Firenze e la sua bellezza ritornano alla sua mente, ma come per reazione il ricordo rende ancora più esaltante la sua condizione di moglie felice. «Credo che la corte del Poggio», scrive in una lettera al cardinale Francesco Maria, nel novembre del 1691, «starà allegramente, ma io non l'invidio perché delle volte l'allegria loro finisce in melanconia; qui si sta con molta quiete e unione, e sempre cresce l'affetto dell'Elettore verso di me. Questa è la più grande allegria per me, e certo sono in grado che nessuno mi fa paura. Qui, non so già se in altre Corti sia così».

Una donna felice dunque; capita e amata dal marito e che ha scoperto la misura per vivere in una terra che le è straniera, ma che ora riesce invece a sentire come sua. Anche la famiglia del marito l'ha accolta con affetto; un sentimento da lei contraccambiato con sincerità. La memoria di Firenze come luogo dove ha trascorso l'infanzia, le è sempre vicina, ma non turba l'equilibrio di questa sua nuova condizione di donna sposata lontana dal proprio paese.

Con Firenze tiene stretti contatti; esiste una fittissima corrispondenza fra lei e tutti quelli che le sono parenti e amici, rimasti sulle rive dell'Arno; le arrivano da Firenze continue testimonianze di quell'affetto che ha saputo conquistarsi negli anni della gioventù, prima d'essere sposa dell'Elettore. Fra il serio e il giocoso s'aggiungono i biglietti. «L'offerta che lei mi fa di mandarmi un pan pepato», così lei scrive sempre allo zio Francesco Maria, il 13 dicembre 1692, «io la ricevo volentieri, ma dubito ancora che debba arrivare un po' duretto. Del resto io crederei che avesse a piacere, perché le cose piccanti piacciono in questi paesi».

Il pan pepato poi non era una specialità fiorentina, ma si vede che piaceva a Palazzo Pitti. Altrove ne scopriamo la ricetta per confezionarlo: farina di frumento, zucchero, spezie, bucce d'arancio e di cedro candite, miele

Gian Gastone de' Medici: il fratello prima amato poi appena tollerato, in un'incisione di Adriano Haluech.

anche, cui viene aggiunto del pepe, anche in abbondanza se uno desideri un prodotto piccante. Una ciambella di pan pepato, dunque, che sarebbe potuta partire da Firenze per tentare la gola dei sudditi dell'Elettore Palatino. Poteva anche accadere che divenisse un cibo nazionale tedesco. Anna Maria Luisa in Germania, come Caterina de' Medici – con le sue ricette – a Parigi: ma questa volta il pan pepato si trattenne nel clima tiepido italiano. Il freddo e la neve l'avrebbero reso «un po' duretto»!

Maria Luisa e la caccia: una grande tela ce la mostra raffigurata in tenuta sportiva, con cappello a tricorno piumato e lungo fucile a doppia canna, mentre due cani vicinissimi a lei, paiono indecisi se non cercare una carezza ancora, o non spingere la bella cacciatrice a evadere al ritratto e a correre cercando la preda. Anna Maria Luisa: la saggia, ed ecco l'altro ritratto, con lei nella tenuta d'una specie di Minerva adornata, con gusto barocco, di un elmo anche questo piumato. Così vollero vederla i suoi sudditi di Düsseldorf: lei ormai con un aspetto regale, illustrata da un pittore ufficiale com'era il Van Douven, cui viene affidato un ancor più composito ritratto della coppia regale, dove il pittore ferma coi suoi pennelli sulla tela un imparruccatissimo Giovanni Guglielmo – qui proprio nel più solenne aspetto, che si adatti a uno che ha il grado onorifico di Elettore Palatino – coi segni del potere: scettro e corona, e cappa d'ermellino, mentre l'artista risparmia di troppi pomposi attributi Anna Maria Luisa, evidenziandone invece nell'ampio scollo dell'abito la bellezza del collo; offrendo al di lei volto i tratti nobili di una vera principessa, ma esclamandone anche la bellezza di donna.

Ed è proprio come donna, che Anna Maria Luisa volle interpretare il suo ruolo di Elettrice Palatina. Una donna cui s'affidino una piccola corte e un palazzo, perché ne curi il funzionamento che deve essere regolato da una mente intelligente. Chi ha voluto attribuirle anche le funzioni di una governatrice, che s'adopera in cose d'amministrazione, ha errato. Questo finché fu vivo il marito; poiché la vedovanza l'obbligherà poi a scegliere soluzioni, che richiederanno una vera politica di Stato. Le accadde per i suoi beni a Düsseldorf; le accadrà dopo – in Firenze – sia riguardo ai suoi rapporti col padre Cosimo III, che col fratello Gian Gastone. Ancora di più, quando – coi Lorena – la vita le si farà più difficile ancora, e il suo intervento sarà assolutamente necessario per la salvaguardia del nome e del patrimonio medicei.

Quando, ormai vedova, volle tornare a Firenze, fu accolta durante il suo viaggio, nelle varie città dove volle fermarsi, con onori veramente regali. Era come se i Medici avessero ora aggiunto, ai nomi di Caterina e di Maria, quello di Anna Maria Luisa. Una terza regina che illustrasse la casata fiorentina.

Era chiaro che stretti fra spagnoli e austriaci i Medici avevano capito che per loro era segnata una fine certa. Si trattava semmai di indovinare quale potesse essere il padrone più accettabile, il male minore, ma anche era cosa certa che – prima o poi – la malattia si sarebbe rivelata ugualmente mortale. Avere gli spagnoli o gli austriaci, il danno per Casa Medici era pari; si diceva in Toscana che i primi fossero altezzosi, ma per lo meno carichi di denaro, mentre i secondi, nell'aspetto più umili, che il denaro invece lo andassero cercando. Con nuove tasse, con imposizioni straordinarie. E i toscani, popolo di mercanti, sanno valutare al momento giusto anche il peso economico di ogni accaduto politico.

Ma quest'ultima considerazione squisitamente commerciale non impedì che alla fine fossero proprio gli austriaci a prevalere.

Anna Maria Luisa era stata tra quelli che avevano sorriso, quando aveva letto l'atto ufficiale che sanciva l'investitura dei Lorena: «Noi Francesco III, per grazia di Dio duca di Lorena e Bar, re di Gerusalemme, duca di Calabria, di Gheldria, di Monferrato, di Teschen in Slesia, principe di Charleville, marchese di Pont à Mousson...». Quella sequela di titoli muoveva il riso, ma lei aveva attentamente anche lette tutte le clausole che questa sorta di editto conteneva, e s'era chiesta cosa ne avrebbero pensato certi nemici dei Medici, che avevano fatto di tutto, perché la sua famiglia fosse estromessa dal potere di Toscana. Se le avessero lette anch'essi con attenzione, ma neppure poi ne occorreva tanta, si sarebbero accorti che stavano tornando ad essere dei sudditi del Sacro Romano Impero. Il Lorena, che ora arrivava, era nelle vesti di un reggente nel nome di un imperatore; con la Toscana che diveniva un feudo da amministrare con leggi che venivano decretate fuori del paese.

E l'ottavo granduca di Toscana: il Lorena – era il 13 luglio del 1737 – convocò il Senato dei Quarantotto in Palazzo Vecchio. Lì gli avrebbero giurato fedeltà e obbedienza. Era chiaro che valeva anche per loro quell'ultimo articolo: il numero 10, con cui si chiudeva l'editto sopra ricordato: chi avesse trasgredito a quelle disposizioni, così si esprimeva il compilatore, «sappia che oltre la nostra indignazione e quella del Sacro Romano Impero dovrà pagare una pena di quattrocento marchi in oro puro».

Avevano dunque ragione i toscani, a dire che con gli austriaci si sarebbe avuta della gente che cercava soltanto di riscuotere denaro! Ma Anna Maria Luisa non s'era lasciata andare a simili considerazioni. D'altra parte lei sapeva bene che per regnare occorre denaro, e che chi comanda va sempre a cercarne presso i propri sudditi. Occorreva fare buon viso a cattiva sorte, ed era stato per questo che, quando le era stato comunicato che stava arrivando, reggente per Francesco Lorena che era impegnato in cose di guerra, il principe di Craon, lei aveva provveduto a mandargli incontro una schiera dei suoi ex sudditi: tutti sistemati in carrozze di gran gala, e vestiti come è adatto a ricevere uno che esprime con la propria persona quella del

Giuseppe Zocchi: Veduta di una parte di Firenze presa fuori della Porta a S. Niccolò presso il Fiume Arno.

nuovo Signore. In più era stata inviata una carrozza destinata al principe medesimo, con cocchieri e palafrenieri in livrea, tirata da sei cavalli scelti fra i più belli di quelli ospitati nelle scuderie di Palazzo Pitti.

Il principe di Craon aveva ascoltato in Palazzo Vecchio la lettura del diploma imperiale, quello che decretava Francesco III, duca di Lorena, ora anche granduca di Toscana. In più a tutte quelle altre terre già ricordate, che vennero – anche in questa occasione – puntualmente elencate nella lunga lista dei titoli del nuovo Signore. Forse Anna Maria, che conosceva bene la storia di famiglia, può aver pensato che era accaduto proprio duecento anni prima, che un suo avo, Alessandro de' Medici, fosse stato insignito del titolo di duca da un altro imperatore: Carlo V. Ora il giuoco mutava segno e bandiera, ma così accade nella storia umana.

E Anna Maria Luisa scorse in quell'incontro i fedeli consiglieri di ieri, gli uomini che aveva visto stare attorno, premurosi e servili, a suo padre Cosimo, e ai suoi fratelli Ferdinando e Gian Gastone, rivolgere ora i loro melensi applausi al nuovo granduca. Meglio a chi, per ora, lo stava rappresentando: a quel principe di Craon, che era così pieno di sussiego da scandalizzare. Erano state, nella riunione, decantate anche le virtù dell'appena scomparso Gian Gastone; tutti ora lo lodavano; tutti volevano mostrarsi ancora dolenti. C'era ora però – avevano notato – a consolarsi questa felice soluzione operata dalle circostanze politiche, nell'infinita saggezza di un imperatore: la scelta di un uomo che avrebbe provveduto a bene amministrare tutta la Toscana. Fu la lode dei suoi nuovi sudditi per Francesco III di Lorena. La corte, in nome dell'impiego, si adattava al nuovo corso politico.

Anna Maria Luisa aveva sentito accendersi l'animo d'ira. Non contro questo nuovo granduca. No!, quello stava svolgendo il compito affidatogli, forse anche a malincuore, dovendo sacrificare la sua Lorena per venirsene in una Firenze che, probabilmente, non avrebbe amata come città; Anna Maria Luisa provò invece sdegno verso questi suoi così mutevoli sudditi; verso questi cortigiani di ben poca fede.

Ma era stato per un breve istante; da lungo tempo ormai il suo cuore andava preparandosi a questo giorno. Come se un palcoscenico, simile a quello, bellissimo, che in passato aveva fatto costruire nel teatro di Düsseldorf, stesse ora ospitando attori finora a lei sconosciuti in quel ruolo. Erano servi e consiglieri: fedeli ai Medici nel copione di prima, che ora si trasformavano – come per decisioni di un capriccioso autore – nel loro contrario. Ma che la commedia, di lei e dei Medici, stesse chiudendo il suo sipario, ognuno di loro era però perfettamente a conoscenza.

Poi, gli anni erano passati. Anche se nelle vesti di una privata nobildonna, sia pure ospitata a Pitti con ogni riguardo, lei aveva cercato di mostrare d'essere convinta che il suo nome di Medici valesse ancora qualcosa.

Ma c'era mai stata effettivamente – lei segretamente si chiedeva – da parte dei toscani la voglia di averla a capo dello Stato? E quello stesso Senato, che ora pareva essersi adattato al nuovo soffio del vento austriaco, non aveva forse una volta votato e fatto intendere, che desiderava che fosse lei, quella che avrebbe dovuto continuare a reggere e sorti del governo? Ma anche capiva che le potenze maggiori europee avevano ormai posta la Toscana nel numero degli Stati da poter facilmente far muovere, nel minuetto politico che si danzava nelle sale dei trattati: una pedina di facile scambio, e completamente a loro disposizione.

Che i nuovi arrivati non avessero poi troppo affetto per questa terra che era stata loro data a governare, lo dimostrava il fatto che Francesco aveva affidato tutta l'amministrazione dello Stato al perlomeno straordinario principe di Craon. Una figura di consigliere che uno degli antichi Medici avrebbe tenuta a distanza, non fosse altro che per la scarsa prudenza politica che egli mostrava in ogni suo gesto.

I Craon – lui s'era portato a Pitti la consorte, che d'altronde era ben degna di stargli accanto – dominavano ormai su quella corte, che s'erano nel frattempo creata loro intorno. Si sapeva che era da lui che giungevano incarichi e ricompense, e il solito coro di adulatori non mancò neppure questa volta. Se lei, Anna Maria Luisa, aveva con i due giovani sposi, Francesco di Lorena e Maria Teresa d'Asburgo, trovato un accordo fondato sul reciproco rispetto, con il Craon questo le era impossibile. Lei poi che sapeva di essere da lui appena tollerata; sopportata soltanto per essere una Medici, cui è stato concesso di vivere ancora nella propria casa. Obbligato al rispetto per gli ordini che gli giungevano da Vienna.

Era per questo che Anna Maria Luisa aveva deciso di vivere isolata; come a crearsi attorno una squisita personale leggenda, che dovesse allietarla ormai da vecchia, simile a quelle che danno gioia ai fanciulli. Viveva nella parte del palazzo che le era stata riservata, come se questi nuovi arrivati, e non graditi – il Craon e la sua cricca – neppure esistessero. Lei continuava a provvedere che i tesori d'arte raccolti nelle sue stanze fossero curati con lo stesso ordine di prima. Sir Horace Mann scriveva in quei giorni a Horace Walpole: «L'Elettrice Anna si è circondata di tutto ciò che l'arte e l'abilità possono inventare e le ricchezze procurare: gioielli, metalli preziosi, abbigliamenti costosi le si ammassano intorno».

Il che, detto da Mann, contiene forse anche una leggera punta, se non d'invidia, perlomeno di malinconica comparazione con le sue finanze, con lui che si preoccupava – ministro d'Inghilterra alla corte di Toscana – dei troppi inglesi che erano a Firenze. «Non mi sono sufficienti», troviamo scritto in un'altra sua lettera al Walpole, «i denari che mi vengono dati per il mio incarico, neppure per invitarne a pranzo la minima parte!».

Per Anna Maria Luisa de' Medici, il problema di un obbligo di rappresentanza non esisteva, ma non per questo lei viveva senza frequentare gente. Sceglieva però con accuratezza chi voleva vicino; si rifiutava di perdere in un salotto del tempo prezioso, anche per l'impegno che si era assunta nei confronti di quel patrimonio di famiglia, che lei voleva fosse protetto da anche troppo probabili colpi di mano da parte dei nuovi governanti.

Tornando a ritroso nei fatti che si erano susseguiti, prima della designazione dei Lorena, si scopre facilmente un momento politico di particolare tensione. Le cose si erano fatte difficili, proprio per l'instabilità sul fronte dei consensi, per la smania di ognuno degli Stati europei di non perdere quei vantaggi, che credeva gli fossero necessari per il proprio prestigio, per la propria potenza economica. I rapporti fra l'Inghilterra e la Francia, quelli fra la Spagna e l'Impero, agitavano acque già inquiete per le guerre trascorse, per trattati vanificati, per la perenne diffidenza fra le parti. È come se ad un tavolo di un giuoco allora alla moda, il faraone, si fossero seduti dei giuocatori che avessero ciascuno delle carte nascoste, o perlomeno ritenute tali. Un po' bari nelle intenzioni, che poi mandavano avanti la partita nella più assoluta sfiducia uno nell'altro.

La Spagna aveva sostenuto che il suo Don Carlos, il futuro Carlo III di Borbone, era stato scelto ufficialmente – nel 1718 – come Signore della Toscana e di Parma, ma l'Austria aveva nicchiato. L'imperatore era apparso indeciso. Tutta la famiglia bavarese, cui apparteneva Violante, la nuora di Cosimo III de' Medici, aveva sostenuto che non avendo la famiglia fiorentina dei discendenti maschi, la Toscana era legittimamente destinata a loro che appartenevano al ramo mediceo. Nel 1723, quando era morto Cosimo III, e Gian Gastone era apparso ormai come l'ultimo della casata a rimanere al potere, la gara dei pretendenti si era fatta ancora più accesa, anche perché si era sparsa la voce che Anna Maria Luisa avrebbe potuto sposarsi con Vittorio Amedeo di Savoia. E sarebbe stata una coppia non certo dei fanciulli – i due, quasi sessantenni – ma che avrebbe ugualmente santificato un solido legame politico. Ma poi la cosa andò in fumo, e di nuovo Don Carlos parve vincere la partita, quando – pur riluttante l'imperatore – la Spagna fece pressione sulla Francia e sull'Inghilterra, perché fosse concesso finalmente a Don Carlos il "permesso" di andare in Toscana a governarla. Nuova resistenza austriaca, e allora ecco John Willem Ripperda, che viene mandato in missione per capire le vere intenzioni dell'imperatore. Si andava avanti a strappi, a passi come di una tartaruga; niente era mai definitivamente deciso. Finché, dopo controversie d'ogni genere, si firmò un trattato a Siviglia, con il quale si disponeva che la Spagna potesse inviare un corpo di seimila soldati in Italia, per assicurare a Don Carlos di Parma, la Toscana. Era il 1729, e i Medici – ancora al potere – dovettero assistere a tutto questo *calembour* di manovre politiche, fra accordi e disaccordi, fra patteggiamenti e contratti, con loro nelle vesti ormai di un oggetto che dovesse essere commerciato. Il povero Gian Gastone, privo or-

Anna Maria Luisa de' Medici, Elettrice Palatina, in un disegno di Impero Nigiani.

mai di autorità, confuso nella mente, circondato da una schiera di pessimi consiglieri, forse neppure s'accorse di quello che stava accadendo. Pareva ormai un giocattolo, mosso dalle mani di un gruppo di bambini che, capricciosi, lo tenessero ormai in loro assoluto potere.

Nel 1730, eccolo infatti che accetta Don Carlos come suo successore, e insieme neppure osa reagire alle minacce espresse dall'imperatore di invadere, qualora dovesse accadere così, tutta la Toscana. Poi, dopo ancora alti e bassi, tutto parve comporsi in pace: l'Austria pareva ora accettare che Don Carlos divenisse il legittimo successore dei Medici in Toscana. E fu così che gli fu permesso di mandare truppe spagnole sia a Parma che a Livorno, e Don Carlos ebbe intanto Parma, come un premio, quando – nell'ottobre del 1732 – ne fu messo ufficialmente a capo.

Fu così che Don Carlos – appena diciassettenne – insediato a Parma, pensò di farsi vedere anche in Firenze, e a capo delle sue truppe entrò in città. Gian Gastone, malato, non era in condizione di presentarglisi e Don Carlos passò da Firenze come una meteora, a sufficienza applaudito, per poi andare a Siena e ad Arezzo. Quando, all'improvviso, un voltafaccia degli alleati della Spagna lo deluse, e vide sfumare tutto di un colpo il possesso promessogli della Toscana. Sua madre, la regina Elisabetta di Spagna, fu più avvilita di lui. Vedeva il figlio perdere il granducato mediceo, ma ancora più grave era lo smacco, perché ora gli si toglieva anche quello che era il suo potere ufficialmente: il ducato di Parma. La pace di Vienna del 3 ottobre 1735, anche se ancora non era di moda il valzer, parve anticipare con le sue giravolte il futuro avvento di quella danza.

Ed ecco arrivare, destinati a sorpresa per la Toscana, i Lorena. Non cambiava – nella sostanza – niente per i Medici: perdenti erano con Don Carlos, perdenti ancora con questi ultimi, i Lorena, favoriti nella scelta finale.

I fiorentini, abituati a scorgere il giglio sulla facciata di Palazzo Vecchio, videro ora, invece degli amati colori del fiore prediletto, quelli dello stemma lorenese. Le insegne medicee scesero dalla porta dell'antico palazzo, e salirono quelle del granduca Francesco III di Lorena. Era il 27 luglio 1737. Gian Gastone era morto da appena quindici giorni. Si era pensato fosse meglio fare le cose in fretta. Visti i precedenti avvenimenti, qualche potenza poteva all'improvviso ripensarci sopra. I Lorena erano gente prudente.

Anna Maria Luisa dovette sopravvivere alla scomparsa del fratello Gian Gastone, sei anni ancora. Un tumore al seno l'avrebbe condotta alla morte. Accadde la sua fine, il 18 febbraio 1743. Una grande tempesta si scatenò proprio nell'istante della sua morte: parve, ai sostenitori dei Medici, che il cielo si addolorasse per la scomparsa dell'ultima superstite della famiglia. Gli avversari dissero invece che erano i diavoli, venuti a portare via con loro l'ultima della casata. Una nota cattiva che parve volere di colpo cancellare quanto i Medici avevano fatto per la città di Firenze e per la Toscana.

Incisione di G. Vascellini.

Presi da un'antica passione partigiana, troppo incautamente ci si dimenticava di quanto – sotto i Medici – la Toscana fosse cresciuta. Più di quanto non fosse accaduto per alcun altro Stato italiano.

Il solito Sir Horace Mann, quello che si lamentava di non avere mezzi a sufficienza per invitare a pranzo i sudditi inglesi, di passaggio o residenti a Firenze, questa volta pare invece essere stato in vena di fare follie in spese: «Tutta la nostra gioia è finita», scrive in una delle sue solite lettere, «in Firenze il carnevale è stato rovinato; l'Elettrice è morta un'ora fa, e noi bisogna rinunciare a tutti i bei progetti di mascherate». Accadde dunque che Anna Maria Luisa desse questo dispiacere ai suoi fedeli, che non poterono mettersi – per rispetto di lei appena scomparsa – i soliti vestiti da Pierrot o quegli altri che s'ispiravano alle fiabe orientali, che tanto in quel momento pareva affascinassero per l'esotico che esse possedevano.

In non molti devono però avere pensato che questa ultima Medici, che era appena morta, aveva – nel nome di Firenze – scritta una pagina che valeva più di ogni altro dono per la città, e anche per l'Italia: quel Patto di famiglia, da lei voluto e firmato a Vienna alla fine dell'ottobre 1737 (dopo pochi mesi che era morto il fratello Gian Gastone), dove, all'articolo III, lei, in qualità di legittima erede di tutto il patrimonio mediceo, ne faceva munifico dono alla Toscana.

La concessione dello Stato a un Lorena, da parte delle potenze europee, aveva deliberato infatti che i nuovi governanti niente potessero toccare dal patrimonio mediceo, ma era stato compito di Anna Maria Luisa preparare l'accordo che lo sancisse ufficialmente.

Lei forse avrebbe potuto anche nutrire del risentimento contro questi suoi sudditi ingrati, che per niente s'erano rammaricati che non toccasse a lei il compito di reggere lo Stato, per lo meno finché fosse rimasta in vita, ma l'amore che portava dentro il suo cuore per la Toscana, mai cancellato neppure dai lunghi anni trascorsi a Düsseldorf, non l'aveva fatta esitare nella scelta.

E Firenze si trovò ad essere padrona – e per sempre – della più sbalorditiva eredità che mai si possa pensare. Erano i quadri e le statue che adornavano la Galleria degli Uffizi e il Palazzo Reale; erano tutte le raccolte di gemme; quelle dei cammei; tutte le rarissime suppellettili, che arricchivano le residenze dei Medici; i libri della Biblioteca Palatina e di quella Medicea in San Lorenzo; tutta la collezione di antichità etrusche ed egiziane: una delle maggiori raccolte esistenti; i tanti e rarissimi pezzi di maioliche italiane e straniere; le opere di Donatello, del Verrocchio e di altri famosi scultori; la Sagrestia Nuova con le opere di Michelangelo; i servizi da tavola in oro, in argento, in porcellana; i calici e i vasi opere di tanti artisti, fra cui forse i più splendidi quelli del Cellini; i reliquiari; gli oggetti da chiesa; tutto il mobilio esistente nelle case dei Medici; i loro preziosissimi arazzi.

Lo stemma dell'Elettrice Palatina in un'incisione di Romualdo Mauri.

Il nuovo sovrano: questo Francesco III di Lorena, che per ora mostrava di volersene stare lontano da Firenze, era – nella Convenzione di cui si è detto – designato nelle vesti di "conservatore". E l'articolo relativo era chiarissimo: «...Egli si impegna a conservare, a condizione espressa che di quello che è per ornamento dello Stato, per utilità del pubblico e per attirare la curiosità dei Forastieri, non sarà nulla trasportato e levato fuori della capitale dello Stato e del Granducato». E fu così che Anna Maria Luisa sperò di rassicurarsi dalle tentazioni del dopo. Meglio specificare con assoluta chiarezza che "niente", di quello che i Medici lasciavano, potesse mai essere trasportato lontano da Firenze. Che la città ne fosse il luogo naturale, scelto proprio dai Medici, perché vi fossero per sempre conservati i loro beni.

Non tutto andò come lei sperava. Vi furono infatti varie trasgressioni a questi patti, anche se così puntualmente segnati, ma si sa che niente può andare completamente nel modo che si è sognato.

E in particolare, oltre gli argenti e i gioielli, quello che era stato il guardaroba mediceo ne subì i danni maggiori. I Lorena ne fecero infatti l'uso che vollero; fu in parte venduto alla spicciolata; fu male usato; molti abiti preziosi disfatti, per vendere le perle che li adornavano.

Furono così sacrificati sull'altare della volubilità umana, e un poco della moda, velluti e pizzi, broccati e damaschi, calze di seta trapunte in oro e scarpe di finissima fattura; furono anche in seguito alienate gioie e ricche collezioni d'argenti, ma si poterono salvare le grandi raccolte degli Uffizi e di Palazzo Pitti; quelle del museo Etrusco-Egiziano, insieme a tutte quelle opere, che si trovavano ancora nelle private residenze dei Medici.

Finiva una grande casata, ma c'era tutta una sua lunga storia da narrare.

Appendice

Ancora donne e poi ville e palazzi

Andrea del Verrocchio: La dama col mazzolino. *Si presume che possa trattarsi di Lucrezia Donati.*

Nel nome del Magnifico Lorenzo

Lucrezia Donati

Si chiamava come la madre di Lorenzo. Si vede che Lucrezia è un nome che riesce a distinguere delle donne di gran classe. E anche Lucrezia Donati lo era. Era figlia di Manno Donati, uno che discendeva da quel Corso Donati che aveva diretto il clan dei Neri nella città "partita" di Dante. Manno è stato prima sposato con una fanciulla di Casa Bardi. Da lei ha avuto tre figlie. Morta la prima moglie, si risposa con una Velluti. Altre due figlie: Lucrezia è l'ultima. Ha due anni più di Lorenzo; è cresciuta educata come s'educa una ragazza in una famiglia bene; s'è abituata a vestirsi con eleganza – qualcuno anzi, in Firenze, le rimprovera che cura anche troppo questo suo vestire – sa danzare, sa stare in un salotto, sa come frequentare la gente che, come lei, conta in città.

Incontra Lorenzo che è già sposata; con un brav'uomo – senza alcuna voglia di fare dell'ironia! – Niccolò Ardinghelli. Uno di quella famiglia fiorentina, che era da poco rientrata in Firenze dopo avere a lungo risieduto a Napoli, dove aveva esercitata, e con successo, l'arte della mercatura. Gente ricca, come quella della casa di lei.

Niccolò ha trentun anni quando la sposa; lei neppure diciassette. Un matrimonio combinato a tavolino; un fidanzamento che è durato due anni, in attesa che lo sposo, eternamente in viaggio d'affari, trovi uno spazio per dire il sì necessario davanti al prete.

Lucrezia, ora Ardinghelli, tiene però più al suo casato di Donati che non a quello del marito. Altro lignaggio il suo; ben altre memorie di prestigio la legano a una Firenze antica. Il loro stemma indica una nobiltà che, per la verità, è stata raggiunta più attraverso gli affari che non nelle crociate, ma sempre nobiltà resta.

Lui avrebbe potuto fare anche a meno di sposarsi, se è vero quello che le cronache ci dicono, mostrandoci Niccolò sempre in giro per il mondo. Ha stretto infatti affari con l'Oriente ed è raro vederlo soggiornare a Firenze.

La bella Lucrezia – anche di questo, che è bella, anzi bellissima!, ne sono colme le cronache di quella stagione – la bella Lucrezia ha intanto incontrato Lorenzo. È avvenuto per caso, e in un'occasione assai triste: al funerale d'una giovane signora fiorentina. La malinconia dell'avvenimento può avere favorito, quasi fosse un suo opposto, un'improvvisa voglia di felicità. Su Lorenzo si abbatte il classico colpo di fulmine, con lui che dichiara che d'ora in poi mai nessuna al mondo potrà sostituire Lucrezia nel suo cuore.

Forse egli sta esagerando, ma si sa come vanno le cose in amore. Uno in quello stato beato vede slargarsi il mondo; dà a ogni cosa dimensioni astrali. Il cielo si fa infinito; i fiori profumano come mai hanno fatto; il cuore batte nel petto con un ritmo impressionante; lo stomaco rifiuta il cibo, o a volte ne vuol troppo; le notti sono lunghe, se sei solo.

Lorenzo freme; lei sicuramente avrà fatto altrettanto; si saranno sentiti delusi dalla sorte; lei già coniugata; lui sul punto di farlo con un matrimonio combinato dalla famiglia. Si saranno detti che la fortuna non è stata dalla loro parte; che una loro unione sarebbe stata ideale. Lorenzo ama scrivere; è un raffinato poeta; è sensibile al bello; le dedica sonetti, canzoni; versi che chiedono versi ancora. Organizza tornei in suo onore; vi va vestito in modo che tutta Firenze sappia che quel velo che egli ha annodato al collo è del colore da lei prediletto; che lo stendardo che porta è stato dipinto con un'insegna che è in di lei onore. Tutti devono conoscere che egli combatte per lei. E che, anche, vince in nome di lei.

Che poi debba vincere è cosa certa. Si tratta di cavalieri in gara, e se uno è buon cavaliere sa che occorre sacrificare un po' d'orgoglio, per consentire a un amico innamorato di fare sfoggio d'una sua vittoria dedicata alla donna amata. Potrà venire il giorno in cui la cortesia sarà ricambiata. E poi Lorenzo è un Medici. Occorre tenerselo caro; loro sono una famiglia senza la quale in Firenze si fa poca strada.

È concesso, nella cerchia di amici, il poter parlare dell'amore di Lorenzo e Lucrezia. S'è scoperto che piace allo stesso Lorenzo. Lui non ne fa un mistero. Occorre però sempre dire che si tratta soltanto di un amor platonico. Va di moda il filosofo, ma citarlo in occasioni del genere, serve anche a mantenere l'incontro fra i due in uno stato di idillio. Come in un romanzo, dove, nonostante la passione che li travolge, i due protagonisti si contentano di starsene lei al balcone, lui nella via, ammirandosi scambievolmente al chiaro della luna. Senza che giunga mai l'incontro tentatore che inviti a quello che può anche considerarsi il peccato.

Ed è così che Lucrezia diviene l'ispiratrice della poesia di Lorenzo; una sua personale stella che lo conforta perfino nell'esercizio delle cose politiche. I poeti che vivono accanto a Lorenzo s'adeguano al clima imposto dalle circostanze; ci giungono versi dove l'incontro fra i due resta (anzi deve restare così) casto, puro, innocente, vissuto lontano da ogni tentazione terrena.

Il fatto è che i due s'innamorano. Si vedono insieme agli altri, in liete brigate; lei si mostra prudente; le malelingue fiorentine possono comprometterla. Il marito di lei è spesso fuori, ma qualche volta deve essere pur stato a casa, se sappiamo che dall'unione dei due sono nati quattro figli.

Firenze mormora, e neppure mormora soltanto; basta per averne una prova prendere una sola di quelle lettere che Alessandra Macinghi Strozzi scrive ai figli: una raccolta che ci serve oggi ad avere un quadro di molti avvenimenti del tempo. È la Macinghi Strozzi infatti che racconta come Niccolò Ardinghelli debba il suo potere uscire ed entrare in Firenze, come e quando lo voglia, all'innamorato Lorenzo. La lettera è in data del marzo 1465. Lorenzo ha sedici anni, e Lucrezia diciotto. Due giovani che giuocano all'amore.

Ma Lucrezia è anche la molla che alimenta il Magnifico che scrive poesia. È lei ora l'ispiratrice prima; quella che sa muovere tutta una gamma di sentimenti che l'invitano alla poesia.

Il *Canzoniere* di Lorenzo è tutto per lei. Come il Petrarca per Laura, quello di Lorenzo è per Lucrezia. Vi si va avanti per simboli: il sole, la luce, l'alloro; con Diana che è l'iniziale del cognome della Donati; con Lorenzo che forse è Apollo; s'intrecciano i rebus; tutti da risolvere, comprensibili soltanto ai due più che iniziati d'amore: cioè a lui, Lorenzo, e a lei, Lucrezia. Entrano nel quadro scenico del *Canzoniere* anche altre storie di amori, ma – siamone certi – l'eroina principale è lei: la bella Donati Ardinghelli.

Se non ci fosse stata, ne andava inventata una! Un principe che sia poi anche amante delle lettere e delle arti, deve avere una sua Musa ispiratrice. A questo doveva anche servire la passione del Medici per la bella Lucrezia.

L'importante è che questo sia accaduto. Ha portato nella storia dei Medici una nota in più per dirlo Magnifico. Magnifico, anche per quell'innamoramento tutto giovanile. Magnifico, perché ha voluto credessimo alla completa ingenuità dell'accaduto, pur lasciandoci segno che può anche essere avvenuto assai di più.

Lucrezia Donati Ardinghelli s'è anche lei conquistata di restare nella storia. Neppure l'immaginava. Dovunque essa si trovi, non se ne può che dire soddisfatta.

La luce di Simonetta

Isabella d'Este o Simonetta Vespucci? A chi tocca il titolo della più affascinante, in quel secolo che corre fra il 1450 e il 1550? Una domanda che, se fosse posta – niente vieta le inchieste anche le più curiose – metterebbe in crisi anche la giuria più specializzata nel genere. Il confronto, poi, potrebbe dirsi ai limiti dell'impossibile. Si potrebbe obiettare che le due donne, pur avendo vissuto una appena dopo l'altra, si sono tuttavia incontrate e scontrate con modi e costumi diversi fra loro, che proprio le loro stagioni, anche se concomitanti, hanno mostrati.

Simonetta ha vissuto un momento di Firenze, che gode di un firmamento colmo di stelle dell'arte e delle lettere. Troviamo ad ammirarla, sconfinatamente, il Magnifico Lorenzo e suo fratello Giuliano, assieme a tutta una schiera, che pare voglia tornare – nel nome di lei – all'ormai antica lezione di un Dante stilnovista. Con un'angelicata, quanto umana Simonetta, che riceve le lodi simili a una divinità da adorarsi.

Per Isabella, invece, il ruolo muta. È lei che dirige il concerto in suo onore. È lei che detta le regole del giuoco. Sicura della sua bellezza; consapevole d'essere una prima donna; ricercata e osannata; applaudita fino all'adulazione, tiene i fili d'un mondo intero di marionette, di cui è lei stessa a inventare – e a dire – le battute.

Regneranno ambedue: Simonetta e Isabella, ma è insomma profondamente diverso il modo con cui intendere il significato del termine, riguardo all'una e all'altra.

La sorte segnerà poi per le due favore dissimile: Simonetta morirà giovanissima; Isabella invece godrà di una vita che – per quel tempo – si può ben dire giunga fino alla vecchiaia. Simonetta va in moglie a un Vespucci, che non è altro che un giovane di ricca famiglia di mercanti; Isabella d'Este sposa un Gonzaga: il Signore che guida lo Stato di Mantova. Però, il paragone fra le due non appaia superfluo; esso ha tentato molti, se questo può fare perdonare chi ancora voglia riproporlo.

Le due più acclamate donne fra '400 e '500 non potevano non indurre i biografi in questa tentazione. La bellezza le ha accomunate, e assieme ad essa il prodigioso dono di offrire, ciascuna, un esaltante ritratto al femminile della propria stagione. Una schiera d'artisti celebri – e potremmo elencarli nome dopo nome – vollero effigiarle, cui s'aggiunge che furono ambedue le preferite da molti letterati e poeti. Che trovarono in loro appassionate e intelligenti ascoltatrici e lettrici, e assieme degli ideali modelli per molte delle loro opere.

Nel mondo che ruota attorno alla storia del Magnifico, Simonetta è un astro che risplende di luce propria. Se altre donne sono nel suo stesso firmamento, esse però vivono illuminate da chiarori che solo volta a volta le raggiungono. Il loro brillare è a sprazzi; quello di Simonetta è perpetuo. Neppure la morte può spegnerlo: Lorenzo scriverà, dopo il luttuoso avvenimento, che lei si è partita dalla terra per andare – lei stella – a occupare un suo nobile posto fra le altre stelle del cielo.

Si tratta come d'una nuova Beatrice, uscita questa volta allo scoperto; non più celata da troppi veli di discrezione, che però s'avvolge anch'essa, nel manto dell'allegoria.

Ed ecco Simonetta che appare nelle tele di grandi pittori in vesti mitolo-

La bella Simonetta in un ritratto di Piero di Cosimo, databile al 1480 circa (Museo Condé di Chantilly).

giche: così come si conviene a una divinità, scesa sulla terra per addolcire la vita degli uomini.

Simonetta Cattaneo: genovese. Figlia di mercanti; gente che era arrivata ai gradi della nobiltà con i commerci. Parrebbero originari di Portovenere, allora ultima propaggine del territorio di Genova. Sposata al fiorentino Marco Vespucci. Sedicenni, alla data delle nozze, sia lui che lei. Il Vespucci, anch'egli di famiglia di mercanti, è cugino dell'Amerigo navigatore, che esplorò le coste dell'America.

Firenze dette a Simonetta il nome di "Stella di Genova". Era ancora lontano il tempo del cinema: la *star* ligure si contentò di ammaliare Firenze. In prima fila, fra i suoi adoratori, i due fratelli che in città contavano più d'ogni altro: Lorenzo e Giuliano de' Medici.

Simonetta è arrivata a Firenze nel 1469; la sorte le concederà pochi anni di vita: sette ancora, dopo questo fortunato incontro col mondo fiorentino. A ventitré anni – nel 1476 – Simonetta scompare.

I suoi anni a Firenze sono stati all'insegna di un vero trionfo: il Pollaiolo, il Ghirlandaio, il Botticelli, grandi della pittura, la ritraggono nelle loro tele. Lei si conquista l'eternità negli affreschi del Coro di Santa Maria Novella, dipinti dal Ghirlandaio. È la *Bella Simonetta* che è nel museo francese di Chantilly, nel quadro di Simone di Cosimo. È la *Venere* che addolcisce la forza di Marte, opera del Botticelli, alla National Gallery di Londra, e ancora *Venere* – sempre del Botticelli – nel quadro *La nascita di Venere* agli Uffizi. Queste le immagini di lei che non dovrebbero temere smentite, ma con molta probabilità è lei ancora in un altro ritratto: rappresenta un profilo di donna; è attribuito al Botticelli; si trova in un museo di Francoforte. E l'elenco potrebbe dare ancora nomi, e offrire ancora possibili riscontri.

Aldilà di questa fama "pittorica" – che però è di quelle che servono per restare nelle stagioni che seguono – Simonetta ha trovato modo per tramandarsi nei versi, a lei dedicati dagli stessi Giuliano e Lorenzo. Lei: *Flora* nella *Primavera* del Botticelli, fa da protagonista nella poesia del Poliziano.

Il mondo pare dunque voglia eternamente sorriderle. Tutti conoscono la passione di Giuliano de' Medici per lei. Tutti lo sanno riamato. Ma a lei ogni cosa è concessa. Non c'è spazio per le malelingue. E poi un amore, così pubblicamente dichiarato, non può essere altro che "platonico". Ed è, protetto da un filosofo che garantisce purezza d'intenti, che Giuliano può amare Simonetta, ed essere ricambiato da pari sentimento.

La primavera del 1476 porta di nuovo foglie e fiori sugli alberi, rinnova il mondo con annunci di giorni di sole, ma è per Simonetta all'insegna della morte. La sua splendida giostra è giunta al termine. Malata di tisi, la si manda al mare: a Piombino; si spera che l'aria di là possa guarirla. Firenze è in ansia; non passa giorno che a Casa Medici non si voglia essere informati. I Vespucci hanno messo vicino a lei due dottori che hanno fama di bravi, ma che – a quanto sappiamo – non pare si siano trovati d'accordo, e sulla natura esatta del male, e sulle cure da dare a Simonetta.

Tutto però doveva accadere, così come accadde. Non si può fermare ciò che è "scritto". Simonetta, la "stella" Simonetta, non attende la notte di San Lorenzo per trasferirsi da un cielo all'altro. A lei basta quella fra il 26 e il 27 di quell'infausto aprile.

La notizia della sua scomparsa porta lutto in Firenze. La città piange e rimpiange un suo mito. Simonetta s'era conquistata una sua pagina che sa di leggenda.

Un malaugurato matrimonio

Va subito detto che lo fu – provvidenziale – per la casa medicea, e anche per altre, ma non tanto per la grandezza e la credibilità della più alta carica nella Chiesa di Pietro. Il quale Pietro, però, se non altro ebbe un pontefice che si dava da fare! E, fra le virtù, quella dell'essere attivi non è fra le minori. Innocenzo VIII era un Cybo. Giovanni Battista il suo nome. Era nato nel 1432; figlio di uno che aveva avuto incarichi di riguardo alla corte di Napoli, fino ad arrivare al grado di viceré.

E Giovanni Battista aveva goduto di tale fortunata condizione, senza risparmio, dandosi al bel vivere. Lusso e amori: un binomio quasi indispensabile, quando si voglia gratificare un ruolo di riguardo.

Il Cybo era così vissuto tra conviti principeschi e l'eleganza nel vestire, dimostrando quali privilegi possa offrire l'essere figlio di un viceré di Napoli.

La sua carriera religiosa è stata rapida. Tutto avviene dopo che – ha un sapore di cosa perlomeno curiosa – lui è stato convinto da un cardinale amico, che la sua era una vita dissipata e come gli occorresse provvedere a ravvedersi. Ed eccolo, obbediente, farsi ecclesiastico; eccolo scalare uno a uno i gradi della Chiesa e divenire prima vescovo di Savona, sotto Paolo II, e in seguito fatto cardinale da Sisto IV.

Ha cinquantadue anni, quando gli tocca il trono pontificio. Come un terno al lotto. Lui ha dovuto però firmare, per ottenere la cedola vincente, una serie di carte, con le quali s'impegna a esaudire i desideri d'una intera schiera di notabili: fra laici ed ecclesiastici. Ma l'essere fatto papa valeva questo e altro!

Il Cybo conosce in anticipo che, pur contentando quelli che erano stati i suoi elettori, gli resterà tanto da poter provvedere ai suoi parenti. Che sono, in questo caso, dei figli. Quelli che, il nuovo pontefice, aveva avuti negli anni prima dello straordinario mutamento che, da gaudente, l'aveva trasformato in ecclesiastico.

E non s'era neanche risparmiato nel piacere dell'essere padre! Sette figli non son pochi! Anche se quelli che il Cybo riconosceva "ufficialmente" erano solo due: Franceschetto e Teodorina. E sarà a loro che toccheranno i frutti più saporiti, fra quelli distribuiti da un padre che ormai era diventato papa.

Non che fosse la prima volta che si dava scandalo, ma si disse che ora si era esagerato. Anche questo, però: dal gridare alla vergogna, era più volte accaduto. Può far cronaca, ma non ferma l'azione di chi eserciti il controllo assoluto su quanto è in giuoco. Non resta che accettare le decisioni dei potenti.

La gente cercò di consolarsi con le abituali "pasquinate". Il Cybo era un personaggio, che ne offriva di motivi alla satira! E fu così che Innocenzo papa che, per la verità, di "innocenza" ne possedeva ben poca, poté leggere, relativi allo scandalo della sua elezione, versi come questo.

> Lode a Innocenzo rendere, o quiriti, si debbe
> ché dell'esausta patria la prole ei stesso accrebbe,
> otto bastardi ed otto fanciulle ha generato:
> Nocente e della patria madre sarà chiamato.

Era Pasquino che cercava ancora una volta di graffiare. Esagerava nel numero dei figli, ma meglio abbondare, quando si fa satira! E l'autore di quei versi doveva conoscere bene il mestiere.

Sisto IV aveva lasciato le finanze dissestate. Troppe spese erano state fatte per aiutare quel suo progetto d'uno Stato in Romagna; troppe spese per accrescere il patrimonio personale della famiglia; molte anche – ma questa volta non c'è da rimproverargliele – per migliorare l'aspetto urbanistico di quella Roma, che egli era stato chiamato a governare nel nome della Chiesa. Innocenzo VIII deve dunque cercare nuovi filoni di denaro; nuovi mezzi per mantenere nel lusso tutta una sua corte che, una volta non soddisfatta in quelle che erano le sue abitudini, avrebbe trovato il modo di rendergli la vita impossibile. Papa o meno che fosse.

I Borgia e i della Rovere, coi cardinali Rodrigo e Giuliano, erano quelli a cui doveva di più. Erano i garanti della sua elezione; quelli cui aveva promesso le ricompense più alte, in cambio del loro voto nel conclave che lo aveva fatto pontefice. Era d'obbligo dunque il favorirli, ma contemporaneamente c'era da mantenere Roma in pace, cercando di porre termine alla rivalità fra i Colonna e gli Orsini.

Questo all'interno del suo Stato, ma a Innocenzo occorre anche procurarsi alleati fuori d'esso. Lo fa, ribaltando la politica di Sisto IV, cercando proprio l'amicizia coi Medici. Un legame matrimoniale è giudicato il mezzo migliore. Candidato è Franceschetto, il figlio suo prediletto. Gli si darà in moglie Maddalena, figlia del Magnifico Lorenzo, e il giuoco è fatto!

Fu un matrimonio da mille e una notte, ma soltanto per il ricevimento da

Maddalena de' Medici in un disegno di Impero Nigiani.

favola, che seguì alla cerimonia degli sponsali celebrati in Vaticano. Fatta la festa, vennero però le ore non liete. La figlia di Lorenzo – egli ne è prontamente, e costantemente, informato – vive infatti giorni disperatissimi. Franceschetto è un dissoluto, un uomo senza scrupoli, che ha accettato quell'unione solo sperando di ricavarne molto denaro, da poter dilapidare.

Un'unione peggiore non poteva esserci. Come padre, Lorenzo capisce d'aver completamente errato nell'accettare quel matrimonio. Come Medici non si può conoscere fino a che punto gli abbia resa più accettabile la delusione, l'avere ottenuto qualcosa che da anni si desiderava toccasse ai Medici: l'antico sogno, coltivato anche da Lucrezia Tornabuoni, di mettere un abito cardinalizio a uno di casa.

È Innocenzo VIII che compie il "miracolo". Il beneficiato è Giovanni, figlio di Lorenzo; il secondogenito del Magnifico si ritrova cardinale che ha appena tredici anni. È il 1489.

Per giustificare questa perlomeno straordinaria elezione, il papa "pretese" però che l'imberbe cardinale gli garantisse che, per tre anni ancora – fino quindi al 1492 – non avrebbe partecipato alle riunioni di Sacro Collegio. Era il minimo che si potesse chiedergli!

Giovanni aveva compiuta una carriera fulminante. E se Lucrezia Tornabuoni aveva sperato che i Medici potessero, prima o poi, oltre che governare Firenze, anche ottenere il trono di Pietro, questa volta il suo sogno si sarebbe avverato: Giovanni sarà infatti, più tardi, eletto papa col nome di Leone X.

Intanto il giovane cardinale sta all'impegno preso. Resta a Firenze ad attendere che giunga il tempo del suo trasferimento a Roma. Insomma, che passino quei tre anni di quarantena. Quando ciò avverrà – sarà nel marzo del 1492 – Lorenzo è agli ultimi giorni della sua esistenza. Anche lo stesso Innocenzo VIII avrà poco ancora da godere del suo trono papale.

La sua morte – il 25 luglio 1492 – aprirà la strada al più ardito dei pretendenti al ruolo di pontefice: a quel Rodrigo Borgia, che col nome di Alessandro VI ottiene i voti di un conclave che verrà remunerato, per il suo sì, con ricompense d'ogni tipo: in denaro e in incarichi lucrosi, da gestire all'interno dell'amministrazione della Chiesa.

Si ripete quello che era accaduto per Innocenzo VIII, e il risultato sarà di nuovo pessimo. I figli del nuovo papa – anche il Borgia era uno che aveva provveduto ad averne – sono ancora peggiori di quelli del Cybo. Ma ormai molti dei protagonisti della storia di Lorenzo sono scomparsi dal mondo. Anche Lorenzo.

Giulia Gonzaga, la donna che conquistò Ippolito de' Medici

Un impercettibile segno della sorte e lei, Giulia Gonzaga, sarebbe stata la moglie di Ippolito, il bel cardinale che nel nome della donna amata era più che deciso a togliersi di dosso la veste di religioso. Così come accadrà più di mezzo secolo dopo a un altro Medici: Ferdinando, figlio del granduca Cosimo I che, morto il fratello Francesco I e scomparsa anche la non certo amata cognata Bianca Cappello, lascia il cappello cardinalizio per potere governare lo Stato toscano, sposandosi con Cristina di Lorena.

Ora in quegli anni Trenta del '500 di un'Italia politicamente inquieta, dove l'imperatore Carlo V detta legge, Ippolito de' Medici: figlio naturale di Giulio de' Medici, duca di Nemours, è sicuramente personaggio di primissimo piano, convinto poi com'è che nella gara a chi governa lo Stato di Toscana il suo principale, e unico, rivale, Alessandro duca di Penne, figlio naturale del papa Medici Clemente VII, rappresenti la soluzione peggiore per una Firenze appena uscita da quel rovinoso assedio conclusosi nel 1530 e che aveva messo la città alla fame e alla disperazione. Ma in questa gara a chi reggerà il nuovo Principato, Ippolito è sfavorito: Alessandro gode della protezione del padre, il pontefice Clemente VII che l'ha proposto a Carlo V come candidato a governare lo Stato fiorentino. E anche se l'imperatore può essersi convinto che Alessandro è una scelta non buona, è chiaro che gli occorre di fare buon viso per non turbare quella alleanza col pontefice da poco conclusa. Lo richiede quel difficile equilibrio degli Stati italiani faticosamente raggiunto. Che regni pure Alessandro sullo Stato fiorentino; imparerà fin d'ora a obbedire agli ordini dell'imperatore e della Spagna. Che gli sia anzi data in moglie Margherita d'Austria, figlia naturale dello stesso imperatore. Sarà un'assicurazione in più che l'importante Stato di Firenze è governato da un Medici, che però si muove e ordina mosso come una marionetta nelle mani di Carlo V.

In tutto questo gioco politico recitano da protagonisti Ippolito de' Medici e Giulia Gonzaga. Ed è per amore di lei, forse più che per un'ambizione tutta personale che Ippolito combatte la sua battaglia. La bellissima Giulia è la donna che vorrebbe avere al suo fianco su di un trono. Il governo sullo Stato fiorentino da dividere con una donna che ha dimostrato di avere le qualità di una regina.

Giulia Gonzaga era nata nel castello di Sassuolo nel 1513 e poco più che dodicenne la si era fatta sposare al duca Vespasiano Colonna, uno dei potenti, forse il più potente dei nobili romani del suo tempo. Potente e nobile, ma un più che quarantenne col volto scavato dal vaiolo e un braccio e una gamba paralizzati. Era orribile a vedersi, e lo sfarzo della chiesa dei Colonna a Paliano apparve alla tredicenne Giulia non come un augurio per il suo domani, ma la beffa di una cattiva sorte alla quale non c'era scampo.

La duchessa Colonna, l'ingannata Giulia ebbe, in quella sua stagione di sfortuna, perlomeno una tregua di una sua vita assieme a un marito così. Vespasiano Colonna partì infatti da Paliano per sferrare una campagna militare contro il papa Medici Clemente VII il giorno dopo la celebrazione del matrimonio. Un'impresa dapprima coronata da successo, ma poi per un'improvvisa reazione del pontefice tramutatasi in una sconfitta. Fu allora che Vespasiano Colonna e la moglie Giulia si ritirarono nel munitissimo castello di Fondi, al confine nord del regno di Napoli. Era il gennaio del 1527; gli strapazzi avevano peggiorato le condizioni di salute del Colonna, che era ora quasi completamente paralizzato. L'attacco sferrato dai lanzichenecchi contro Roma fermò ogni azione del papa contro i Colonna. Il saccheggio di Roma nel maggio 1527 e il papa che si era arreso, mutarono le sorti dei Colonna, che riacquistarono gran parte dei domini perduti. Il 13 marzo 1528 però Vespasiano Colonna morì, lasciando alla quindicenne moglie Giulia ogni sua proprietà purché non si risposasse, perché altrimenti gran parte del patrimonio sarebbe andato a Isabella, una figlia da lui avuta in un precedente matrimonio.

Ora Giulia disponeva di una grandissima ricchezza in terre, in denaro, in gioielli. La città di Fondi, nel regno di Napoli, è ora col suo palazzo e con le sue mura fortificate la residenza ufficiale dei Colonna. Giulia conosce Ippolito de' Medici in una circostanza che parrebbe la meno adatta per lui a innamorarsene. È che il Medici era stato invitato nel castello di Paliano per conoscere Isabella Colonna che avrebbe dovuto, secondo l'accordo di pace fra lo scomparso Vespasiano e papa Clemente VII, essergli data in moglie. Giulia recita nel ruolo di matrigna: straordinario trio, il loro, di nobili fanciulli che hanno il compito d'interpretare una parte da adulti: di quindici anni di età ciascuna delle due donne; di diciassette Ippolito. E accadde che il matrimonio fra Isabella e Ippolito andò a monte, mentre il giovane Medici s'innamorava perdutamente della bellissima Giulia.

Ippolito nel 1529 viene nominato da papa Clemente VII cardinale. Un Medici ancora che può domani salire sul trono di Pietro: questo gli viene detto dal pontefice, ma Ippolito sa che egli deve la sua porpora a ben altro. In-

Giulia Gonzaga Colonna in un disegno di Impero Nigiani.

somma il papa ha voluto con questo suo gesto, che potrebbe anche apparire d'affetto, toglierlo via dal competere nel domani a reggere lo Stato fiorentino, favorendo quell'Alessandro che aveva avuto da una serva di colore. Amor di padre quindi, e non decisione di un pontefice per il bene della Chiesa. Ippolito cardinale si preparava ora a combattere contro Alessandro; il governo di Firenze doveva toccargli e al momento opportuno avrebbe ben potuto togliersi di dosso l'abito religioso nel nome di un potere che egli considerava suo di diritto. E a ragione, visto che era lui il diretto discendente di Lorenzo il Magnifico, nato com'era da Giuliano duca di Nemours che di Lorenzo era figlio. Occorreva ora fare buon viso a cattivo giuoco e attendere, operando con intelligenza, il momento opportuno per ottenere il governo dello Stato di Firenze. Allora avrebbe rinunciato alla carica ecclesiastica, e il palazzo di via Larga l'avrebbe visto come Signore, con accanto l'unica donna che egli considerava degna di essergli compagna: Giulia Gonzaga.

Intanto iniziò col contestare la decisione del pontefice e col chiedere a Clemente VII di revocare la nomina, ottenendone però un deciso rifiuto. Se non recedeva da questa sua pazzia, gli fu detto, non avrebbe visto più un ducato di quelle molte migliaia che riceveva come appannaggio ogni anno dalle casse della Chiesa, denaro che gli consentiva di vivere in Roma abitando in lussuosi palazzi e tenendo centinaia di servi. Fu allora che Ippolito decise che si sarebbe mosso con grande prudenza; non rinuncia certo al suo programma, ma lo avrebbe messo in atto al momento opportuno, con un'azione che nessuno si sarebbe aspettato. Sapeva di godere la stima degli ambienti vicini ai Medici in Firenze e contava nei riguardi del popolo di quell'innegabile fascino di gentiluomo colto, che lo distingueva dal rozzissimo Alessandro.

Gli incontri di Ippolito con Giulia si fanno sempre più frequenti. Il palazzo di Fondi, una costruzione della metà del secolo XV, è stato in più parti riadattato dai Colonna, e Giulia ha ora provveduto ad arredarlo con grande eleganza. È giovanissima, ma mostra un'accortezza politica e amministrativa che parrebbe essere di persona adulta e di molta esperienza; è ricca di denaro ma anche d'ingegno; coltiva attorno a sé un cerchio di intellettuali e di artisti tutti ammirati della sua bellezza unita alla sua intelligenza.

Ippolito la affascina, ma li dividono modi diversi di intendere la vita; lui pronto ad applaudire a tutto ciò che sia sfarzo; lei rimproverandoglielo e invitando a una vita dove avesse gran peso lo spirito e anche la fede religiosa. Curiosa raccomandazione questa, se la si pensa rivolta a un uomo che riveste un alto grado nella Chiesa! Ogni incontro fra loro è in parte anche uno scontro. Ippolito la desidera come donna e lei gli resiste. Se ne parla a Roma di queste schermaglie amorose e si sorride su questo cardinale innamorato. Lui non fa niente però per autocompatirsi; intreccia trame; chiede colloqui all'imperatore; va in guerra contro i turchi; cerca di stringere a sé la nobiltà fiorentina, ora che, terminato l'assedio e tornati i Medici, si dovrà decidere a chi tocchi il potere. Delicata e difficile incombenza poi, considerate le pessime condizioni in cui si trova la popolazione stremata dall'assedio e la stessa città così duramente colpita dalle artiglierie degli imperiali.

Il suo programma è di convincere l'imperatore che affidare il governo dello Stato fiorentino ad Alessandro sarebbe il peggiore dei mali. Alessandro è un uomo inaffidabile, violento, incolto, screditerebbe l'immagine di chi lo ha protetto per raggiungere il potere. Ma papa Clemente VII sa bene come muoversi ora che è tornato in pace con Carlo V; né all'imperatore gioverebbe ora di nuovo agitare le acque italiane. E in questo clima di benevolenza fra Carlo e Clemente si decide che si farà sposare Margherita d'Austria, figlia di Carlo V, ad Alessandro. Lei è poco più che bambina e si dovrà aspettare qualche anno, ma l'impegno è preso ed è una vittoria ancora del papa a favore di Alessandro.

A consolare Ippolito non ci sono che gli incontri con Giulia Colonna, ma anche questi si venano di dolce e amaro mescolati insieme. Lei si mostra felice di vederlo, ma alle proposte d'amore di lui risponde che non sa decidere. È una sorta di giuoco, senza però che Giulia ci metta della perfidia. Lei è effettivamente così: impaurita di legarsi ad un uomo. Devono pesare su di lei momenti inconfessati e inconfessabili: quei giorni, e quelle notti, con il marito evocano in lei memorie disgustose.

Ippolito cercava ogni strada per far breccia nel cuore di lei. Giulia poteva essere certa che lui avrebbe rinunciato alla porpora cardinalizia, non appena lei avesse accettato di sposarlo. Quanto al potere su Firenze – così diceva – egli era convinto di avere nelle mani ancora molte carte da giocare, ma gli occorreva per questo averla al suo fianco.

E lei accettò. Era l'agosto del 1535 e un grande piano per impadronirsi di Firenze e abbattere Alessandro era stato messo a punto da Filippo Strozzi assieme ad altri esiliati. Una volta caduta nelle loro mani la città, Ippolito ne sarebbe stato messo a capo. E Giulia sarebbe stata al suo fianco. Era la felicità tanto attesa.

Ma Giulia ora promessasi a Ippolito non poté essere sua moglie. Nell'agosto del 1535 il giovane Medici, che si stava recando a incontrarla a Fondi, fu colto da un violento attacco di febbre. Si pensò a un attacco che oggi diremmo influenzale: cosa di pochi giorni, ma le condizioni del malato andarono via via peggiorando fino alla sua morte, che fu il 10 di quello stesso agosto.

Giulia era presente al servizio funebre che si tenne in una chiesa di Itri. Era scomparso l'uomo al quale stava per legarsi in matrimonio. Ritornò a Fondi disperata, convinta – e così fu – che mai nessun altro l'avrebbe posseduta. Che Ippolito fosse morto avvelenato da qualcuno per ordine di Alessandro, furono in molti a pensarlo e anche a dirlo. La verità, come spesso accade, non sarà mai conosciuta. Giulia Gonzaga entra però nel numero delle donne di Casa Medici, anche se non con l'ufficialità di un matrimonio, però con il valore di una promessa. Scambiata solennemente fra lei e lo sfortunato Ippolito.

Residenze medicee

È cosa perlomeno curiosa come nessun palazzo, nel centro di Firenze, sia intitolato alla famiglia. Perfino quello più "classico", in via Larga: quello voluto da Cosimo il Vecchio e commissionato da lui a Michelozzo, passato in seguito alla famiglia Riccardi, ha mescolato il nome della casata dei Medici a quello dei nuovi proprietari. Palazzo Pitti, poi, che è la più medicea delle residenze della famiglia fattasi granducale, ha conservato con insistenza quel nome dei Pitti, che ne furono sì i primi committenti, ma che mai l'abitarono.

Lo stesso Palazzo Vecchio – questa volta la nascita del poderoso complesso risale agli ultimissimi anni del Duecento, e non c'è sospetto che i Medici siano stati defraudati d'una loro legittima paternità! – anche Palazzo Vecchio, dunque, nonostante abbia offerto le sue stanze, come residenza per Cosimo I e per Francesco, suo figlio, non ha mai rinunciato al suo aspetto di edificio destinato dalla sua stessa tradizione a rappresentare un'amministrazione, che scoprì la sua maggiore gloria nel periodo d'una Firenze comunale e repubblicana. Un destino perlomeno straordinario tocca quindi ai Medici, e che trova come conclusione che Firenze, la Firenze che vive ancora oggi un clima ispirato alla loro storia, non ha un solo edificio che possegga il loro nome.

Eppure nella vicenda dell'architettura di Firenze, li abbiamo visti committenti infaticabili, fin da quando – siamo ancora nel secolo XIV – essi parteciparono a quella straordinaria corsa che s'indirizzò verso l'edilizia residenziale, con un impegno e una profusione di mezzi che li pose fra i primissimi in tutta quella schiera di mercanti, detentori ormai di grandi ricchezze, che vollero dimostrare di essere ormai convinti di avere salito un gradino – e anche alto – per una scalata sociale che ora poneva loro l'obbligo d'una residenza, che stesse in pari misura a significare questa loro conquista. Ed eccoli a commissionare a esperti architetti, alla moda o meno, a seconda di quanto si volesse impegnare di denaro per avere queste case, eccoli quindi a dare l'avvio alla costruzione di quei palazzi che costellano tutta una Firenze che evade con loro dall'antico centro ristretto; che si dilata verso nuove direzioni; che s'amplia proprio in funzione di queste nuove esperienze abitative. I palazzi che ora stanno sorgendo paiono, nella stessa loro ambizione di alzarsi verso l'alto, rappresentare il desiderio di salire verso l'aria pura, oltre la selva dei tetti delle case più basse, ma insieme anche il recupero di quell'idea espressa in antico da quelle torri, poi fatte mozzare dalla magistratura, che erano state l'emblema di chi volesse iscrivere il suo nome nell'elenco dei grandi fiorentini.

Al centro di queste nuove residenze: come un polo, insieme all'antico Battistero di San Giovanni, cui s'indirizzava perennemente l'ago di ogni bussola della Firenze d'allora, Palazzo Vecchio resisteva con le sue memorie; simbolo di tutta una storia politica dello Stato di Firenze; inattaccabile dalle nuove mode o idee. Pareva racchiudere in se stesso tutta la vicenda repubblicana e libera della Firenze che si era autoamministrata. Anche per esso però l'arrivo del Signore, che segnò la fine dei sogni repubblicani, rappresentò un mutamento di ruolo. Le sue battute ora erano scritte su copioni dettatigli da un suggeritore che sta aldifuori delle sue mura. E quando, nell'agosto del 1530, un reparto di fanti tedeschi delle armate di Carlo V montò la guardia davanti alla sua porta, ciò significò che Firenze aveva ceduto agli assedianti, ma che insieme Palazzo Vecchio aveva finito una sua stagione. Né il fatto che quella guardia tutta imperiale, avesse lasciato pochi giorni dopo il posto a una più "cittadina", comandata da Alessandro Vitelli, poté mutare in qualche misura la nuova condizione.

Il palazzo si preparava ad aprirsi al duca di Penne: Alessandro de' Medici, che v'entrava a farsi eleggere come solo Signore di quello Stato, invece assembleare, che ora consegnava le chiavi al nuovo padrone di Firenze. Una Signoria che se ne stette silenziosa, mentre Giovannantonio Mussetola, commissario imperiale, pronunciava nel salone de' Dugento, un discorso d'elogio per Alessandro, ma principalmente ricordando la grande benevolenza e l'acume politico sia dell'imperatore Carlo V, che del papa Clemente VII.

La lettura della bolla imperiale con cui si comunicava alla Signoria fiorentina che Alessandro era per espresso volere dell'imperatore messo a capo di tutte le cariche dello Stato e delle relative magistrature, chiarì come stavano le cose; non esisteva scelta o alternativa possibile. Chi aveva orecchi per intendere lo facesse, e anche in fretta. E il primo maggio del 1532, ecco l'ultimo atto ufficiale della Signoria fiorentina: Gianfrancesco de' Nobili, l'ultimo dei gonfalonieri, proclama Alessandro Signore, duca e principe assoluto. Numerose salve d'artiglieria salutarono dai colli sopra Firenze l'avvenimento. Ora Palazzo Vecchio era divenuto uno dei palazzi dei Medici.

Alessandro preferì però continuare a vivere in via Larga; nell'antica residenza costruita da Cosimo il Vecchio. Gli parve più comoda, come casa, e

Palazzo Vecchio vide durante il suo breve regno – provvederà alla sua scomparsa il pugnale di Lorenzino de' Medici – il suo momento di maggiore abbandono. Alessandro, come unica azione di rilievo apportata alla sua struttura, vi fece rimuovere la grossa campana: la cosiddetta "vacca". Si è detto perché, così facendo, il duca avrebbe ricavato dalle ventimila libbre di metallo di quella campana, in cui faceva la sua comparsa anche l'argento, materiale da destinare alla zecca; chi invece sostiene che quel gesto sia stato dettato dal fatto che egli abbia voluto rimuovere un'altra memoria della libertà fiorentina. Destinata, com'era stata tante volte, quella campana, a chiamare a raccolta con i suoi rintocchi i consigli e anche il popolo fiorentino nei casi d'estrema necessità. Bernardo Davanzati scrisse in proposito che quella campana era stata tolta da Alessandro perché i fiorentini non potessero mai più udire i dolci suoni della musica della libertà.

Il Davanzati non ebbe invece da ridire, quando – nel 1534 – Alessandro volle che davanti alla porta del palazzo fosse messo il gruppo d'Ercole e Caco, la scultura di Baccio Bandinelli. Avrebbe anche potuto avanzare il sospetto che quel Medici, così sanguigno e prepotente, si fosse veramente messo in testa d'essere un Ercole sia fisicamente che politicamente, ma per quella volta il sarcasmo dei fiorentini risparmiò il nuovo duca.

D'altra parte appare probabile che, riguardo a questa sistemazione della nuova statua, Alessandro non abbia fatto altro che seguire la volontà di Clemente VII, il pontefice. Lui poi tanto distratto in quegli anni da ben altre passioni, che non da quelle artistiche. Vicino al David michelangiolesco il gruppo del Bandinelli non è che ci faccia troppo bella figura, ma come si sa i gusti del mondo in fatto d'arte sono variegati, e anche Ercole e Caco hanno trovato i loro ammiratori.

Quando Cosimo I e la moglie Eleonora vanno ad abitarci, il Palazzo della Signoria torna al suo ruolo, senonché ora il potere è espresso al singolare. Non più i consigli e il gonfaloniere, ma un solo Signore sta ora cercando dentro le mura dell'antica civile costruzione la propria personale abitazione: «Il 15 maggio sabato, alle ore venti circa», scrive Pier Francesco Riccio, maggiordomo del duca Cosimo, «Monsignore il duca Cosimo e la Duchessa Leonora, sua moglie, entra nel Palazzo di Firenze, scelto come abitazione per le loro Eccellenze...».

Sono stati nel frattempo sloggiati quei funzionari come gli Otto di Balìa, che ora collaborano come braccio giudiziario al servizio del duca, trasferiti in residenze vicine, fatte liberare per l'occasione, o già libere di suo, pronte ad accogliere questi rami dell'amministrazione ducale. Cosimo I si tiene vicini invece altri funzionari, quelli che gli è necessario incontrare ogni giorno per il disbrigo delle pratiche amministrative e politiche.

Intanto ha provveduto a fare sorvegliare la sua nuova residenza da uno speciale corpo di guardie armate: perlopiù tedeschi, che sono al comando

Giuseppe Zocchi: La Reale Villa di Artimino. *Fu costruita nel 1594 dal Buontalenti per Ferdinando I.*

di Baldassare Függler. Il nome con cui vennero chiamati: lanzi, non era certo che risuscitasse nei cuori memorie care alla storia italiana e anche a quella fiorentina, ma le stagioni passano e dal terribile sacco di Roma ad ora erano trascorsi più di vent'anni. I lanzi tennero il loro corpo di guardia proprio sotto quella loggia nella piazza prospiciente il palazzo, che serve così da riparo per loro e le loro armi. E la loggia trovò il suo nome non da qualcuno di quei monumenti che vi saranno accolti, ma da questi militari che formano il corpo speciale di protezione del duca.

Il palazzo subisce nel suo interno delle modifiche in virtù dei nuovi stili e del nuovo intendere una residenza, e questa poi che era destinata a un principe. Qualcuno potrà lamentarsi che il palazzo sia stato danneggiato con questi rimaneggiamenti; che furono mutate le sue strutture originarie; che ci fu profanazione del passato, ma ciò è vero solo in parte. Qualcosa delle sue bellezze scomparve; molto però di nuova bellezza gli fu dato. È evidente che allo spirito di un Vasari o di un Bandinelli non si confacevano più le grandi superfici in pietra, né tantomeno quelli che erano i pavimenti cari alla severità spartana del Medioevo.

Essi operarono delle trasformazioni che tenessero conto di un nuovo modo d'intendere la vita che era ormai stato dettato dal gusto postumanistico; da quell'amore del bello che il Rinascimento stava ora portando alla sua massima espressione; a volte fino all'impreziosimento, come ad anticipare misure che saranno care al Barocco.

Nel palazzo antico si vanno così aggiungendo gli stili: il costume, via via che si rinnova, va imponendoli senza risparmio, sia pure – visto il senso d'equilibrio mostrato dai Medici, che ne sono i committenti – espressi con una misura che riesce quasi sempre a fare legare il passato col presente. Il Medioevo riesce così a convivere, in questa straordinaria città che è Firenze, con il nuovo mondo umanistico e rinascimentale.

La grande sala dell'"Udienza", destinata a ricevervi gli ambasciatori stranieri, ma anche quei cittadini che ottengono un colloquio col duca, si lega ora – con le statue e con i suoi splendidi ornamenti – con le più severe, anche se eleganti, stanze che sono state affidate a Battista del Tasso, e che verranno create sul retro del palazzo, dalla parte di piazza San Firenze verso via dei Gondi. S'apre una nuova porta in via dei Leoni, e può essere spostato il corpo di guardia dei lanzi da sotto la loggia nella piazza, in quella parte del palazzo che è vicina alla corte detta di Arnolfo: nella Sala d'Armi.

E fu durante questi lavori del Tasso, che Cosimo affidò ad Agnolo Bronzino e a Francesco de' Salviati gli affreschi per le pareti della nuova zona costruita, mentre la manifattura degli arazzi, che lo stesso Cosimo aveva voluto aprire nel 1546, lavorava per fornire i primi pezzi, fra i quali quelli che orneranno il Salone de' Dugento. E mentre il Bronzino dipinge al secondo piano una cappella, destinata alla preghiera, per Eleonora di Toledo, Francesco de' Salviati affresca ora le pareti della già ricordata Sala dell'Udienza.

Ormai la zona del palazzo, riservata al nuovo duca di Firenze, va completandosi, e una serie di sale e anche di stanze di minore superficie, ma sempre di raffinata eleganza, accolgono Cosimo ed Eleonora. Non c'è più alcun motivo per dover rimpiangere il palazzo di via Larga; anche qui ormai il nuovo Medici al potere potrebbe condurre, attraverso le stanze della sua casa, dei nuovi Sforza – come era accaduto al giovane Lorenzo il Magnifico – mostrando loro quanta perfezione e bellezza si trovi ancora nella residenza di un Medici. Ora poi che essi, dopo una loro storia di mercanti divenuti ricchi con commerci fortunati, hanno ottenuto cariche politiche che mai – neppure nei momenti di migliore fortuna dei loro predecessori – forse potevano avere sperate.

Nel 1549, nonostante sia già avvenuto l'acquisto del palazzo che Luca Pitti aveva inizialmente voluto per la sua famiglia (nato da un progetto del Brunelleschi), Cosimo vive ancora a Palazzo Vecchio, dove alla direzione dei lavori interni, dopo la morte del Tasso, seguirà – nel 1553 – Giorgio Vasari, che darà alla residenza ormai divenuta ufficialmente destinata al granduca Cosimo quell'aspetto definitivo, che giungerà intatto fino al nostro tempo.

Il Vasari operò con una straordinaria celerità, quasi una frenesia del fare lo accompagnasse e lo spingesse senza sosta. Oggi nel riassumere in una sorta di elenco le opere che sono da attribuirgli c'è veramente da stupirsi. Nel 1555 egli dette l'avvio a quell'appartamento "degli Elementi", che forse resta la sua opera maggiore all'interno del palazzo: cinque sale, due terrazze e una grande stanza per ricevere, come anticamera. E alla sala, che porta proprio il nome di Sala degli Elementi, s'aggiunsero quelle d'Ercole, di Giove, di Cibele e di Cerere; anche la terrazza che prende il nome di Saturno, e guarda verso San Miniato al Monte. Collaborò come aiuto del Vasari alla realizzazione di questo quartiere un'intera schiera d'artisti: Giovanni Stradano, Jacopo Zucchi, Francesco da Poppi, Cristofano Gherardi, Domenico Benci, Alessandro del Barbiere, per ricordarne qualcuno.

Mentre è impegnato alla sistemazione dell'appartamento "degli Elementi", ecco sempre il Vasari che provvede alla realizzazione – al piano inferiore del palazzo – di un altro quartiere, questa volta indirizzato a rendere onore non più ai divi della mitologia pagana, ma a quelli della famiglia che gli sta concedendo fiducia e denaro: quella dei Medici suoi committenti.

Ed ecco, come a seguire un ordinato ritmo di corrispondenze, che nello stesso spazio che al piano superiore occupa la Sala di Cerere, nasce ora quella dedicata a Cosimo il Vecchio, dispensatore come la divina Cerere d'abbondanza e ricchezza alla città di Firenze. Poi tocca alla sala intitolata a Lorenzo il Magnifico, cui seguono con uguale cadenza di motivi ornamentali e di raffinata eleganza le altre di Cosimo I, di Giovanni dalle Bande Nere, di Clemente VII, e infine quella destinata al ricordo del primo Medici che ha occupato il trono della Chiesa: Leone X. Affreschi, statue, medaglioni, stucchi: è il frutto di un Vasari scatenato, che appare inesauribile con la sua opera nel celebrare, nell'applaudire i suoi committenti senza alcun risparmio. È l'architetto, il pittore, il decoratore, l'arredatore ufficiale di Casa Medici e la schiera di collaboratori pende dalle sue labbra come da quelle di un oracolo, che tutto ormai abbia già deciso dentro la sua mente.

Nel 1560, ecco ancora una volta il prodigioso aretino che sta sistemando gli appartamenti d'Eleonora, al secondo piano del palazzo, rielaborando quanto ha già disegnato il Tasso, con nuove invenzioni. I racconti pittorici del Vasari s'ispirano ora a donne celebrate dalla storia o dalla leggenda, in onore della nuova "divinità" entrata in famiglia Medici: per la gloria di Eleonora di Toledo, la bella signora spagnola. La bella Gualdrada: la proba figlia di Bellincione Berti, e poi Penelope, ed Esther, s'uniscono con le loro storie evocate nel nome di Eleonora. Loro pari a lei nello ieri; lei grande come loro nell'oggi. Il Vasari quando ci si mette, non si risparmia certo in paragoni anche storicamente azzardati!

Ma deve avere ritenuto il suo maggiore capolavoro quella Sala Grande, dove s'esibisce ancora una volta come pittore. Nella *Vita di Simone detto il Cronaca* è lo stesso Vasari che vuole narrarci il perché di quell'incarico datogli da Cosimo I, e il suo impegno di buon professionista nel mondo dell'arte che non bada a fatiche: «E ciò è stato opera del Signor Duca Cosimo», anticipa così il Vasari, elogiando il committente; «il quale, com'è in tutte le cose e nel governo dei popoli di felicissimo ingegno e di grandissimo giudizio, non perdona né a spesa, né a cosa veruna, perché tutte le fortificazioni e edifici pubblici e privati corrispondano alla grandezza del suo animo e siano non meno belli che utili, non meno utili che belli».

E dopo l'applauso al suo duca, eccolo a descriverci la sua opera nei particolari:

> Considerando dunque Sua Eccellenza che il corpo di questa sala [l'attuale Salone dei Cinquecento] è il maggiore e più magnifico e più bello di tutta Europa, si è risoluta in quelle parti che sono difettose, d'acconciarla e in tutte l'altre con il disegno e l'opera di Giorgio Vasari aretino farla ornatissima sopra tutti gli edifici d'Italia; e così alzata la grandezza delle mura sopra il vecchio di dodici braccia, di maniera che è alta, dal pavimento al palco, braccia trentadue, si sono ristaurati i cavalli fatti dal Cronaca, che reggono il tetto, e rimessi in alto con nuovo ordine e rifatto il palco vecchio, che era ordinato a semplice e non ben degno di quella sala, con vari spartimenti, ricco di cornici, pieno d'intagli e tutto messo d'oro, con trentanove tavole di pitture a olio, di figure, di sette o otto braccia le maggiori.

E il Vasari trascura di dirci che in tali pitture ebbe come collaboratore

Giovanni Stradano, salvo subito dopo darci invece un'accurata descrizione dei soggetti che vi furono dipinti:

> Nelle quali storie, cominciandomi dal primo principio, sono gli accrescimenti e gli onori, le vittorie e tutti i fatti egregi della città di Fiorenza e del dominio, e particolarmente la guerra di Pisa e di Siena con un'infinità d'altre cose, che sarei troppo lungo a raccontarle. E si è lasciato conveniente spazio di sessanta per ciascuna delle facciate delle bande, per fare di ciascuna in tre storie che corrispondono al palco quanto tiene lo spazio di sette quadri da ciascun lato che trattano delle guerre di Pisa e di Siena. I quali spartimenti delle facciate sono tanto grandi che non si sono anco veduti maggiori spazi per fare storie di pitture, né dagli antichi, né dai moderni. E sono detti spartimenti, ornati di pietre grandissime, le quali si congiungono alle teste della sala dove da una parte, cioè verso tramontana, ha fatti finire il Signor Duca, secondo che era stata condotta a buon termine da Baccio Bandinelli, una facciata piena di colonne e pilastri e di nicchie piene di statue di marmo, il quale appartamento ha da servire come udienza pubblica, come a suo luogo si dirà. Dall'altra banda dirimpetto l'Ammannati, scultore ed architetto, ha preparato una fonte che getti acqua nella sala, con ricco e bellissimo ornamento di colonne e di statue di marmo e di bronzo. Non tacerò che per essersi alzato il tetto di questa sala dodici braccia, ella ne ha acquistato non solamente sfogo, ma lumi assaissimi, percioché oltre gli altri, che sono più in alto, in ciascuna di queste testate vanno tre grandissime finestre, che verranno col piano sopra un corridore, che fa loggia dentro la sala e da un lato, sopra l'opera del Bandinelli, donde si scoprirà tutta la piazza con bellissima veduta... Questo per ora dirò io: che se il Cronaca e quegli altri ingegnosi artefici che dettero il disegno di questa sala potessino ritornare vivi, per mio credere non riconoscerebbero né il palazzo, né la sala, né cosa che vi sia...

È un Vasari pienamente soddisfatto che si celebra, ma occorre riconoscere che l'applauso verso se stesso è perdonabile, visti gli eccezionali risultati raggiunti.

«Non riconoscerebbero né il palazzo, né la sala, né cosa che vi sia»: ed è vero. Palazzo Vecchio ha mutato volto; s'è trasformato in una reggia da principi, pur conservando sulla sua facciata la grinta d'un palazzo comunale.

Dopo la Sala nuova del Guardaroba e quella del Tesoretto, che prende il suo nome dalla opulenza delle sue decorazioni, dalla ricchezza dei suoi ornamenti, Cosimo pensa però anche all'esterno del palazzo e mentre non vengono messi in atto i consigli dello stesso Michelangelo di circondare con una loggia tutta la piazza, cosa che avrebbe potuto dare risultati anche straordinari di bellezza e di armonia, eliminando poi i guasti che il futuro produrrà con delle nuove costruzioni sulla piazza medesima, Cosimo si lascia invece convincere a quella fontana del Nettuno, sulla sinistra del palazzo, che è realizzata – dopo la morte del Bandinelli, che era stato quello cui era toccato l'incarico – da Bartolomeo Ammannati, particolarmente protetto dal Vasari rispetto al Cellini che s'era fatto anche lui avanti per ottenere la commissione di quel lavoro.

Il Nettuno, quello che i fiorentini chiamano *il Biancone*, e la sua fontana furono compiuti nel 1571. Non certo entusiasmante la statua che rappresenta il dio marino in piedi sul suo cocchio con i cavalli affogati nell'acqua, ma invece raffinatissime e ben scolpite le statue in bronzo, modellate dal Giambologna, che ornano gli otto angoli della fontana medesima.

Palazzo Vecchio, divenuto reggia di regnanti, si trasforma ulteriormente quando Francesco sposa Giovanna d'Austria, una signora di sangue imperiale. I Medici hanno già dato però una regina all'Europa: Caterina, in Francia; e due papi: Leone X e Clemente VII. La regale signora può anche accontentarsi! Sempre il Vasari onnipresente ha provveduto intanto a certi lavori che mutano il volto alla corte principale, e basterebbe la deliziosa figura dell'amorino del Verrocchio, per dire che anche questa volta lo scrittore delle *Vite* ha colto nel segno.

Sotto il loggiato vengono dipinte scene che ricordano luoghi della terra d'Austria: il paese da cui giunge la sposa di Francesco. E mentre il Vasari sta organizzando le celebrazioni del fausto avvenimento, già ha in mente il disegno definitivo di un'opera ardita: quel corridoio – che a lui s'intitolerà – che dovrà congiungere Palazzo Vecchio a Palazzo Pitti, scavalcando l'Arno sopra il Ponte Vecchio, dopo avere attraversato quella costruzione, che per ora serve ad accogliere le magistrature di Cosimo: gli Uffizi.

E i Medici poterono così attraversare il centro di Firenze senza essere visti. Dalle finestre del corridoio vasariano avranno dato uno sguardo soddisfatto a questa splendida città, che era un po' anche il risultato di tanti loro interessi, di tanti incarichi da loro affidati ad artisti famosi, per renderla così come ora stavano ammirandola.

Ancora prima che Cosimo I lasciasse la terra, Francesco volle affidare a Giorgio Vasari un incarico questa volta squisitamente di fiducia: doveva provvedere come architetto, pittore, arredatore, a dargli una "sua" stanza segreta il più possibile, appartata il più possibile; come un suo privatissimo regno aldilà del regno politico che gli sarebbe toccato in sorte, e il Vasari gli preparò quello "studiolo": lo "scrittoio", che è uno dei gioielli dell'ultimo Rinascimento architettonico. Qui il Vasari, consigliato questa volta da Vincenzo Borghini che bene conosceva ogni particolare dell'animo del giovane Francesco, parve ritrovare l'entusiasmo e l'operatività mostrata nei suoi giorni migliori, ispirandosi nel progetto di questa stanza regale allo spirito stesso del futuro duca: al suo amore per le scienze; a quella sua passione d'indagatore nel mondo delle forze della natura. E lo "studiolo" divenne così come il simbolo d'una Casa medicea che si rinnovava presa da nuovi interessi; sempre più lontana da quell'attività dei traffici commerciali che l'avevano prima contrassegnata. L'allegoria era trasparente: la pesca delle perle; l'origine del corallo e dell'ambra, mescolati ai segni dell'acqua, come elemento filosofico, e del fuoco inteso nella stessa maniera; storie d'invenzioni che pareva scoprissero la loro iniziativa sottoterra, in quelle miniere di diamanti e d'oro, che mostravano i disegni, e insieme tutte quelle divinità che una filosofia vicina allo spirito stesso di Francesco poteva ricondurre: e furono Plutone, Cibele, Venere, Giunone, Zefiro, Apollo, Vulcano. Una mitologia fantasiosa che ora si sposasse al culto di quelle dottrine che interessavano il mondo della scienza. Lo studiolo di Francesco fu completato nel 1573. Il nuovo principe aveva ora dove riflettere sui suoi amati studi, e insieme anche sui suoi sentimenti d'amore per la bella Cappello.

Si può dire che con quest'ultima opera del Vasari sia finito il grande momento del Palazzo Vecchio. Chi seguirà, dei Medici, non vi apporterà infatti che poche modifiche, salvo Ferdinando, il fratello ex cardinale che seguì a Francesco I nel 1587, che volle che l'architetto Bernardo Buontalenti aggiungesse quella parte del palazzo che è volta a levante, ma che principalmente curò che fossero portati avanti i lavori destinati a quella galleria familiare che stava prendendo corpo negli Uffizi.

Ormai Palazzo Pitti è divenuto la residenza ufficiale dei Medici; il palazzo nella grande piazza dell'antico centro resta invece come il simbolo, come il segno di una possibile fusione fra libertà repubblicana e Signoria assoluta. I Medici hanno partecipato all'una e all'altra delle due stagioni. Palazzo Vecchio li ha visti protagonisti nell'uno e nell'altro momento.

Palazzo Pitti era stato invece l'immagine d'una famiglia che era caduta in disgrazia: Luca Pitti, legittimo progenitore dell'idea di questa residenza, affidata come già ricordato al Brunelleschi, messosi in contrasto con Cosimo il Vecchio con un voltafaccia inaspettato dopo averne appoggiata la politica, perdette la partita ingaggiata con il suo più preparato avversario e dovette rinunciare alla lotta politica e insieme a quel suo sogno di edificarsi quel palazzo sul colle di Boboli. Unica sua soddisfazione, se nel mondo dove si va dopo la morte si riesce a sapere quello che accade agli uomini, deve essere stata quella di vedere perpetuato il proprio nome relativamente a questa casa, che è invece – come già abbiamo scritto – tutta quanta medicea.

Il progetto del Brunelleschi apriva sulla facciata tre ampie porte, e sopra di esse scandiva con ritmo un doppio ordine di sette finestre di grandi misure, che sono quelle che oggi sono al centro dell'edificio che scorgiamo, rielaborato con ampliamenti più tardi. La famiglia dei Medici aveva bisogno di più spazio e di più stanze; si ampliò dunque il palazzo, e perché esso assumesse quell'aria da casa di regnanti – com'erano ormai essi divenuti – l'Ammannati, su richiesta di Cosimo I e della moglie, chiuse le due grandi porte laterali sostituendole con delle finestre, mentre dava corso all'ingrandimento di tutto il fabbricato, costruendovi un ampio cortile con sul fondo la fontana di Mosè, incastonata nella grotta, e prolungando poi il palazzo verso la parte del giardino, con due nuove ali che completassero

Palazzo Pitti e il giardino di Boboli in un disegno di Anna Mannini.

Ammannini '74

quel suo nuovo aspetto di residenza di grande prestigio. In attesa che Cosimo II – accadrà nel 1620 – incarichi Giulio Parigi di provvedere ad allargare anche il fronte del palazzo, che vide ora l'aggiungersi di tre finestre ancora a ogni lato delle già preesistenti, mentre venti anni dopo Alfonso Parigi, figlio di Giulio, questa volta richiesto da Ferdinando II, dette corso a un altro ampliamento, aggiungendo sul fronte del palazzo altre cinque finestre.

E mentre si svolgevano quest'ultimi lavori esterni, si provvedeva all'interno del palazzo a chiedere l'intervento di artisti rinomati, e Bernardino Poccetti, il Volterrano, Giovanni di San Giovanni, Michele Colonna, Agostino Mitelli, Pietro da Cortona, e anche Salvator Rosa, provvidero alla decorazione delle tante sale dell'ormai principesca residenza.

Era insomma ora la reggia dei Medici. L'antica costruzione acquistata da Luca Pitti, l'avversario che s'era lasciato sconfiggere, era divenuta una residenza che era cresciuta in bellezza, parallelamente alla fama di questi principi, che governavano una Toscana famosa nel nome dell'arte e della cultura.

Quello che però resta come il palazzo più "classico" della famiglia, proprio perché ne ha ospitato i primi sogni e anche le prime delusioni è quello di via Larga. Il palazzo di Cosimo il Vecchio affidato al progetto di Michelozzo, con inizio dei lavori all'incirca nei primi mesi del 1444. Cosimo aveva prima pensato di darne l'incarico al Brunelleschi, salvo poi ripensarci, forse preoccupato di vedersi presentare un progetto che gli potesse apparire troppo ambizioso; inadatto per uno come lui, che ancora doveva recitare nel ruolo di un mercante che fosse cresciuto di grado grazie alla sua abilità nel commercio e negli affari, ma non mostrare il volto di uno che si costruisca un palazzo così importante da potersi interpretare come segnale che egli ormai si sente pronto a una scalata al potere della pubblica amministrazione.

Il progetto di Michelozzo era invece di tutto riposo: quello di una bella casa, con molto equilibrio di forme, e pochissimo sfarzo nelle sue linee esterne. Un edificio quasi a forma di cubo, che poteva apparire a prima vista disegnato da un comune architetto, ma che a ben riguardare mostrava ben altro taglio con quelle sue dieci finestre bifore che guardavano sulla stessa via Larga e poi una loggia, cara all'uso dei fiorentini, che addolciva la severità della costruzione posta com'era a uno degli angoli del palazzo medesimo. Una casa a tre piani; nata anche pensando a una sua solidità che la proteggesse da possibili attacchi.

Quelle linee severe dell'esterno vanno però scoprendo un primo segno di raffinata eleganza nell'ampio cortile interno, che è sovrastato da una lunga fascia – con stemmi e altre decorazioni – che pare debba essere come di sostegno alle finestre che sono di sopra. Quelle che danno luce al piano pri-

Palazzo Medici Riccardi in un disegno di A. Marchi.

vilegiato della casa, riservato direttamente alla famiglia. La loggia superiore ripeteva il ritmo di quella del cortile. Sempre riguardo a quella loggia esterna, detta Canto dei Medici, essa fu poi chiusa – agli inizi del Cinquecento – e al suo posto si affacciarono sulla via altre finestre.

Il giardino del palazzo, anche questo abbellito da una loggia, era cintato da un muro altissimo. Esso era il luogo del riposo, dello svago, della riunione; un posto anche dove ci si poteva sedere a tavola con gli amici; offrire spettacoli; godere dell'intimità della famiglia riunita.

Quando Ferdinando II vendé ai marchesi Riccardi la casa di via Larga, era ormai il 1670, la sua fu un'operazione da giudicarsi completamente sbagliata. Via Larga era infatti come il cordone ombelicale, che univa la storia dei Medici del momento al loro glorioso passato. Il palazzo poi scandiva, filtrandola nei vari momenti, la loro fortuna prima di mercanti e poi di Signori di Firenze.

Disfarsene, anche se poteva offrire del denaro fresco a delle casse non più ricche come prima; liberare la casata dagli impegni di un costoso mantenimento, o anche rappresentare una sorta di dimostrazione di benevolenza verso gli stessi Riccardi, disfarsene dunque voleva dire svendere anche tutto un passato, da conservare invece gelosamente.

I Riccardi modificarono il palazzo di via Larga estendendolo sulla via Ginori e costruendovi una galleria affrescata da Luca Giordano; ampliando poi anche la facciata che guarda su via Larga, con l'aggiunta di altre finestre. E attraverso una serie di lavori compiuti anche all'interno; con modifiche di scale e sistemazione di nuove stanze – fra i primi del Settecento e gli anni Venti di quel secolo – l'antica residenza di Cosimo il Vecchio perse molto del suo antico aspetto. Il disegno di Michelozzo fu rivoluzionato dai nuovi padroni di casa. Il palazzo di via Larga era ora divenuto uguale a ogni altro dei tanti palazzi fiorentini destinati a nobiliare abitazione. Ancora bello e imponente, ma privo ormai di quel ritmo e di quella misura voluti dal suo originario architetto.

Da ricordare in questa breve rassegna dei luoghi e degli spazi amati dai Medici gli Orti Medicei – ancora nella via Larga, dopo il palazzo di Michelozzo – che furono uno dei centri di quella cultura letteraria e artistica promossa fin dalla stagione di Cosimo il Vecchio. E fu Lorenzo poi che coltivò in questi Orti la pianta preziosa della cultura fiorentina e italiana. In pieno Quattrocento con gli incontri della sua Accademia, in attesa che Francesco I, il granduca "patito" di studi di scienza, chiedesse nel 1574 (l'anno in cui era morto suo padre Cosimo I, e anche quel maestro in arte che era stato Giorgio Vasari) di completare quei lavori, iniziati già nel 1568, per la costruzione – proprio in quegli Orti – di quel Casino Mediceo, dove troveranno sede i suoi laboratori scientifici.

E sarà nel 1568 che, ancora per iniziativa di Francesco, prenderà corpo negli appena costruiti laboratori la lavorazione delle pietre dure, che diverranno poi famose nel mondo, come uno dei raffinati prodotti dell'arte fiorentina. E – sempre in quello stesso anno – s'aprirà una fornace, destinata alla fabbricazione di vetri uguali a quelli che si fanno a Venezia, con Francesco che ha fatto arrivare a Firenze – richiesti per quell'incarico – alcuni maestri vetrai della Serenissima.

Sono anni in cui Francesco, anche se poco appare disposto alla parte di granduca al posto di suo padre Cosimo, dà però prova di sapere interpretare altri ruoli sul palcoscenico della vita fiorentina. Ed eccolo infatti che segue i primi lavori – è l'anno 1569 – della palazzina del Belvedere, alle spalle di Palazzo Pitti, sul colle sovrastante, come provvede a curare di persona quelli per l'erigenda villa di Pratolino, che proprio in quell'anno stanno incominciando.

Anche per la villa di Lappeggi, acquistata sempre da Francesco (si trattava di una vecchia residenza di campagna di proprietà dei Ricasoli), l'ambizioso granduca decide quei lavori di abbellimento, che dovranno trasformarla in quel luogo di delizie, che poi il cardinale Francesco Maria de' Medici – siamo ormai alle soglie del Settecento – userà come sua residenza preferita.

Il Casino di San Marco – di cui già abbiamo detto – sorto sugli spazi dell'antico giardino, ebbe invece l'aspetto più di un grande laboratorio di ricerca, che non di una costruzione destinata ad abitazione, anche se non furono trascurati determinati accorgimenti che potessero offrire delle stanze per riunioni, spazi di rappresentanza, così come si addiceva a una sede che, sia pure pensata per compiervi esperimenti di scienza, era però sorta per volontà di un principe, lui stesso poi addetto a quei lavori.

Si trattò di un lungo fabbricato a forma di U; a due piani; le finestre al terreno furono decorate con ornamenti, quelle del piano superiore lineari e semplici, di forma rettangolare. Nell'interno, Francesco si sbizzarì così come poteva il figlio del granduca di Firenze, chiedendo al suo architetto di sistemargli un gran numero di gabinetti di ricerca, e curioso com'era di esperimenti diversissimi fra loro, ecco sorgere le zone destinate a fonderia, ecco anche quelle che devono servire alla produzione artistica di pezzi sofisticati: da "farsi da sé". Vere prove d'abilità di questo futuro granduca, ora adepto nelle arti applicate.

L'alchimista-artista Francesco cederà poi nel 1577 questi suoi laboratori a quel falso figlio, suo e di Bianca Cappello, di cui abbiamo già detto: Don Antonio, che dopo aver fatto trasferire alla morte di Francesco I le officine e tutto l'apparato di ricerca messi su dal suo donatore, trasformò il fabbricato in modo da potervi abitare, cercando di sistemarne tutto l'insieme – nato per altro uso – nel modo migliore possibile, affidando quei lavori d'abbellimento a pittori e arredatori di buona fama.

Il Casino di San Marco tuttavia conservò ancora una parte di alcuni laboratori di Francesco I, e fu in questo stato promiscuo – fra casa riadattata e officina scientifica – che si giunse fino a quando – siamo già agli anni Trenta del secolo XVIII – Gian Gastone decise di trasformare questa costruzione, d'altra parte già in disuso fin da Cosimo II, in un magazzino cui s'affidarono compiti poco superiori a quelli del "granaio" che Cosimo III aveva fatto costruire di là d'Arno – nell'attuale piazza Cestello – su un progetto di Ciro Ferri e di Giovan Battista Foggini, negli ultimi anni del Seicento.

Quanto alla palazzina di Belvedere, che domina la città dalla Porta a San Giorgio, lascia indecisi se doverla classificare casa di città o di campagna; fortilizio o sede abitativa. Si fanno i nomi, per il suo progetto, del Buontalenti che potrebbe avervi lavorato in collaborazione con l'Ammannati, ma non ci sono precisi documenti che comprovino quest'affermazione, salvo l'aspetto formale della costruzione che ci riconduce agli stili cari ai due architetti.

Gli ultimi Medici se ne serviranno anche come sede di deposito delle loro ricchezze. In una cassaforte offerta dai sotterranei ben protetti, circondato poi com'era il complesso della palazzina dai numerosi bastioni che, disposti irregolarmente, sembrano essere stati ideati però dal costruttore più per certe caratteristiche del terreno, che non per precise ragioni strategiche, come qualcuno ha voluto pensare.

Comunque sia anche la palazzina di Belvedere appartiene, aldilà dei suoi ammiccamenti a fortilizio, alla concezione di una residenza da principi. Di Signori che desiderino anche sentirsi rassicurati da possibili sorprese che giungano da nemici esterni, ma non per questo vogliano rinunciare a quella eleganza che deve caratterizzare le loro residenze.

Vivere da Medici impose degli obblighi, non solo però di rappresentanza. La *privacy* scoprì con loro un suo preciso ruolo. Essere un Medici significò per tutto il lungo arco di vita della casata un fatto importante. Era gente che aveva grande rispetto del proprio nome e del proprio prestigio. E le loro case dovevano essere lo stemma che avvertisse di questa loro fiducia.

Il bello, e anche un poco l'effimero, pare avere consigliato i Medici committenti per queste residenze di fuori città. Anche qui si mostra con evidenza il desiderio di illustrarsi come famiglia che ha conquistato ricchezza e potere, ma il desiderio è espresso con moderazione, con garbo, con misura. I Medici committenti si affidano, anche se intervengono coi loro consigli, esprimendo i loro personali desideri, ai loro architetti. Vogliono ora godere, anche attraverso queste case di campagna, della gloria del loro potere, ma neppure intendono esserne sopraffatti. Divenire servi del loro stesso mito. La villa è anzi sede ideale per potere serenamente gioire dell'equilibrio che è virtù rara a scoprirsi, e che trova – proprio nella pace di queste residenze, circondate di prati e di boschi – forse la strada più agevole per essere raggiunto.

La villa in sé non intende essere insieme – così come poteva accadere ai tempi di Cosimo il Vecchio – luogo che abbia vicina terra da doversi coltivare; già con il Magnifico Lorenzo le due cose vengono nettamente distinte. Il terreno coltivato si stacca ora dallo spazio propriamente destinato all'edificio della villa e assume un suo ruolo determinato e puntuale. Lo si cura e vengono addetti alla sua coltivazione contadini e braccianti, ma mai quei giardinieri, veri maestri nella loro arte, cui tocca il compito ben più delicato, e anche sofisticato, di curare tutto quel contorno della villa che è stato concepito come giardino o come parco. Ivi compresi i viali d'accesso; le fontane; le grotte artificiali; tutto quello insomma che sia stato destinato al puro abbellimento della villa medesima. L'universo del giardino che ha avuto una sua storia già all'interno delle stesse mura cittadine, ora scopre ben altra dimensione negli spazi consentitigli dai terreni che circondano la villa. E anche nel giardino l'"effimero" trova una sua celebrazione. Insieme alle bellezze scopribili all'interno della villa c'è ora tutto questo mondo esterno, che invita al più dolce degli "inganni"; quello dell'"ozio", dell'oblio, delle ore da potersi godere nella dolcezza di un incanto, che sottragga i mortali fortunati che possono goderne agli obblighi della vita terrena.

La villa diviene (anzi è spesse volte nata con questa funzione) centro di riunioni. Come un sicuro rifugio dove invitare amici; dove trascorrere le ore cui si vuol dare particolare sapore. Posta il più delle volte sul sommo di un colle, essa ci avverte che la scelta mai è stata compiuta a caso: un luogo che spazi su vasti orizzonti, significa un signore che sperimenta ancora il suo potere dall'alto. Questa volta da una residenza. La villa è ancora un trono da cui egli domini il mondo.

C'è nella villa molto del teatro. Essa è un grande, un variegato, un vero palcoscenico, dove si recita da un copione, costruito su cerimoniali ben stabiliti, una grande commedia. Ogni ospite del Signore diviene egli stesso attore. Gli è stata affidata una parte che è come d'obbligo. Egli non può, senza compromettere la propria credibilità, commettere errori nell'ingresso in scena; dire una battuta imprecisa; errare nel testo. Quello che il meccanismo degli ingranaggi di una corte cittadina gli consente: l'errore che si stemperi nelle tante voci, qui diviene un fatto personale. Un accaduto che qui assume contorno disegnato così incisivamente, da non potersene non rilevare la sua esatta misura.

I Medici come committenti di ville sono inesauribili. Ed è in loro un atavico amore per la campagna, che sempre li ha mossi. Il "giardino" è come

Le bellezze del giardino di Boboli in un disegno di Anna Mannini.

un tratto di riunione al sapore della terra, come superamento di quell'"agricolo" che ora apparirebbe negato; come conquista di uno spazio verde, che è inteso ancora come produttivo nel segno di cultura. Il giardino è stato amato dai Medici anche all'interno di Firenze: quello di Boboli, nel suo immenso spazio, o le misure assai ristrette di quei piccoli riquadri di fiori e piante che Eleonora di Toledo volle fossero sistemati sui ballatoi di Palazzo Vecchio, o l'Orto Botanico di Cosimo I, o quei famosi – per più ragioni – Orti Oricellari, che i Medici vollero fossero anch'essi di loro proprietà, quando il granduca Francesco li acquistò per farne dono a Bianca Cappello, sono qualcuno dei tanti esempi da poter portare per trovare la prova di questo attaccamento. Il giardino ha la funzione di rappresentare un ideale sostegno in un presente che insista con note dolorose, ma insieme anche l'esaltazione dei momenti invece felici. Fontane, grotte, statue, spazi destinati a spettacoli, dopo essere stati attrezzati ciascuno a una loro funzione, devono offrire al Signore con la loro perfezione, con la cura con cui sono conservati, il modo di mostrarsi proiettato verso un ideale futuro, che egli stia personalmente già tutto indovinando. Come una virtù che lo distingua; strumenti essi ancora per dimostrare ai suoi sudditi, o a coloro che egli spera possano diventarlo, come egli meriti il ruolo assegnatogli, che anche il dopo deve d'obbligo conservargli.

Quanto ai giardini che trovano posto all'interno della Firenze medicea, di nuovo occorre fare il nome di Boboli, non perché esso rappresenti il giardino "esemplare", un modello da segnalare in modo particolare, ma per altre sue doti che sanno distinguerlo. E fra di esse quelle di avere esso assunto come una funzione emblematica, attraverso i secoli, di una scena fondamentale a ogni avvenimento. Adatto a ogni ruolo, perché già felicemente predisposto a interpretarli tutti. Le sue linee, che sono quelle di un giardino rinascimentale, hanno resistito a ogni mutamento di "padroni" a Pitti. Da Eleonora de' Medici, cui si deve l'acquisto di Palazzo Pitti nel 1549, fino ai Lorena, e dopo ai re di un'Italia fattasi nazione, che andarono ad abitarci nel periodo in cui Firenze fu capitale, Boboli conservò sempre quell'aspetto progettato dal Tribolo, e poi ripreso dal Buontalenti, per essere portato a termine da Bartolomeo Ammannati.

L'Ammannati aveva voluto che il giardino fosse sistemato a circo, come a ricordare la teatralità stessa di quello spazio che s'avvaleva di scenari naturali, legati assieme attraverso il sottile lavoro di una spontanea scenografia. La facciata di Pitti che guarda verso il giardino è opera dello stesso Ammannati e idealmente intesa a strettamente legare il palazzo con tutto l'insieme del giardino. Quando si chiuse il secolo XVI, il giardino di Boboli aveva già una sua fisionomia ben precisa, salvo quando – agli inizi del Seicento – non vennero ripresi i lavori per l'ingrandimento del palazzo, e si procedette ad ampliare e modificare in alcuni particolari anche il giardino.

C'è poi da ricordare, in questa breve storia dei giardini medicei, quello che appare chiuso dalla cinta merlata delle mura del retro del Palazzo Medici in via Larga. Un giardino che è servito anche per uso pratico: per coltivarvi in una sua parte dei legumi, adatti per la cucina della famiglia, ma che ebbe principalmente funzione di luogo di svago, di riunione. Con l'ombra dei porticati che allietava l'ore del caldo estivo; con il profumo dei suoi fiori che dà piacere ai sensi. Uno spazio poi adatto alla lettura nella solitudine, o a quella fatta per un cerchio di persone in ascolto.

Accade pure, ed è anche questo nel caso dell'appena ricordato giardino del palazzo di via Larga, che questo "orto" debba per avvenimenti straordinari essere utilizzato per celebrarvi delle feste familiari, con banchetti o recite, con riunioni giocose, insieme ad amici venuti da altre terre, cui si vuole offrire uno svago all'aperto, quando poi la stagione primaverile avanzata, o la stessa estate, non lo impongano come unica evasione al chiuso delle stanze del palazzo. E basterebbe per questo giardino di Casa Medici ricordarsi dell'uso che se ne fece per le nozze di Alessandro con Margherita d'Austria, quando vi fu recitata l'*Aridosia* di Lorenzino de' Medici in onore degli sposi e che vide un numero così grande di invitati da causare preoccupazione in chi aveva attrezzato il luogo a questa destinato. Era il 1536, ma tre anni dopo – Alessandro è ormai tragicamente scomparso – ecco che vi si celebrano le nozze di Cosimo I con Eleonora di Toledo. È il mese di luglio e Firenze è una città calda; niente di meglio allora che dare una commedia in onore degli sposi – il *Commodo* di Antonio Landi – sempre in questo giardino, con gli invitati seduti ai lati dell'ampio palcoscenico ricavato al suo interno, mentre negli intermezzi della commedia scorrono scene allegoriche e suonano musici. Aristotile da Sangallo, che già aveva lavorato per preparare la scenografia per la commedia di Lorenzino, è stato anche questa volta il prescelto per gli apparati destinati alla nuova coppia ducale.

E fra le molte occasioni di un giardino mediceo usato per feste di nozze, ecco che in quello di Boboli, in un anfiteatro edificato fra il 1630 e il '34, viene rappresentato *Il Mondo festeggiante*. Sono i giorni del matrimonio di Cosimo, il figlio di Ferdinando II, con Marguerite-Louise d'Orléans, la fanciulla che portava in Casa Medici – insieme a un capricciosissimo carattere – un po' del trono di Francia, nipote com'era del Re Sole. Fu allora che Boboli divenne palcoscenico di quello spettacolo d'armati che entravano in scena, come in una giostra-carosello, mentre risuonavano trombe e venivano sparati colpi di cannone, forse a significare – in quel parco carico di più pacifiche delizie – che il potere s'esercita anche nel suono delle armi. Un monarca onnipotente insomma sa mostrare questa sua virtù in ogni circostanza.

E sempre fra gli spettacoli che hanno come scena un giardino si dovrà ri-

Giuseppe Zocchi: La Real Villa di Poggio Imperiale.

cordare quella *naumachia*, quella falsa battaglia navale, che Orazio Scarabelli riuscì a fare rivivere, servendosi del cortile di Palazzo Pitti – nel fondale apparvero le grotte e gli alberi di Boboli – adattandovi dentro una sorta di laghetto dove navi con ruote nascoste nell'acqua gareggiavano in scontri che entusiasmarono il pubblico presente. Si era – questa volta – trasferito lo spettacolo nel cortile del palazzo, ma anche qui si respirava aria di Boboli, con la vista del cielo aperto e col parco vicino, che mandava il profumo delle sue grandi piante, mentre s'udiva il suono dello zampillare delle fontane.

Ma uscendo fuori dalle porte di Firenze, ecco volta a volta scelti i luoghi

dove i Medici costruiscono le loro ville come a formare un ideale cerchio con cui abbiano voluto chiudere la loro città. Quasi una rete che – posta a raggiera – avverta che non c'è via d'evasione alla loro presenza. Una sorta di profezia che puntualmente s'avvera. Pratolino, Poggio a Caiano, Careggi, Cafaggiolo, Castello, Petraia, Lappeggi, Fiesole, Poggio Imperiale: sono nomi che indicano ciascuno una tappa. E ogni villa sorta in questi luoghi potrebbe anche segnare gli stati d'una graduale trasformazione; essere l'indicazione di mutazioni politiche e sociali. Ma anche di gusti e di abitudini, di usi e di costumi, sopravvenuti nel frattempo in famiglia.

Cafaggiolo era sorta, nello spirito di Cosimo il Vecchio, un po' come villa un po' come maniero fortificato, cui s'univa il castello del Trebbio, che fu poi ospitale per Maria Salviati e per Cosimo suo figlio, in attesa che Firenze lo chiamasse ad essere il primo granduca di Casa Medici. Anche il Trebbio era stato affidato – come era accaduto per la villa di Cafaggiolo – alle cure di Michelozzo. Si tratta in ambedue i casi di residenze di campagna, dove la mobilia e le suppellettili non hanno pretese di eleganza, ma basta siano di piacevole aspetto; fatte per durare, per resistere anche ai mesi in cui la casa sia chiusa e l'umidità, immancabile, possa loro recare danno.

E Cafaggiolo e il Trebbio recitano il loro ruolo di residenze agresti, anche quando si scopre che nel clima della prima è fiorita una produzione di ceramiche che poi sarà famosa. Che poi l'una e l'altra villa abbiano più l'aspetto di fortilizi, che non di case dove andare a svagarsi nel riposo della campagna, questo era stato nelle intenzioni di Cosimo il Vecchio, e questo fu richiesto allo stesso Michelozzo. Meglio assicurarsi d'essere protetti da ogni sorpresa esterna e da nemici che ora approfittino del fatto che possono coglierti in un momento in cui tu pensi d'essere al sicuro.

Ma a queste residenze costruite in quei luoghi, può essere stato convinto Cosimo il Vecchio anche come nel segno di una testimonianza, che esse avrebbero rappresentato: quella di un ritorno della casata nel natio Mugello, e che proclama con esse la sua scalata sociale.

Relativamente al Trebbio esso era nato, nel disegno di Michelozzo, tenendo conto della possibilità di sfruttare un edificio preesistente: un'antica torre che stava però andando in malora, completamente da lui restaurata e incorporata nella struttura nuova. Il Trebbio, a differenza di Cafaggiolo, è poi più isolato; posto in alto com'è, fra boschi antichi. Per arrivarci il cammino non è agevole; attraverso una strada non battuta da viaggiatori, com'era invece quella della residenza di Cafaggiolo, che si trovava sulla via diretta verso Barberino, una delle varianti per raggiungere Bologna.

Diversa storia, di ben maggiore spessore culturale, spetta alla villa di Careggi.

Qui il lavoro di Michelozzo fu risistemare, con la solita felicità d'invenzioni, un edificio preesistente che datava come costruzione a circa la metà del Trecento. Dobbiamo seguire i cronisti dell'epoca e il racconto di quelli che vi furono ospitati, specie nel cenacolo di quell'Accademia che fu fondata da Cosimo, per riuscire oggi a immaginarci la villa di allora con fontane e giardini curati, che s'alternavano a spazi liberi offerti dalla campagna vicina. Cosimo volle che Careggi fosse il suo palazzo fuori delle mura fiorentine. Una seconda via Larga, dove sistemare nuove opere commissionate agli amici artisti e poi parte di quella sua ricca biblioteca, che egli aveva riunito con impegno di accanito bibliofilo, anticipando molti che furono collezionisti di libri nella seconda metà del Quattrocento.

La villa medicea di Fiesole, com'era, dobbiamo invece immaginarcela seguendo la traccia che il Vasari ce ne offre: «È un magnifico palazzo, fondato di sotto nella scoscesa del poggio, con grandissima spesa, ma non senza utile, avendo in quella parte da basso fatto volte, cantine, stalle, tinaie ed altre belle e comode abitazioni; di sopra oltre le camere, sale ed altre stanze ordinarie, ve ne fece alcune per i libri, altre per la musica: insomma mostrò in questa fabbrica Michelozzo quanto valesse l'architettura...».

E Fiesole, con Firenze che le giace ai piedi, fu un altro dei paradisi in terra per la casata dei Medici. Fu nella villa di Fiesole che si riunirono poi, preferendola all'antica sede di Careggi, quelli dell'Accademia Platonica. Lorenzo il Magnifico la scelse, quando non trovò il tempo necessario da dedicare a un soggiorno nella prediletta villa di Poggio a Caiano. Pico della Mirandola e il Poliziano ne erano incantati. Digradanti dal colle, scendevano dall'alto della villa di Fiesole verso la valle giardini a balzi, alternandosi a piccoli orti coltivati con pergolati d'uva, fiori e piante tanto da mostrare riuniti tutti i doni della natura: da quelli utili al sostentamento, insieme agli altri destinati al puro diletto dello spirito.

A circa venti chilometri da Firenze era nato il gioiello della villa di Poggio a Caiano. Il fiume Ombrone che le scorre vicino pare avere fatto da paraninfo per un matrimonio fra questa residenza così amata dal Magnifico e la poesia. Qui Lorenzo compì i suoi esercizi letterari; qui pare trovasse i momenti migliori dell'ispirazione. Lui banchiere e uomo di governo, che si faceva poeta. Che cantava come un giullare storie giocose, alternandole a severe composizioni religiose. Qui Lorenzo parve volta a volta riscoprire la felicità della vita; trovare conforto alle fatiche fiorentine; riparare ai dolori familiari e anche agli sconforti procurati dalla vita politica.

Poggio a Caiano divenne così una sorta di Arcadia, addolcita – oltre che dalla bellezza di una natura provvidente – anche da molti segni tutti umani. Il disegno della residenza s'ispira a classici motivi rinascimentali: Giuliano da Sangallo l'aveva progettata, cercando di eseguire nell'opera quei desideri mostratigli da Lorenzo e da suo fratello Giuliano. Da buon architetto poté però godere della libertà d'esprimersi, pur rispettando nelle linee fondamentali i desideri dei suoi committenti. Ne uscì quel capolavoro di costruzione, che ancora oggi si può pienamente godere, nonostante che il tempo che è trascorso possa anche avervi mutato qualcosa. Gli affreschi del Pontormo, di Andrea del Sarto, di Alessandro Allori e del Franciabigio accrescono l'incanto del luogo. È rimasta intatta la grandissima sala, con cui il Sangallo sostituì l'atrio. Il nome di Ambra, che la villa ebbe da quello di un poemetto di Ovidio, ora reinterpretato dal Poliziano, ci spiega il segreto di quel suo incanto, nel significato che idealmente essa legò agli animi dei suoi abitanti d'ora e il mondo dell'Umanesimo fiorentino e italiano, a quello del mondo greco e latino.

Ma ecco il Buontalenti architetto di un'altra villa, e questa volta il nome medesimo pare aprirsi all'arcano: la Màgia, posta sulla strada di Pistoia, ottenuta da una casa acquistata nel tardo Cinquecento da Francesco I de' Medici, affidata poi alle cure dell'architetto fiorentino. Ben mantenuta e circondata da campi coltivati con estrema cura così come essa ci si mostra in una delle famose "lunette" dell'Utens che servono come efficace ritratto per quasi tutte le residenze medicee fuori di città.

Ben diversa, la Màgia, dalla villa della Petraia, dove predomina il culto di un'eleganza che l'avvicina agli stessi intenti, che mossero Lorenzo il Magnifico nella costruzione di Poggio a Caiano. La Petraia fu donata da Cosimo I al figliolo Ferdinando, e da Ferdinando affidata sempre a Bernardo Buontalenti perché la rendesse quel luogo di delizie, come Ferdinando voleva ch'essa fosse. Il giardino nella sua forma definitiva è quello che fu progettato da Giulio Parigi. Poi Ferdinando, come seguisse una tradizione – che aveva visto ognuno dei Medici importanti costruirsi una "sua" villa – volle non essere da meno, e fu così che nacque quel capolavoro architettonico che è la villa di Artimino.

"La Ferdinanda" – il nome è la carta da visita di chi la volle – è una residenza che sorge in uno spazio vastissimo che pare farle da corona. Un vero palazzo, che il Buontalenti – che aveva preso il posto, presso Francesco e Ferdinando, del Michelozzo prediletto da Cosimo il Vecchio – costruì senza risparmio d'idee e di mezzi una villa di più di cinquanta stanze, con un esterno improntato alla massima semplicità; con una severità di linee che concedono a tutta la costruzione un suo segreto fascino. Quasi da queste sue forme, così lontane da ogni frivolezza, si volesse invece sottintendere alle riposte delizie da scoprirvi al suo interno.

La villa di Artimino e quella dell'Ambrogiana, sulla strada di Pisa, dovranno poi però gareggiare in bellezza con la splendida villa di Pratolino. Questa volta il committente è Francesco I de' Medici, e sempre il solito Buontalenti esecutore del progetto. La residenza sorse in un terreno vastissimo, su di un colle armoniosamente declinante, che si trova a pochi chilometri da Firenze sulla strada che conduce a Bologna, non lontano dalle antiche ville di Cafaggiolo e del Trebbio, quelle volute da Cosimo il Vecchio. Fu però meno fortunata di queste, essendo stata "volontariamente" distrutta – nel 1822 – dal granduca Ferdinando III d'Austria, cui non andava spendere soldi per una casa così poco usata dalla corte, e così costosa – come lui sosteneva – per le finanze dello Stato. Un vero "delitto" che ora gli rimproveriamo. Anche se ci fosse a sua scusante che abbia prevalso in lui lo spirito del buon amministratore, fu una decisione ugualmente avventata.

Il vasto edificio di Pratolino, simile come struttura di base a quello di

La Petraia, fontana con Venere che esce dal mare in un disegno di Anna Mannini.

Poggio a Caiano, era di forma quadrata e poggiava su di un muro pieno, delimitato da un'elegante balaustra; una doppia scala portava all'ingresso principale; quattro padiglioni formavano l'insieme dell'edificio con un ritmo variato di linee. Nei giardini c'era un gran numero di fontane; un complicato meccanismo di idraulica muoveva le acque che formavano dei giuochi, con i canali scavati dall'alto del colle verso la sottostante valle. Lo spazio all'aperto era abbellito da statue di divinità care alla mitologia classica, con un gigantesco *Appennino* (è l'unica cosa che ancora resta in piedi nel parco d'oggi) che domina la scena quasi a farsi moderatore dell'insieme.

Una delle particolarità di questa villa medicea le fu poi data con la sua destinazione a centro teatrale. Ferdinando, figlio di Cosimo III, amantissimo di ogni cosa che riguardasse lo spettacolo, si era fatto infatti costruire a Pratolino un piccolo teatro, invitandovi spesso musicisti come Jacopo Peri o gli Scarlatti, mostrando di possedere come dote personale, oltre le virtù di un principe che dà protezione alle arti, grande abilità come cantante e come esperto in più strumenti. Di questa Pratolino s'è persa però ogni traccia, che non sia quella tramandataci dalle cronache. Quando la proprietà fu acquistata dai Demidoff – era il 1870 – tutto era ormai in completa rovina. Ormai niente rimaneva dell'antica residenza, poco anche delle splendide opere che avevano arricchito il giardino. Unico segno: quella statua dell'*Appennino*, di cui abbiamo detto, che sembra essere rimasta lì come a fare da guardia alle memorie di tutto il celebre passato del luogo.

La villa di Castello, vicinissima a quella della Petraia, appartenne inizialmente a quelli del ramo cadetto della famiglia Medici, e Lorenzo e Giovanni, figli di Pierfrancesco il Popolano, riuscirono a conservare la loro proprietà anche quando la casata cadde in disgrazia con l'allontanamento di Piero, nel 1494, da Firenze. La villa di Castello passò poi, alla morte di Lorenzo di Pierfrancesco, a Giovanni dalle Bande Nere e fu il rifugio, quando essi non si trovavano al Trebbio, di Maria Salviati e del figlio Cosimo. Qui anzi il futuro granduca di Firenze venne educato, dopo il suo ritorno da Venezia, dove era fuggito – ancora fanciullo – nel momento del pericolo dei lanzi e del sacco di Roma.

La villa sorge su un colle, che mostra una via, fra macchie e boschi, per salire fino alla vetta del Monte Morello. Nel 1537, Cosimo I volle fosse completamente sistemata dal Tribolo, che curò anche il progetto del giardino, per la sua maggior parte nel retro della costruzione. Fu creato un laghetto nella parte più alta del terreno, che circondato da alberi fu come a conclusione di una serie di spazi colmi di piante e di fiori. Fra il laghetto e la casa, si accedeva – attraverso una serie di gradini – a un vasto piazzale dove accoglienti panchine invitavano al riposo e alla conversazione. Una volta, per lo meno a stare a quanto ci racconta il Montaigne visitatore di eccezione, dovevano circondare questa terrazza anche dei grandi alberi ombrosi. Una grande fontana, opera sempre del Tribolo, mandava i suoi lucenti zampilli d'acqua verso il cielo.

La villa della Petraia non mostra le ambizioni di Castello. Donata nel 1568 da Cosimo al figlio Ferdinando, doveva inizialmente essere una specie di grande fattoria; un'azienda agricola che pian piano vide però arricchire l'edificio – che era servito fino ad allora a uso di raccolta di grani e di vini – con abbellimenti architettonici, fino a raggiungere quel grado di una certa eleganza, che ormai già doveva possedere, quando lo stesso Ferdinando volle affidare al Buontalenti i lavori per una sua definitiva sistemazione. Fu così decorato il cortile centrale della villa dal Volterrano, con dipinti che ricordano le vicende gloriose della famiglia: Clemente VII che incorona Carlo V, o Cosimo I che entra vittorioso in Siena, furono fra gli episodi illustrati negli affreschi.

Diversa storia e più complicate vicende riguardano invece la villa del Poggio Imperiale. Proprietari i Salviati, la residenza era passata poi in proprietà a Cosimo I. Il suo primo nome era stato quello di Poggio Baroncelli, ma divenne quello di Imperiale quando – ormai la residenza era divenuta proprietà della granduchessa Maria Maddalena d'Austria, moglie di Cosimo II – parve che quel titolo le si adattasse di più, che non quel nome uscito dalle memorie di una comune famiglia toscana di mercanti.

La villa del Poggio Imperiale appare ormai distante, sia nell'arredamento dell'interno, sia negli abbellimenti che riguardano i giardini e le vie d'accesso, da quello stile finora prediletto per le antiche ville medicee. Pietro Leopoldo – quando arrivarono i Lorena a capo della Toscana – volle che la sua facciata – di estrema semplicità architettonica e di gusto completamente toscano – fosse trasformata in una che si gloriò invece di pomposi pilastri, appesantita anche da un porticato che ancora di più ne altera l'antica purezza delle linee. Le troppe trasformazioni subite attraverso i tempi, e il grande uso fattone da parte anche degli stessi Lorena, hanno poi modificato del tutto quel volto originale che le era stato dato in antico da Giulio Parigi, che aveva provveduto alla fine del Cinquecento a ristrutturare la villa. Il lungo viale, che ancora oggi sale dalla Porta Romana fino alla casa, è forse l'unica memoria che abbia resistito di quegli aspetti che erano in antico. Lo Zocchi ce ne ha lasciato un disegno che ce la mostra ancora nel suo splendore, in una visione peraltro assai idilliaca, come spesso accade a questo sia pure eccellente incisore.

Ricordiamo per ultima la villa di Lappeggi. Il cardinale Francesco Maria fratello di Cosimo III si servì per Lappeggi dell'opera di Antonio Ferri. Potrebbe anche mostrarcisi come una sorta di canto del cigno – peraltro assai dotato di voce ironica e gioiosa – della casata Medici. Iniziati infatti i lavori d'abbellimento nel 1667, la sua storia s'intreccia con quella degli ul-

Giuseppe Zocchi: La Real Villa di Cafaggiolo.

timi anni non troppo felici della famiglia. Il cardinale volle che l'antica casa turrita di campagna, che era stata di proprietà di Francesco de' Medici: da lui acquistata nel 1569, affidata anche all'opera del Buontalenti, emulasse ora in qualche misura i fasti della villa di Pratolino, e la elesse a sua dimora di svago e di follie goderecce.

La storia di questo cardinale mediceo, con le sue avventure amorose e altro, già la conosciamo. Lappeggi fu un po' come il teatrino, dove – su un privato palcoscenico – si consumò l'ultima trama di Francesco Maria: sospesa fra la farsa della sua vita di buontempone e gaudente, e l'amarezza di avere visto fallire l'estremo sogno di Casa Medici, che egli potesse essere

quello che forniva l'erede necessario, perché i Medici continuassero a regnare in Toscana.

Molte cronache ci sono giunte per narrarci l'eleganza degli arredi di Lappeggi; delle raffinate suppellettili che il cardinale aveva voluto l'abbellissero. E anche storie di celebri banchetti; di famosi incontri; di serate di musica; di bellezza; perfino di quelle proibite. Oggi Lappeggi resta il fantasma di quell'ultimo istante che segnò il triste evento d'autunno per i Medici. Gli incontri di Lappeggi, cantati dal poeta Fagiuoli, si sciolsero nella realtà di un mondo nuovo. Fragile, come lo era stato quel gaudente cardinale Francesco Maria.

Albero genealogico della famiglia Me

GIOVANNI (DI B
n. 1360; *m.* 142

Cosimo (Pater Patr
n. 1389; *m.* 1464

Piero (il Gottoso) – Lucrezia Tornabuoni
n. 1416; *m.* 1469 — *n.* 1425; *m.* 1482

Maria – Lupetto Rossi

Bianca – Guglielmo de' Pazzi

Lucre

Piero (lo Sfortunato) *n.* 1471; *m.* 1503 – Alfonsina Orsini *n.* 1472; *m.* 1519

Giovanni (Leone X) *n.* 1476; *m.* 1521

Giuliano (Duca di Nemours) *n.* 1478; *m.* 1516 – Filiberta di Savoia *n.* 1498; *m.* 1524

Made
n. 14
m. 15

Ippolito *n.* 1509; *m.* 1535

Innoc

Lorenzo Duca d'Urbino *n.* 1492; *m.* 1519 – Maddalena de la Tour d'Auvergne *n.* 1501; *m.* 1519

Clarice *n.* 1493; *m.* 1528 – Filippo Strozzi, *n.* 1488; *m.* 1538

Caterina de' Medici *n.* 1519; *m.* 1589 – Enrico II, di Francia *n.* 1517; *m.* 1559

Piero *n.* 1510; *m.* 1558 – Laudomia de' Medici

Francesco II, *n.* 1543; *m.* 1560 – Maria Regina di Scozia

Elisabetta *n.* 1545; *m.* 1568 – Filippo II, di Spagna

Claudia *n.* 1547 – Enrico, Duca di Lorena

Cristina *n.* 1565; *m.* 1636 – FERDINAND DI TOSCAN

ɔ di Cosimo il Vecchio

ICCARDA BUERI

ɔntessina de' Bardi

Lorenzo (il Vecchio)

Giovanni – Ginevra degli Albizi
n. 1421; *m.* 1463

ɴardo Rucellai

Lorenzo (il Magnifico) – Clarice Orsini
n. 1449; *m.* 1492 — *n.* 1453; *m.* 1487

Giuliano
n. 1453; *m.* 1478

Francesco Cibo

Lucrezia – Iacopo Salviati

Maria
m. 1437

Contessina – Piero Ridolfi

Giulio
(Clemente VII)
n. 1478; *m.* 1534

Alessandro
n. 1511; *m.* 1537
– Margarita d'Austria
n. 1521; *m.* 1586

o

Giovanni Salviati

Maria
n. 1499; – GIOVANNI DALLE BANDE NERE

Niccolò Ridolfi

ɔberto – Maddalena de' Medici

rlo IX,
1550; *m.* 1574
Elisabetta
d'Austria

Enrico III,
n. 1551; *m.* 1589
– Luisa
di Vaudemont

Margherita
n. 1553
– Enrico
di Navarra

Francesco,
Duca d'Alençon,
n. 1555; *m.* 1584

Albero genealogico della famiglia Me

GIOVANNI (DI B
n. 1360; *m.* 142

Cosimo (Pater Patriae)

Lorenzo (il Vecchio) – Ginevra Cavalcanti
n. 1395; *m.* 1440

Pier Francesco (il Vecchio) – Laudomia Accia
n. 1415; *m.* 1476

Lorenzo (il Popolano) – Semiramide d'Appiano
n. 1463; *m.* 1507

Pier Francesco (il Giovane)
m. 1530
– Maria Soderini

Averardo

Vincenzo

Ginevra

Laud

Lorenzino
n. 1513; *m.* 1547

Giuliano
(Vescovo di Béziers)

Laudomia – Piero Strozzi

Madda

1. Arc.ssa Giovanna d'Austria
n. 1547; *m.* 1578

– Francesco I
n. 1541;
m. 1587

– 2. Bianca Cappello
n. 1543;
m. 1587

Maria
n. 1540;
m. 1557

Isabella
n. 1542; *m.* 1576
– Paolo Orsini

Giovar
n. 154
m. 156

Eleonora
n. 1565
– Vincenzo Gonzaga

Romola

Isabella

Anna
n. 1569;
m. 1583

Maria
n. 1573;
m. 1642
– Enrico IV, di Francia

Filippo
n. 1577;
m. 1582

Cosimo II.
n. 1590; *m.* 16
– Maria Maddalena, sor
dell'Imper. Ferdinando

Luigi XIII di Francia

Enrichetta Maria
– Carlo I d'Inghilterra

Elisabetta
– Filippo IV di Spagna

Gastone
(Duca di Orléans)

Ferdinando II
n. 1610; *m.* 1670
– Vittoria della Rovere

Mari
Cristi
n. 16
m. 16

Cosimo III
n. 1642;
m. 1723

– Margherita Luisa di Orléans
n. 1645; *m.* 1721

Ferdinando
n. 1663;
m. 1713

– Violante Beatrice di Baviera
n. 1672; *m.* 1731

Gian Gastone
n. 1671; *m.* 1737

– Anna di Sasso
Lauenburg

.o di Lorenzo il Vecchio

ICCARDA BUERI

Giovanni (il Popolano) – Caterina Sforza
n. 1467; *m.* 1498 — *n.* 1462; *m.* 1509

Giovanni dalle Bande Nere – Maria Salviati
n. 1498; *m.* 1526 — *n.* 1499; *m.* 1543

rto Strozzi

Cosimo I – Eleonora di Toledo
n. 1519; *m.* 1574 — *n.* 1522; *m.* 1562

:rezia
544; *m.* 1561
Alfonso d'Este,
Duca di Ferrara

Ferdinando I – Cristina di Lorena
n. 1549; *m.* 1609 — *n.* 1565; *m.* 1636

Pietro – Eleonora, figlia di Don Garzia di Toledo,
n. 1554; *m.* 1604 — *n.* 1555; *m.* 1576

nora
591;
617

Caterina
n. 1593; *m.* 1629
– Ferdinando Gonzaga, Duca di Mantova

Francesco
n. 1594; *m.* 1614

Carlo
n. 1595; *m.* 1666

Lorenzo
n. 1600; *m.* 1648

Maddalena
n. 1600; *m.* 1633

Claudia
n. 1604; *m.* 1648
– 1. Federico della Rovere, di Urbino
2. Arciduca Leopoldo d'Austria

Vittoria della Rovere
n. 1621; *m.* 1693

ovanni
lo
611;
1663

Margherita
n. 1612; *m.* 1662
– Edoardo Farnese Duca di Parma

Mattia
n. 1613; *m.* 1667

Francesco
n. 1614; *m.* 1634

Anna
n. 1616; *m.* 1660
– Ferdinando Carlo d'Austria

Leopoldo
n. 1617; *m.* 1675

ncesco Maria – Eleonora Gonzaga
660; *m.* 1710

nna Maria Luisa – Guglielmo, Elettore Palatino
. 1667; *m.* 1743 — *m.*1716

Bibliografia

AA.VV., *Vita privata a Firenze nei secoli XIV e XV,* Firenze 1966.
AA.VV., *Le arti del principato mediceo*, Firenze 1980.
AA.VV., *Il lume del sole Marsilio Ficino medico dell'anima*, Firenze 1984.
AA.VV., *La Toscana e i suoi comuni*, Firenze 1985.
ACCASCINA, M., *L'oreficeria italiana*, Firenze 1963.
ACCOLTI, P., *Delle lodi di Cosimo II granduca di Toscana*, Firenze 1621.
ACTON, H., *Gli ultimi Medici*, Torino 1974.
ADEMOLLO, A., *Marietta de' Ricci ovvero Firenze al tempo dell'assedio*, Firenze 1845.
ADRIANI, M., *Arti magiche nel Rinascimento*, Firenze 1980.
ALBERI, E., *L'assedio di Firenze*, Firenze 1840.
ALBERTINI, VON R., *Firenze dalla repubblica al principato*, Torino 1955.
ALLODOLL, E., *Giovanni dalle Bande Nere*, Firenze 1929.
ALTOMONTE, A., *Lorenzo il Magnifico*, Milano 1982.
AMMIRATO, S., *Istoria fiorentina*, Firenze 1849.
ANDRIEUX, M., *I Medici,* Milano 1963.
ARDITI, B., *Diario di Firenze e di altre parti della Cristianità (1574-79)*, Firenze 1970.
BACCINI, G., *Le ville medicee di Cafaggiolo e di Trebbio in Mugello*, Firenze 1897.
ID., *La principessa Anna Maria de' Medici Elettrice Palatina*, in «Erudizione e Belle Arti», aprile-maggio 1899.
BACCIOTTI, E., *Firenze illustrata nella sua storia*, Firenze 1886.
BAJA A., *Eleonora di Toledo duchessa di Firenze e di Siena*, Todi 1904.
BARBADORO, B., *Firenze e i Medici nella storia d'Italia*, Como 1942.
BARFUCCI, E., *Lorenzo de' Medici e la società artistica del suo tempo*, Firenze 1945.
BARGELLINI, P., *La splendida storia di Firenze*, Firenze 1964.
ID., *La scoperta di Palazzo Vecchio*, Firenze 1968.
ID., *I Medici*, Firenze 1980.
ID., *Storia di una famiglia*, Firenze 1980.
BATTARA P., *La popolazione a Firenze alla metà del Cinquecento*, Firenze 1935.
BATTIFOL, L., *Le vie intime d'une reine de France au XVIII siècle: Marie de Médicis*, Paris 1931.
BEC, C., *Cultura e società nell'età della Rinascenza*, Roma 1981.
BELLONCI, M., *I segreti dei Gonzaga*, Milano 1966.
BERTELLI S., *Le corti italiane nel Rinascimento*, Milano 1985.
BERTI, L., *Il Principe dello studiolo*, Firenze 1967.
BERTOLUCCI, F., *San Lorenzo. Le Salme medicee*, in «Il Nuovo Osservatore Firenzino», ottobre 1886, n. 48, novembre, n. 86.
BIANCHINI, G., *Dei Granduchi di Toscana della Reale Casa de' Medici protettori delle lettere e delle belle arti*, Venezia 1741.
BIZZARRI, E., *Il Magnifico Lorenzo*, Milano 1950.
BONELLO URICCHIO, C., *I rapporti fra Lorenzo il Magnifico e Galeazzo Maria Sforza negli anni 1471-1473*, in «Archivio Storico Lombardo», 1964-65, pp. 33-49.
BORSI. F., *L'architettura del Principe*, Firenze 1980.

BRAUDEL, F. e ROMANO, R., *Navires et marchandises à l'entrée du port de Livourne, 1547-1611*, Paris 1951.
BRUCKER, G. A., *Firenze nel Rinascimento*, Firenze 1980.
BRUTO, G. M., *Delle storie fiorentine*, Firenze 1883.
BUONACCORSI, B., *Diario de' successi più importanti seguiti in Italia dal 1449 al 1512*, Firenze 1568.
BURCKHARDT, J., *La civiltà italiana del Rinascimento*, Firenze 1961.
CAGGESE, R., *Firenze dalla decadenza di Roma al Risorgimento d'Italia*, Firenze 1912.
CAMERANI, S., *Bibliografia medicea*, Firenze 1964.
CANTAGALLI, R., *La guerra di Siena*, Siena 1962.
ID., *Don Antonio de' Medici e la sua legittimazione*, Arezzo 1974.
CANTINI, L., *Vita di Cosimo de' Medici primo granduca di Toscana*, Firenze 1805.
CARCERERI, L., *Cosimo I granduca*, Verona 1926.
ID., *Il matrimonio di Cosimo I con Camilla Martelli*, in «Bollettino della Società Letteraria di Verona», anno IX 1933, n. 1, pp. 3-6.
CARNESECCHI, C., *Cosimo e la sua legge suntuaria*, Firenze 1902.
CASSIRER, E., *Individuo e Cosmo nella filosofia del Rinascimento*, Firenze 1900.
CATALANO, F., *La crisi italiana alla fine del secolo XV*, in «Belfagor», 1956, pp. 393-414, 505-527.
CAVALCANTI, G., *Istorie fiorentine*, Milano 1944.
CECCHINI, G., *La guerra della congiura dei Pazzi e l'andata di Lorenzo de' Medici a Napoli*, in «Bollettino Senese di Storia Patria», pp. 291-301, 1965.
CELLINI, B., *La vita*, Roma 1963.
CENNINI, C., *Il libro dell'arte*, Vicenza 1982.
CHASTEL, A., *Vasari et la légende Médicéenne*, in «Studi Vasariani», Firenze 1952.
CINI, C. B., *Vita del Serenissimo Signor Cosimo de 'Medici primo Granduca di Toscana*, Firenze 1611.
CIPOLLA, F., *Gli ultimi giorni di Giovanni dalle Bande Nere*, Verona 1912.
CLOULAS, I., *Caterina dei Medici*, Firenze 1980.
CONTI, F., *La prima reggia di Cosimo I de' Medici*, Firenze 1893.
CONTI, G., *Fatti ed aneddoti della storia fiorentina. Secoli XIII-XVIII*, Firenze 1902.
ID., *Dai Medici ai Lorena*, Firenze 1909.
COPPI, E., *Le fortificazioni del Principato mediceo sotto il governo di Cosimo I*, San Leo, 1975.
COPPINI, A., *Piero Strozzi nell'assedio di Siena*, Firenze 1904.
CORAZZINI, G. O., *Sommario di storia fiorentina*, Firenze 1891.
COVONI, P. F., *Don Antonio de' Medici al Casino di San Marco*, Firenze 1892.
D'ADDARIO, A., Il *problema senese*, Firenze 1958.
ID., *Aspetti della controriforma a Firenze*, Roma 1972.
DAMI, B., *Giovanni Bicci de' Medici*, Firenze 1899.
DE CAPRARIIS, V., *Francesco Guicciardini dalla politica alla storia*, Bari 1950.
DE LA SIZERANNE, R., *Les masques ei les visages à Florence et au Louvre*, Paris 1913.
DEL BADIA, J., *Mostra della mascherata a calcio fatta in Firenze il dì primo maggio 1691 per le feste delle reali nozze del Serenissimo Elettor Palatino Giovanni Guglielmo duca di Neiburgo e della Serenissima Elettrice Anna Maria Luisa Principessa di Toscana*, in «I centenari del 1898 in Firenze», Firenze 1898.
DELLA TORRE, R., *I Medici*, Firenze 1980.
DEL LUNGO, I., *Gli amori del Magnifico Lorenzo*, Bologna 1923.
DE NINO, G., *Storia di Firenze*, Milano 1879.
DE REUMONT, A. e BASCHET, A., *Sulla giovinezza di Caterina de' Medici*, Paris 1866.
DE ROVER, P., *Il banco de' Medici dalle loro origini al declino*, Firenze 1978.
DEZZI BARDESCHI, M., *Lo Stanzino del principe in Palazzo Vecchio*, Firenze 1980.
DIAZ, F., *Il Granducato di Toscana: i Medici*, Torino 1976.
DOREN, A., *Le arti fiorentine*, Firenze 1940.
DORINI, U., *L'arte della seta in Toscana*, Firenze 1928.
ID., *Cosimo I de' Medici e l'eresie in Lucca*, in «Miscellanea lucchese di studi storici e letterari in onore di S. Bongi», Lucca 1929, pp. 241-279.
ID., *I Medici e i loro tempi*, Firenze 1982.
DUMAS, A., *Impressions de voyage*, Paris 1879.
ID., *Les Médicis*, Paris 1898.
ERLANGER, PH., *Henri III*, Paris 1946.

FABRONI, A., *Lorenzo de' Medici*, Pisa 1761.
FALCIAI, M., *I Medici e i Lorena negli ultimi due secoli del granducato*, Firenze 1983.
FALLETTI-FOSSATI, C., *Il tumulto dei Ciompi*, Roma 1882.
FANTOZZI, F., *Nuova guida della città e contorni di Firenze*, Firenze 1857.
FASANO GUARINI, E., *Lo stato di Cosimo I*, Firenze 1973.
FERRAI, L. A., *Lorenzino de' Medici e la società cortigiana del Cinquecento*, Milano 1891.
FERRINI, A., *Compendio di storia della Toscana*, Firenze 1844.
FIRPO, L., *Gastronomia del Rinascimento*, Torino 1974.
FORTUNA, A., *La basilica di San Lorenzo e le Cappelle Medicee*, Firenze 1954.
FRANCHETTI PARDO, V. e CASALI, G., *I Medici nel contado fiorentino*, Firenze 1978.
GAETA, F., *Dal comune alla corte rinascimentale*, in AA.VV., *Letteratura italiana*, Torino 1982, vol. II.
GAETA BERTELÀ, G. e PETRIOLI TOFANI, A., *Feste ed apparati medicei da Cosimo I a Cosimo II*, Firenze 1969.
GALASSO CALDERARA, E., *La Granduchessa Maria Maddalena d'Austria*, Genova 1982.
GALLO, D., *Filippo Buonarroti e la cultura antiquaria sotto gli ultimi Medici*, Firenze 1986.
GALLUZZI, R., *Istoria del Granducato di Toscana sotto il governo della Casa Medici*, Firenze 1781.
GANDI, G., *Le corporazioni dell'antica Firenze*, Firenze 1928.
GARIN, E., *L'Umanesimo italiano*, Bari 1952.
ID., *Il Rinascimento italiano*, Bologna 1980.
GARSIA, A., *Il Magnifico e la Rinascita*, Firenze 1923.
GAUTHIEZ, P., *Nuovi documenti intorno a Giovanni dalle Bande Nere*, in «Archivio Storico Italiano», s. V. XXX *1*902.
ID., *Lorenzaccio*, Paris 1903.
GHINZONI, P., *Cerimonie seguite il 27 e 28 ottobre 1533, in Marsiglia pel matrimonio del Duca d'Orléans con Caterina de' Medici*, in «Archivio Storico Lombardo», vol. I, Milano 1874.
GIACHETTI, C., *La tragica avventura dei Concini*, Milano 1939.
ID., *Bianca Cappello*, Firenze 1949.
ID., *Amori e congiure alla corte dei Medici*, Firenze 1982.
GORI, P., *Le feste fiorentine attraverso i secoli*, Firenze 1926.
GRAF, A., *Attraverso il Cinquecento*, Torino 1888.
GRASSELLINI, E. e FRACASSINI, A., *Profili medicei*, Firenze 1982.
GROTTANELLI, L., *Claudia de' Medici e i suoi tempi*, Firenze 1896.
ID., *Gli ultimi principi della casa de' Medici e la fine del Granducato di Toscana*, in «Rassegna Nazionale», Firenze 1897.
GUARNIERI, G., I *Cavalieri di Santo Stefano nella storia della marina italiana*, Pisa 1960.
ID., *L'Ordine di Santo Stefano nei suoi aspetti organizzativi interni sotto il gran magistero mediceo*, Pisa 1966.
GUASTI, C., *Le feste di San Giovanni Battista in Firenze*, Firenze 1884.
GUICCIARDINI, F., *Storia d'Italia*, Bari 1930.
GUTKIND, C., *Cosimo de' Medici il Vecchio*, Firenze 1982.
HALE, J. H., *Firenze e i Medici*, Milano 1980.
HERITIER, J., *Caterina de' Medici*, Milano 1963.
HIKAMP, D., *Les merveilles de Pratolino*, in «L'Oleil», LLXXI 1969.
IMBERT, G., *La vita fiorentina nel Seicento*, Firenze 1906.
KUHN-STEINHAUSE, H., *Anna Maria de' Medici Elettrice Palatina*, Firenze 1967.
LANDUCCI, L., *Diario fiorentino dal 1450 al 1516*, Firenze 1883.
LAPINI, A., *Diario fiorentino dal 1522 al 1596*, Firenze 1900.
LARIVALLE, P., *La vita quotidiana delle cortigiane nell'Italia del Rinascimento*, Milano 1983.
LEFEVRE, R., *Madama Margarita d'Austria*, Roma 1986.
LENSI, A., *Palazzo Vecchio*, Firenze 1912.
LENSI ORLANDI, G. C., *Cosimo e Francesco de' Medici alchimisti*, Firenze 1978.
LENZI, M. L., *Il sacco di Roma del 1527*, Firenze 1978.
LITTA, P., *Famiglie celebri italiane*, vol. XII, Milano 1819 e sgg.
LIVERANI, G., *Catalogo delle porcellane dei Medici*, Faenza 1936.
LIVI, G., *La Corsica e Cosimo I de' Medici*, Roma 1885.
MACEK, *Il Rinascimento italiano*, Roma 1981.
MACHIAVELLI, N., *Storie fiorentine*, Firenze 1925.

MADELIN, L., *François Ier*, Paris 1937.
MAMONE, S., *Il teatro nella Firenze medicea*, Milano 1981.
MANCINI, A., *Storia di Lucca*, Firenze 1950.
MARIEJOL, J. H., *Catherine de Médicis 1519-1589*, Paris 1920.
MARIOTTI MASI, M. L., *Bianca Cappello*, Milano 1986.
MARTELLI, M., *Studi laurenziani*, Firenze 1963.
MASINI, O., *Amorose tragedie fiorentine*, Bologna 1934.
MATTEONI, D., *Livorno*, Bari 1985.
MAZZAROTTO, B. T., *Le feste veneziane*, Firenze 1980.
MAZZI, C., *Le gioie della Corte Medicea nel 1556*, in «Rivista delle Biblioteche e degli Archivi», anno XVIII, vol. XVIII, Firenze 1907.
MELIS, F., *Tracce di una storia economica di Firenze e della Toscana dal 1252 al 1550*, Firenze 1966.
MICHELETTI, E., *Le donne dei Medici*, Firenze 1983.
MONACO, M., *Considerazioni sul pontificato di Clemente* VII, in «Archivio», 1960.
MORENI, D., *Memorie istoriche della basilica di San Lorenzo*, Firenze 1804.
ID., *Delle tre sontuose cappelle medicee*, Firenze 1813.
NARDI, J., *Istoria della città di Firenze*, Firenze 1858.
NESTOR, G., *Histoire des hommes illustres de la Maison des Médicis*, Paris 1564.
NICCOLINI, G. B., *Filippo Strozzi*, Firenze 1874.
NUDI, G., *Storia urbanistica di Livorno dalle origini al secolo XVI*, Venezia 1959.
NULLI, S. A., *L'emulo di Bruto*, Milano 1933.
OLIVA, M., *Giulia Gonzaga*, Milano 1986.
ORLANDO, F. e BACCINI, G., *Vita di Ferdinando II granduca di Toscana*, Firenze 1886.
ORVIETO, P., *Lorenzo de' Medici*, Firenze 1976.
OTTOKAR, N., *Studi comunali e fiorentini*, Firenze 1948
PAITIER, M., *Toscani alla corte di Maria de' Medici regina di Francia*, in «Archivio Storico Italiano» 1940, pp. 83-108.
PALMAROCCHI, R., *La politica italiana di Lorenzo de' Medici*, Firenze 1933.
PANELLA, A., *Firenze*, Roma 1930.
PAOLI, C. e CASANOVA, M. E., *Cosimo de' Medici e i fuorusciti del 1537*, in «Archivio Storico Italiano», V, XI 1893.
PASOLINI, P. D., *Caterina Sforza*, Roma 1893.
PASSERINI, L., *Degli Orti Oricellari*, Firenze 1875.
PECCHIAI, P., *Roma nel Cinquccento*, Bologna 1948.
PERRENS, F. T., *Histoire de Florence depuis la domination des Médicis jusqu'à la chute de la republique*, Paris 1890.
PERUZZI, S., *Storia del commercio e dei banchieri di Firenze in tutto il mondo conosciuto dal 1200 al 1345*, Firenze 1868.
PICOT, E., *Les Italiens en France au XVI siècle*, Bordeaux 1818.
PIERACCINI, G., *La stirpe dei Medici di Cafaggiolo*, Firenze 1925.
PIERI, P., *Il Rinascimento e la crisi militare italiana*, Torino 1952.
PIROTTO, U., *Benedetto Varchi e la cultura del suo tempo*, Firenze 1971.
PLATINA, B., *Il piacere onesto e la buona salute*, Torino 1985.
PORTIGLIOTTI, G., *Porpore, pugnali, etere*, Milano 1924.
ID., *Donne del Rinascimento*, Milano 1927.
PUCCI, E., I *Medici gloria del mondo*, Firenze 1968.
RANDI, A., *Caterina Sforza*, Ravenna 1935.
RANDI, L., *Caterina Ginori. Storia di un salotto fiorentino nel secolo XVI*, Modigliana 1905.
RASTRELLI, M., *Storia di Alessandro de' Medici*, Firenze 1971.
RENDINA, C., *I Papi*, Roma 1983.
ID., *I capitani di ventura*, Roma 1985.
ID., *Il Vaticano*, Roma 1986.
RICHA, G., *Notizie istoriche delle chiese fiorentine*, Firenze 1758.
RIDOLFI, R., *Vita di Niccolò Machiavelli*, Firenze 1978.
ID., *Vita di Girolamo Savonarola*, Firenze 1981.
ID., *Lorenzino sfinge medicea*, Firenze 1985.
ROBIOUY, E., *Gli ultimi dei Medici e la successione al Granducato di Toscana*, Firenze 1905.

ROCHOU, A., *La jeunesse de Laurent de Médicis – 1449-1478*, Paris 1963.
ROMAGNOLI, U., *I Medici*, Bologna 1939.
ID., *I Medici*, Bologna 1944.
ROMANELLO, M., *La stregoneria in Europa*, Milano 1975.
ROSSI, A., *Francesco Guicciardini e il governo fiorentino dal 1527 al 1540*, Bologna 1896-99.
RUBINSTEIN, N., *Il governo di Firenze sotto i Medici*, Firenze 1971.
SALTINI, G.E., *Bianca Cappello e Francesco de' Medici*, Firenze 1898.
ID., *Tragedie medicee domestiche*, Firenze 1898.
SALVADORI, A., *Guerra d'amore, festa del Serenissimo Granduca di Toscana fatta a Firenze il carnevale 1615*, Firenze 1615.
SANTONI, L., *Raccolta di notizie storiche riguardanti le chiese dell'arcidiocesi di Firenze*, Firenze 1847.
SANTORO, L., *Gli Sforza*, Milano 1968.
SILLI, M. C., *Firenze nel '300*, Firenze 1945.
SILLI, O., *Una corte alla fine del '500, letterati, scienziati nella reggia di Ferdinando I de'Medici*, Firenze 1928.
SILVANO, G., *Vivere civile e governo misto a Firenze nel primo Cinquecento*, Bologna 1985.
SOLDINI, P. F., *Il reale giardino di Boboli nella sua pianta e nelle sue statue*, Firenze 1789.
SOLERTI, A., *Musica, ballo, drammatica alla corte medicea dal 1600 al 1637*, Firenze 1905.
SORANZO, G., *Lorenzo il Magnifico alla morte del padre e il suo primo balzo verso la Signoria*, in «Archivio Storico Italiano» 1953, pp. 42-77.
SPADOLINI, G., *Firenze mille anni*, Firenze 1984.
SPINI, G., (a cura di), *Lettere di Cosimo I*, Firenze 1940.
ID., *Cosimo de' Medici e l'indipendenza del principato mediceo*, Firenze 1945.
ID., *Storia dell'età Moderna*, Torino 1974.
ID., *I Medici e l'organizzazione del territorio*, in «Storia dell'Arte Italiana. Momenti di architettura», vol. XII, Torino 1983.
TAMBORRA, A., *Gli stati italiani, l'Europa e il problema turco dopo Lepanto*, Firenze 1961.
TAPIÉ, V., *La Francia di Luigi XIII e Richelieu*, Milano 1967.
TENENTI, A., *Firenze dal Comune a Lorenzo il Magnifico*, Milano 1972.
TERRASSE, CH., *François 1er*, Paris 1942-49.
VALERI, N., *L'Italia nell'età dei principati*, Milano 1949.
VANNUCCI, M., *Lorenzaccio*, Roma 1984.
ID., *Storia di Firenze*, Roma 1986.
ID., *I Medici*, Roma 1987.
ID., *Caterina e Maria de' Medici regine di Francia*, Roma 1989.
ID., *Benvenuto Cellini "maledetto fiorentino"*, Roma 1990.
ID., *Il Magnifico racconta*, Roma 1991.
ID., *Le grandi famiglie di Firenze*, Roma 1993
ID., *I grandi protagonisti di Firenze*, Roma 1995.
ID., *I Lorena granduchi di Toscana*, Roma 1998.
VAQUET, J. C., *La corruzione morale e potere a Firenze nel XVII e XVIII secolo*, Milano 1986.
VARCHI, B., *Storia fiorentina*, Firenze 1843.
VASARI, G., *Le Vite*, Firenze 1968.
VERANI, L., *Apparato fatto in Firenze per le nozze di Francesco I de' Medici con Giovanna d'Austria*, Livorno 1870.
VESCO, C., *Cucina fiorentina fra Medioevo e Rinascimento*, Lucca 1984.
VILLARI, F., *La storia di Girolamo Savonarola e de' suoi tempi*, Firenze 1930.
VISCONTI, A., *L'Italia nell'epoca della Controriforma. 1510-1713*, Milano 1958.
YOUNG, G. F., *I Medici*, Firenze 1957.
WEINSTEIN, D., *Savonarola a Firenze*, Bologna 1976.
WINSPEARE, F., *Isabella Orsini e la Corte Medicea del suo tempo*, Firenze, 1961.
ID., *La congiura dei Cardinali contro Leone X*, Firenze 1957.
ZANGHERI, L., *Pratolino, il giardino delle meraviglie*, Firenze 1979.
ZELLER, B., *Henri IV et Marie de Médicis*, Paris 1869.
ZETTI, A., *Epitalamio per le nozze del Serenissimo Ferdinando Principe di Toscana con la Serenissima Violante di Baviera*, Firenze 1689.

Indice